Rudolf Horstmann

Richtig renovieren

Doppelbände in der Reihe
Fachwissen für Heimwerker

Karl-Heinz Böse	**Heizkosten sparen**
Werner Dittmer	**Hausbau leicht gemacht**
Hans H. Göres	**Betonieren und Mauern**
Heinz Graesch	**Holzarbeiten dekorativ und nützlich**
Dietmar Lochner	**Ferien- und Wochenendhäuser im Selbstbau**
	Wärme- und Schalldämmung im Innenausbau
	Dachgeschoßausbau
Peter H. Nengelken	**Bauen im Garten mit Holz und Beton**
	Rustikale Möbel selbst gebaut

In Vorbereitung:
Kellerausbau

Rudolf Horstmann

Richtig renovieren

Verlagsgesellschaft Rudolf Müller, Köln-Braunsfeld

CIP-Kurztitelaufnahme der Deutschen Bibliothek

Horstmann, Rudolf
Richtig renovieren
Rudolf Horstmann
Köln-Braunsfeld: R. Müller 1981
(Fachwissen für Heimwerker)

ISBN 3-481-25301-x

ISBN 3-481-25301-x

© Verlagsgesellschaft Rudolf Müller GmbH
Köln-Braunsfeld 1981
Alle Rechte vorbehalten
Verlagsredaktion: Ingeborg Roggenbuck
Satz: A. Hellendoorn, Bad Bentheim
Druck: Bercker, Kevelaer
Printed in Germany

Vorwort

Dem Heimwerker werden mit diesem Buch nicht nur die vielfältigen Möglichkeiten der Renovierung nahegebracht, sondern auch – und das steht am Anfang aller Arbeiten – das Planen und Raumgestalten sowie der Umgang mit Farben. Nur wer sich vor Arbeitsbeginn umfassend informiert, Normen und Vorschriften beachtet und die einzelnen Arbeitsvorgänge folgerichtig ordnet, kann bereits frühzeitig Fehlentscheidungen vermeiden.

Zahlreiche Planungs- und Gestaltungsbeispiele sowie ausführliche Anleitungen und spezielle Problemlösungen sollen außerdem dazu beitragen, daß Selbermacher ihre individuellen bautechnischen Grenzen erkennen und dementsprechend handeln können.

Auch über die Bereiche der Schall-, Kälte- und Wärmedämmung erfährt der Leser Grundsätzliches im Rahmen der hier aufgezeigten Renovierungsmaßnahmen.

Wer sich darüber hinaus mit der breitgefächerten Angebotspalette des Heimwerkermarktes intensiv beschäftigt und das für seinen Bedarf Nützliche sinnvoll einsetzt, wird sicherlich seine Wünsche realisieren und das selbstgesteckte Ziel erreichen können.

Gerlingen, im März 1981   Rudolf Horstmann

Inhalt

Wohnung oder Zuhause 9
Vom Wunsch zum Plan – Der Luxus kommt zum Schluß – Raumplanung und Raumgestaltung – Möblieren auf dem Papier – Planungsbeispiel Küche

Umgang mit der Farbe 19
Der Farbkreis – Farbharmonie – Das Farbkonzept – Von einfarbig bis komplementär – Auch die Form ist wichtig

Ausbaupläne 31
Dachgeschoßausbau – Kellerausbau – Checklisten

Der Tapetenwechsel 34
Die verschiedenen Sorten – Oberflächenqualitäten – Der Bedarf wird ermittelt – Das Werkzeug zum Tapezieren

Untergrundvorbereitung 43
Neue Putzflächen – Gestrichene Flächen – Ablösen von Tapeten – Verbesserung des Untergrundes – Kälte- und Wärmedämmung mit Untertapeten

Wie kommt die Tapete an die Wand? 50
Reihenfolge der Arbeitsgänge – Muster-Probleme – Mit Schere und Kleister – Der richtige Griff – Alles auf einen Blick – Spezialtapeten

Und jetzt die Decke 65
Anbringen der Rauhfasertapete

Die Tapete wird gestrichen 69
Dekorative Techniken

Decken- und Wandverkleidungen 71
Textile Wandbekleidung – Vorbereitung und Spannen – Textile Wand- und Deckenplatten – Deckensichtplatten aus Hartschaum – Zierprofile – Wandplatten aus Mauerstein-Material – Kunstharzputze

Fliesen als Wandbelag 81

Innenverkleidungen aus Holz 86
Profilholz und Paneele – Holzarten – Oberflächenbehandlung – Gestaltung und Raumwirkung – Unterkonstruktion und Befestigung – Kleben mit oder ohne Unterkonstruktion – Deckenvertäfelung – Wärme- und schalldämmende Konstruktionen – Vorhangschienen und Beleuchtung – Feuchträume

Bodenbeläge 102
Teppichbodenbelag – Materialübersicht – Qualität und Güterichtlinien – Untergrundvorbereitung – Verlegung von Teppichböden – Kunststoffbeläge

Parkett 115
Vorbereitung der Unterböden – Bodenfliesen – Reinigung und Pflege

Türen 123
Einbau neuer Türen – Falttüren – Alte Türen modernisieren

Fenster 131

Dachgeschoßausbau 137
Wärme- und schalldämmende Maßnahmen

Kellerausbau 142
Kellerdecken – Feuchtigkeit-Entwässerung-Dämmung

Renovierungsmaßnahmen im Bad 148

Stichwortregister 151

Wohnung oder Zuhause

Ein Palast ist auch heute noch für nur wenige erschwinglich. Und – ehrlich – man träumt nicht einmal davon. Denn das Gegenstück – die Hütte – ist hierzulande überwunden, ist Vergangenheit.
Auch früheren Generationen wird es nicht genügt haben, nur ein Dach über dem Kopf zu haben, wenn auch die Hütte oder die Höhle immerhin eine gewisse Sicherheit bot. Die Funktion einer Fluchtburg haben unsere heutigen Wohnungen auch noch – man spürt es. Die moderne Zeit hat es uns aber (mit Unterbrechungen) ermöglicht, mehr aus dem Dach über dem Kopf zu machen. Ein »Zuhause« nennen wir das. Es ist mehr als ein Refugium, es ist der gemütliche und zweckmäßige private Lebensraum, über dem wir den Palast vergessen können.
Die Gestaltung dieses Lebensraums wirkt direkt und unmittelbar auf das psychologische Wohlbefinden seiner Bewohner zurück. Zugleich bietet dieser Wohnraum eine Möglichkeit, wie sie der Palastbesitzer nur mit großen Kosten erkaufen kann: Jede einigermaßen erträgliche Wohnung läßt soviel Spielraum, daß man ein Stück eigener, individueller Kultur darin zum Ausdruck bringen kann, gestaltet mit den eigenen rechten und linken Händen (nur linke Hände an einem Menschen – das gibt es gar nicht).
Nun werden Sie vielleicht sagen: Schönen Dank für die freundlichen Hinweise, aber das ist nicht mein Problem. Sie haben sich vielleicht aus blanker Notwendigkeit heraus entschlossen, das Thema Renovierung in den eigenen vier oder mehr Wänden praktisch anzupacken. Und Sie wollen erst einmal wissen, was dabei an praktischen Schwierigkeiten auf Sie zukommt. Da sind die ausgetretenen Fußböden, der Putz, der sich nur noch auf die Tapete verläßt, die zu hohen oder zu engen Räu-

1 Zeitgemäßes Renovieren ermöglicht es, sich ein Zuhause zu schaffen. In diesem Beispiel sorgt ein gut erhaltener Stuckfries dafür, Altes und Neues zu verbinden.

me, da sind Arbeiten, denen Sie mit gesammeltem Ernst zwar schon zugesehen haben, ohne sie jedoch ganz zu durchschauen. Solchen Schwierigkeiten den Schrecken zu nehmen – das ist auch eine Aufgabe dieses Buches.
Aber wenn Sie sich schon durchgerungen haben, ein, zwei Zimmer oder die ganze Wohnung, das Haus umzukrempeln: Lassen Sie sich von vornherein etwas Spielraum, um mehr zu tun als nur das Notwendigste. Es ist doch so: Das Moment

der Gestaltung spielt immer eine Rolle, und sei es nur bei der so wichtigen Wahl der Tapete.

Es ist einleuchtend, daß man sich das Ganze vorher gründlich überlegen und nicht mit dem Abreißen von Tapete beginnen sollte. Aber auf den ersten Blick mag es nicht unbedingt einleuchten, daß man dabei mit Millimeterpapier wie ein Planungsbüro vorgehen soll, Skizzen und Tabellen machen – hält das nicht unnötig auf? Meine Antwort: Anders als bei einem Planungsbüro kostet Sie die Planung nur Zeit (abgesehen vom Millimeterpapier). Und diese Investition zahlt sich aus, und zwar in Zeit und Geld. Und Nerven.

Was über die Planung in diesem Buch gesagt wird, und was dann – ebenfalls ausführlich und genau – über die Ausführung folgt, scheint auf den ersten Blick schwieriger als es ist. Und am Ende des Weges, der hier beschrieben wird, sind Sie jemand, der vor nichts beim Renovieren Angst hat. Zu deutsch: Ein Experte.

Vom Wunsch zum Plan

Ein Plan – das ist kein starres Korsett, das für die Zukunft jeden weiteren Gedanken erübrigt oder unmöglich macht. Auch können Sie sicher sein, daß Ihr Plan nachträglich besehen nicht in allen Teilen gestimmt hat. Er hilft trotzdem.

Einen Plan stellt man natürlich nach Plan auf. Erster Schritt: Alle Mängel des Hauses oder der Wohnung werden aufgeschrieben, auch diejenigen, deren Beseitigung zunächst unmöglich erscheint. Auch die Vorzüge sollten vermerkt werden. Es wird also eine Bestandsaufnahme gemacht. In gleicher Weise sollten dann auch die Absichten und Ziele mit ihren Vor- und Nachteilen (soweit erkennbar) aufgeschrieben werden.

Und jetzt kommt der Moment, der möglicherweise lange dauert: der Moment der Entscheidung. Denn es wird erkennbar, wo die finanziellen Grenzen liegen. Man sieht auch, in welchen Fällen man sich erst einmal das nötige Know-how verschaffen muß, um die Sache beurteilen zu können. Dieses Buch soll Ihnen dabei helfen und Mut machen.

Denn was hier und in den folgenden Kapiteln beschrieben wird – das werden Sie gewiß auch praktisch bewältigen. Wer mit dem Planen anfängt, begibt sich damit in einen Gestaltungs- und Planungsprozeß hinein, der viele Erfahrungen vermittelt und ganz nebenbei viele Ängste schwinden läßt. Aus der Bestandsaufnahme ergibt sich bereits, welche Schritte die wichtigsten sind und welche Vorbereitungen getroffen werden müssen. Denn es geht nicht zuletzt um die Zeit, besonders für alle diejenigen, die nebenbei auch noch einen Beruf haben wie Taxifahrer oder Hausfrauen.

Aus der Bestandsaufnahme ergibt sich auch, wo aus baulichen Gegebenheiten ein Wunsch nicht erfüllbar ist. Dabei sollte man nicht vergessen, daß sich bauliche Mängel – so beispielsweise ein verquerer Grundriß – gestalterisch kompensieren lassen.

Der Luxus kommt zum Schluß

Zur Planung ein konkreter Vorschlag: Nehmen Sie Papier mit Karo-Linien, Format DIN A 4. Machen Sie daraus eine Planungsunterlage, indem Sie auf das quer liegende Blatt senkrechte Linien zeichnen, so daß Spalten entstehen. Die Spalten bezeichnen Sie mit Überschriften: Jetziger Zustand – kann bleiben – soll bleiben – soll geändert werden – muß geändert werden – wird geändert durch – von wem – zu welchen Kosten.

Wenn sich abzeichnet, daß die Kosten die finanziellen Möglichkeiten übersteigen, so können in weiteren Spalten die Prioritäten gesetzt werden. Die einfachste Regel dafür lautet: Erst das Notwendige, dann das Nützliche, danach das Angenehme, und zuletzt der Luxus.

Jetzt ist das gesamte Vorhaben aus dem Stadium der nebelhaften Vorstellung her-

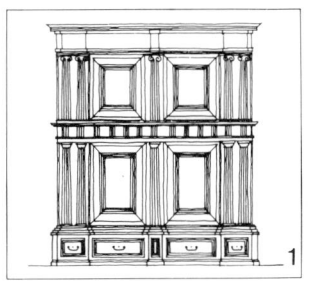

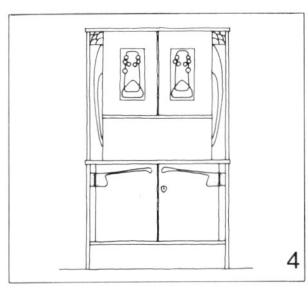

2 Tapeten und Möbel diverser Stilepochen sind hier zusammengestellt: Renaissance (1), Rokoko (2), Biedermeier (3) und Jugendstil (4).

Raum / Zimmer

jetziger Zustand	was soll / kann bleiben?	was muß verbessert werden?	Kosten ca. DM ?	wie, wann, von wem?	notwendig	nützlich	angenehm	Luxus

3 Formblatt als Hilfe beim realistischen Vorgehen.

aus. Auch eine grobe Zeitplanung des Arbeitsablaufes ist möglich geworden. Es läßt sich bestimmen, wer was macht – ob Helfer gewonnen werden sollten und könnten, ob in bestimmten Fällen Handwerker mit besonderen Fachkenntnissen unentbehrlich sind.

Raumplanung und Raumgestaltung

Ein Koch verwendet die meiste Zeit darauf, in Routinearbeit die Speisen vom rohen in den gereinigten und schließlich gekochten Zustand zu verwandeln. Das Würzen hingegen erscheint als schnell ausgeführte Zutat, ist aber bei einem guten Essen die Hauptsache und auch der Teil der Arbeit, der wohl die höchsten Anforderungen stellt. In der Würze kann auch der individuelle Stil des Küchenmeisters zum Ausdruck kommen.

Bei der Raumgestaltung drückt sich die individuelle Handschrift in der Anordnung der Einzelteile im Raum, im Verhältnis der Formen und Farben zueinander aus. Das Ergebnis ist nicht davon abhängig, welcher Aufwand in finanzieller Hinsicht getrieben wird. Entscheidend ist der besondere Einfall, die persönliche Note. Dabei können besonders Kleinigkeiten ansprechen und einer Wohnung Glanzlichter aufsetzen. Der persönliche Geschmack kommt in der Zusammenstellung sämtlicher Einrichtungsgegenstände und ihrem Verhältnis zu den Flächen und Farben der Wände zum Ausdruck. Weil die Bedürfnisse, denen die Einrichtung dienen soll, im Grunde gleichbleiben, ist vielfach in neuen Wohnungen, vor allem bei ähnlichen Grundrissen, eine gewisse Gleichförmigkeit zu beobachten. Das kann man beim Renovieren vermeiden. Und zwar dann, wenn grundsätzlich nur Dinge geduldet werden, zu denen man gewissermaßen ein persönliches Verhältnis entwickelt hat, deren Anblick gefällt und Freude macht. Mit solchen Überlegungen wird es möglich, sich dem in Serien gefertigten Angebot der Industrie nicht unter-

4 Dieser Einrichtungsvorschlag zeigt, daß sich alt und neu zusammen kombinieren lassen.

5 Der reizvolle Raumeindruck wird durch die Verbindung der hellen, modernen Möbel vor den holzverkleideten Wänden hergestellt.

zuordnen, sondern es sinnvoll zu nutzen. Dem Gestaltungswillen sind keine Grenzen gesetzt. Alles ist erlaubt. Doch willkürliches Aufstellen von Möbeln oder Anstreichen führt nicht zum Ziel. Die Wohnung soll kein Möbelmagazin sein oder kalte, teuer bezahlte Pracht ausstrahlen. Ein Buffet aus wilhelminischer Zeit oder ein Bücherschrank mit gedrehten Säulen wirken darum in einer Wohnung von 60 Quadratmetern eher deplaziert. Solche Möbelstücke beherrschen optisch die gesamte übrige Einrichtung.

Allein schon, um das eigene Vorstellungsvermögen zu verbessern, empfiehlt es sich, Ideen und Vorschläge der Fachzeitschriften langfristig zu sammeln. Die Abbildungen vermitteln ein Bild dessen, was es an Stilrichtungen gibt. Man sieht, was einem gefallen könnte und was nicht.

Möblieren auf dem Papier

Unentbehrlich ist das Papier als – übrigens geduldiges – Planungsmittel. Nicht nur das Möblieren geschieht zunächst auf dem Papier. Es lassen sich vorher auch scheinbare Kleinigkeiten genau festhalten. Vorhandene Steckdosen, Anschlüsse für Lampen und Antennen, Leitungen für Zufluß und Abfluß von Wasser werden aufgezeichnet. Ihre Lage und Anzahl muß der künftigen Nutzung entsprechen. Der Schwenkbereich der Türen, ihre Größe, die Lage der Heizkörper, die Höhe der Fensterbrüstungen, die Größe und Lage der Fenster müssen von vornherein berücksichtigt werden.

Der erste Schritt ist die maßstabsgerechte Grundrißzeichnung des Raumes auf Millimeterpapier. Das ist in jedem Schreibwarengeschäft erhältlich. Es wird in Blocks,

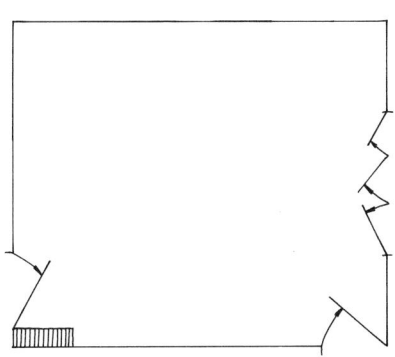
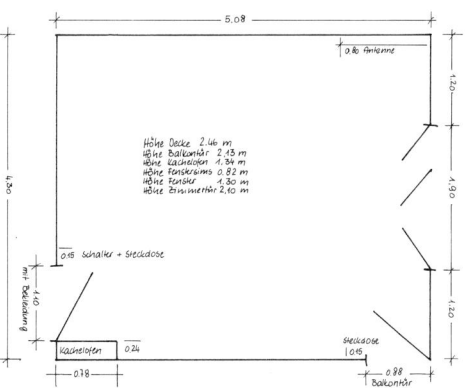

6 So entsteht eine Grundrißzeichnung: (Maßskizze anfertigen) Die ungefähren Umrißlinien des Raumes mit vorspringenden Ecken, Nischen, Türöffnungen auf einfaches Schreibpapier zeichnen. Die Schwenkrichtung von Fenster und Türen soll erkennbar sein; ...

7 ... (Maße aufnehmen) außerhalb der bezeichneten Fläche sind nun, von einer Ecke aus beginnend, alle Teilmaße fortlaufend aufzunehmen und einzutragen. Die Maßendpunkte markieren kurze Striche. Zum Schluß wird das Gesamtmaß gesondert notiert. Reinzeichnung maßstabsgerecht. Um alle Teile im richtigen und gleichen Größenverhältnis übersehen zu können, bietet sich der Maßstab 1:50 oder 1:20 an. Da hier keine absolut einwandfreie Zeichnung notwendig ist, kann jedermann die folgenden Maßstabshilfen nutzen. DIN-A4-Blätter haben gewöhnlich eine Karogröße von fünf Millimetern. Verwendet man diese karierten Blätter, so läßt sich im Maßstab 1:50 eine Raumgröße von 10 × 14,50 m darstellen. Im Maßstab 1:20, bei entsprechender Verfeinerung, reicht ein Blatt für die Raumgröße 4 × 5,50 m. Denn beim Maßstab 1:50 entspricht eine Karogröße dem Naturmaß von 25 cm. Beim Maßstab 1:20 zeigt ein Karo die Größe von 10 cm in natur.

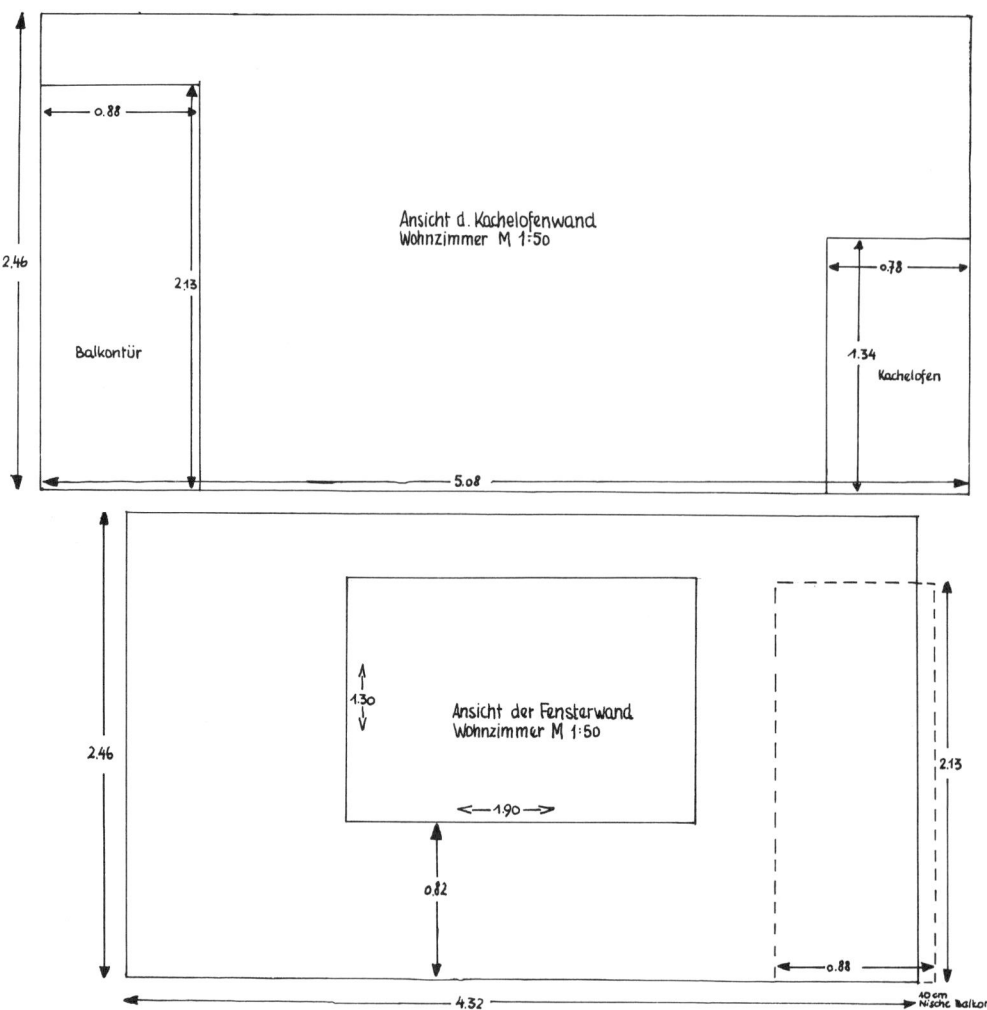

8 Ansicht von zwei Wänden. Durch diese gezeichnete Ansicht ist es möglich, eine maßstabgerechte Verteilung der Fläche vorzunehmen.

Größe DIN A 4, zu je 25 oder 50 Blatt verkauft.
Um die Maße zu ermitteln, wird zunächst aus der freien Hand eine Skizze gemacht, die bereits alle Ecken, Vorsprünge und Öffnungen des Raumes wiedergibt. Außerhalb dieses skizzierten Grundrisses werden dann die ermittelten Maße eingetragen. Und zwar so, daß sie aus einer Blickrichtung ablesbar sind. Begonnen wird an einer Ecke. Berücksichtigt werden auch die Fenster, Heizkörper und Türen, wobei auch auf die Schwenkrichtung zu achten ist. Alle Maßzahlen werden durch kurze Striche gekennzeichnet. Nach Adam Riese wird das Gesamtmaß der Wände ermittelt und durch Nachmessen geprüft. Schließlich wird auch die Lage

9 Zwar grob, jedoch maßstabgerecht: Schränkchen und Musiktruhe als Unterbau einer Regalwand.

der Steckdosen und Antennenanschlüsse eingezeichnet. Das Ganze läßt sich jetzt in eine Reinzeichnung umsetzen. Zu empfehlen ist der Maßstab 1:50. Zwei Zentimeter auf der Zeichnung entsprechen einem Meter in der Natur.

Wer schon genau weiß, wo welches Möbelstück stehen soll, kann es gleich maßstabgerecht einzeichnen. Wer probieren will, kann Transparentpapier nehmen und auf die Grundrißzeichnung legen. Eine dritte Methode ist die Verwendung von Kartonstückchen als Möbel-Darsteller. Die Grundflächen der Möbel werden abgemessen, im Maßstab 1:50 auf Karton gezeichnet und ausgeschnitten. Weil sich die Kartonstückchen beliebig verschieben lassen, wird das Ganze gleich viel anschaulicher. Die Methode ist deshalb bestens für die Beratung im Familienkreis geeignet.

Sind Schrankwände vorhanden oder geplant, so empfiehlt es sich ebenfalls, eine maßstabgerechte Zeichnung zu machen. Dabei ist die Darstellung der Wand mit den vorhandenen Steckdosen und Antennenanschlüssen die Planungsgrundlage.

Auf den gleichen Blättern oder gesondert wird man die Maße des Raumes notieren, um eine Grundlage für die Anschaffung von Gardinen, Vorhängen, Teppichen und Tapeten zu erhalten. Ein solcher Plan ist auch dann von Nutzen, wenn man im Laden steht und die passenden Dinge kaufen will. Wer die Maße zur Hand hat, spart meist auch Geld beim Kauf von Tapeten oder Vorhängen.

Die wichtigsten Maße, die für den Einkauf stets verfügbar sein sollten, lassen sich in einer Tabelle zusammenfassen. Dafür ein Beispiel:

Planungsbeispiel Küche

Als Beispiel für einen Planungsablauf soll hier die Küche dienen. Zuvor noch ein Hinweis: Die Empfehlungen nach DIN 18022 erleichtern die Planung, denn sie enthalten Angaben über die erforderliche Ausstattung und deren arbeitsgünstige Anordnung.

Welche Küchenart man wählt – ob nur Arbeitsraum oder mit Eßplatz oder eine Wohnküche – ist abhängig von der Anzahl

Tabelle 1: Raumplan

Raum	Länge _____	Breite _____
	Höhe _____	Umfang _____
Fußbodenfläche	_____	_____
Deckenfläche	_____	_____
Wandfläche	_____	
Fenster	Höhe _____	Breite _____
	Höhe _____	Breite _____
Türen	Höhe _____	Breite _____
	Höhe _____	Breite _____
Gardinenbreite	_____	Höhe _____
Vorhangbreite	_____	Höhe _____
Schienen-Fabrikat von Vorhang/Gardine _____		

der Familienmitglieder und den räumlichen Bedingungen. Für die zweckmäßige Einrichtung gelten allgemeine Grundsätze: Wichtig sind durchgehende Arbeitsflächen, einheitliche Höhe und Tiefe der Möbel und Geräte, pflegeleichte Oberflächen aller Möbelteile. Für die entsprechenden Angebote haben die Hersteller gesorgt.

Bei der Anordnung der Möbelteile sollte an die Reihenfolge der wichtigsten Hausarbeiten gedacht werden. Anbaumöbel, Arbeitstische, Spüle, Unterschränke und Herd sind einheitlich 60 Zentimeter tief und 85 oder 90 Zentimeter hoch. Aus dem Programm der Küchenmöbelhersteller können sie ausgewählt und eingezeichnet werden. Die Hängeschränke sind 60 Zentimeter breit, 30 Zentimeter tief und 60 bis 80 Zentimeter hoch. Die Unterkanten sollen 135 bis 145 Zentimeter über dem Fußboden liegen. Vollschränke sind 205 bis 220 Zentimeter hoch.

Selten reichen die Schränke genau von Wand zu Wand. Die Zwischenräume sollten genutzt werden. Die genaue Zeichnung läßt die Größe erkennen und ermöglicht eine exakte Detailplanung und -zeichnung. Es lassen sich hier Borde anbringen, die zum Beispiel Gewürzdosen und -gläser aufnehmen oder Raum schaffen für Spülmittel, Handtücher, Besen oder Putzeimer. Auf jeden Fall sollte man alle Schränke einplanen, auch wenn sie nicht gleich angeschafft werden.

Bei diesen vorbereitenden Arbeiten tauchen immer wieder neue Fragen auf, die einer Klärung bedürfen: Ob beispielsweise die Anschlüsse für Gas, Strom, Wasser oder Abwasser verlegt werden müssen, ob die Lüftung ausreicht, ein Dunstabzug eingebaut werden muß, ob genügend Steckdosen vorhanden sind. Kleingeräte wie Kaffeemaschine, Brotschneider, Mixer müssen einen festen Abstellplatz mit Stromanschluß haben.

In jeder größeren Stadt gibt es gemeinnützige und unparteiische Beratungsstellen. Auch Möbelhäuser haben ihre Einrichtungsfachleute, die aufgrund ihrer Praxiserfahrung einen Überblick besitzen und den Heimwerker gern beraten und unterstützen. Der Erfolg wird aber letztlich davon abhängen, wie genau man sich vorbereitet hat, um die richtige Entscheidung zu treffen. Den Einstieg dazu haben wir jetzt vollbracht. Noch nicht angesprochen wurden die ebenso notwendigen Überlegungen zur Organisation, der Durchführung und Finanzierung. Auch wird noch auf die farbliche Gestaltung und die Untergrundvorbereitung von Dekken, Wänden und Fußboden eingegangen.

Umgang mit der Farbe

Es ist ein kompliziertes Thema: Angefangen mit Goethe haben sich Dichter, Naturwissenschaftler, Psychologen, Werbungsstrategen mit den Farben und ihrer Wirkung befaßt. Warum es einem Künstler gelingt, ohne große Überlegung wirkungsvolle Farbkompositionen auf ein Blatt Papier oder Leinwand zu zaubern und worin die Wirkung dieses meisterlichen Umgangs mit der Farbe besteht, ist dennoch nicht vollständig geklärt.
Doch ohne es dabei zu bunt zu treiben, lassen sich einige Feststellungen treffen, die in der Praxis weiterhelfen. Sie werden

10 Der Farbkreis nach Itten.

11 Lichteinfall, Farbgestaltung und Funktion charakterisieren hier den Einrichtungszweck, siehe Seite 26.

12 Die transparente Weite dieses Raumes wird durch die hell gestrichenen Decken und Wände betont, siehe Seite 27.

13

15

13 Diese Aufnahme zeigt durch die Umkehrung des Kontrastes hell und dunkel eine neue Gestaltungsform, siehe Seite 27.

14 Das eigene Farbkonzept zu finden, ist nicht immer einfach. Wie angenehm die einfarbige Ton-in-Ton-Lösung sein kann, zeigt dieses Bild, siehe Kapitel »Das Farbkonzept«.

15 Das Zusammenwirken von alten handwerklichen Techniken und einer modernen Farbplanung bestimmt die angenehme Raumatmosphäre, siehe Seite 27.

dabei Bekanntes wiederfinden, auch vieles, was Sie selbst schon gespürt, aber nicht ausgesprochen haben. Und am Ende steht die Erkenntnis, daß es auch hier niemand nötig hat, in Ehrfurcht vor anderen zu verharren und sich selbst nichts zuzutrauen. Verschaffen wir uns also ein wenig Einblick in die Welt der Farben und ihre Gesetze.

Der Farbkreis

Auch ohne Physik sieht man, daß es einen systematischen Aufbau der Farben im Farbkreis gibt. Das abgebildete Beispiel zeigt, daß alle Farben auf die drei Grundfarben Rot, Blau und Gelb zurückzuführen sind. Mischt man zwei dieser Grund- oder Primärfarben, so entsteht ein neuer Farbeindruck, der von beiden verschieden ist. So wird aus Blau und Gelb die Misch- oder Sekundärfarbe Grün. In der Darstellung des Farbkreises sind die Anteile der Primärfarben beim Mischen gleichgroß.
Ändern sich die Mengenverhältnisse, so ändert sich auch die Nähe der Farbe zu einer der Primärfarben. Mischt man die Farben nach der hier dargestellten Systematik weiter, so läßt sich zeigen, daß durch den Mengenanteil der Farben beim Mischen eine vorherbestimmbare neue Farbe entsteht. So wird aus Rot und Gelb Orange, aus Rot und Orange eine Mischfarbe, die zwischen beiden steht, eine Tertiärfarbe. Das Wort ist jedoch nicht unbedingt wichtig.
Schließlich können den Farben auch Nichtfarben beigemischt werden. Das sind Weiß und Schwarz. Weiß hellt auf und verringert die Intensität, Schwarz macht die Farben stumpf.
Nur um der Genauigkeit willen sei angemerkt, daß hier von der »subtraktiven« Mischung von Farben die Rede ist. Man kann Farben auch »additiv« mischen, aber nicht mit dem Tuschkasten oder dem Kunstharzlack. Bei der Mischung von farbigem Licht sind es die Grundfarben Gelb, Blau und Rot, die – auf eine Fläche projiziert – Weiß ergeben. So wird auch das Bild beim Farbfernseher aus einer Unzahl von Lichtpunkten mit den Grundfarben Gelb, Rot und Blau gemischt.

Farbharmonie

Es richtet sich nicht nach naturwissenschaftlichen Gesetzen, wann eine Zusammenstellung von Farben als harmonisch empfunden wird. Man kann aber aus den vielen Beispielen eine ganze Reihe nützlicher Regeln ableiten. Beispiele:
Nimmt man eine schon gemischte Farbe als Grundton, kann kaum etwas schiefgehen, wenn dieser Grundton durch Aufhellung mit Weiß variiert wird. Der hellere Farbton eignet sich für größere Flächen, mit denen der Verlust an Intensität wieder wettgemacht wird. Grundton und aufgehellte Farbe werden zusammen als harmonisch empfunden. Ein Konzept für die farbliche Gestaltung kann von diesen Feststellungen ausgehen und vielleicht noch einen geringen Anteil der Komplementärfarbe hinzunehmen, mit denen einige Teile der Einrichtung versehen werden. Das klingt vielleicht ein wenig abstrakt. Kehren wir darum zurück zum konkreten Ziel.

Das Farbkonzept

Wie so oft, erleichtert methodisches Vorgehen die Entwicklung eines eigenen Konzeptes für die farbliche Gestaltung der Wohnräume. Dabei gibt es einige Faktoren, um die man nicht herumkommt: Denn selten ist eine Renovierung mit einer vollständigen Neueinrichtung verbunden. Teile der alten Einrichtung, beispielsweise Möbel, Vorhänge, Teppiche und Auslegeware, bleiben erhalten. Ihre Farben und bei Möbeln auch die Größe und Form sind Faktoren, die beim Farbkonzept berücksichtigt werden müssen.
Bei der Anordnung der Möbel ist wichtig, welchen Farbton und welches optische

Gewicht sie im Raum haben. Auch die farbliche Wirkung einer vorhandenen oder geplanten Holzverkleidung an der Decke oder den Wänden ist zu berücksichtigen. Die Frage lautet: Was paßt wozu? Die Lösung ist nicht einfach – zugegeben. Vor allem dann nicht, wenn es unvermeidlich ist, viele vorhandene Teile zu verwenden.
Einige Grundregeln der Raumgestaltung werden helfen, Lösungen zu finden. Sicher sind solche Regeln bekannt, etwa, daß dunkle Farben den Raum schrumpfen lassen und eine gedämpfte bis düstere Wirkung haben, während lichte Farben einen Raum optisch weiter erscheinen lassen. Die Farbgebung kann die Wirkung eines Raumes betonen oder verändern, sie kann einen Raum sogar unerträglich machen.
Gehen wir die Räume einmal durch: Der Schritt durch die Wohnungstür führt zunächst in den Flur. Ein Zweckraum, aber zugleich die Visitenkarte der Wohnung. Hier werden gern zurückhaltende, helle Farben verwendet und Tapeten ohne große Muster. Je nach Lage und baulicher Beschaffenheit sind auch kräftige, intensive Farben möglich, um die optischen Proportionen des Raumes zu verbessern. Eine gediegene Beleuchtung, eine passende Garderobe weisen den Weg in den Wohnraum, das Wohnzimmer, das gegenüber dem Flur eine farbliche Steigerung bringen kann. Dem Gestaltungswillen sind keine Grenzen gesetzt, außer denen der eigenen Zielvorstellung. Wohnlich und geeignet für Geselligkeit soll der Raum sein. Hohe, dicht beieinander stehende Möbel beispielsweise passen dazu nicht. Sie machen den Raum eng und unruhig.
Bei entsprechender Größe kann der Wohnraum in Bezirke eingeteilt werden:

16 Durch das Mischen von Weiß und Schwarz entsteht eine Skala von verschiedenen Grautönen. Man kann sagen: Grau ist nicht grau, siehe Kapitel »Das Farbkonzept«.

17 Durch das Beimischen von Weiß wurde Grün aufgehellt. Hier zeigt sich, daß die Farbe Grün sowohl kalt als auch warm wirken kann, siehe Kapitel »Das Farbkonzept«.

zum Essen, Arbeiten, Ausruhen, Feiern. Durch Teppiche, Bilder und Raumteiler können diese Bezirke abgegrenzt und betont werden. Doch sollte ein Bezirk den Schwerpunkt bilden.
Decken, Wände, Teppichbodenbeläge, Vorhänge, Möbel und Bezugsstoffe der Sitzmöbel prägen farblich den Raum und sollen zusammenpassen. Starke Wandmuster oder Farben können unruhig wirken und den Raum enger erscheinen lassen. Bei wenigen, niedrigen Möbelstükken vermögen kräftige, gut abgestimmte Farben zusammen mit liebenswerten Kleinigkeiten wie dekorative Zweige in einer Bodenvase, farbenfrohe Bilder und Teppiche dem Raum die Leere nehmen.
Nächst dem Wohnraum hat das Schlafzimmer große Bedeutung dafür, wie man sich in einer Wohnung fühlt. Es soll der Ruhe und Entspannung dienen und eine Atmosphäre der Sauberkeit und Frische ausstrahlen. Klare Pastellfarben wie Hellgrün, Hellblau, Lachs oder ein frisches Zitron können dieses Gefühl vermitteln. Eine entsprechende Raumgröße macht es möglich, die Bestimmung zu erweitern: Mit wenigen Mitteln kann ein ruhiger Be-

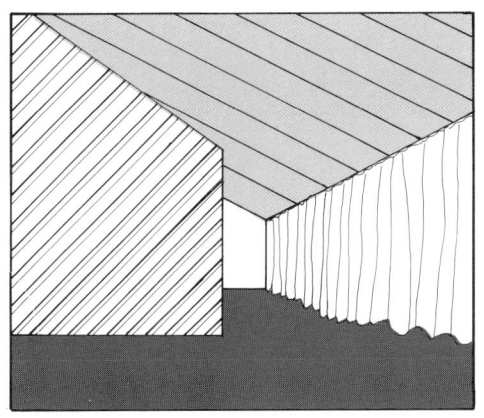

18 Wohnhalle. Die Wirkung von verschiedenartigen Baumaterialien versucht man hier aufeinander abzustimmen, um die individuelle Raumwirkung zu erzielen. Die Decke bekleiden helle Holzpaneele, ein dunkler Teppich bedeckt den Boden, eine Wand wurde mit breitgestreiften, diagonal verklebten Tapeten zum Blickfang, während alle übrigen Wände weiß gestrichen wurden.

19 Der Kontrast zwischen rauh und glatt zeigt sich hier in beispielhafter Weise. Der durch Prägetapeten erreichte Rauhputz-Effekt harmoniert in Farbgebung und Oberflächenbeschaffenheit gut mit der gekachelten Wand.

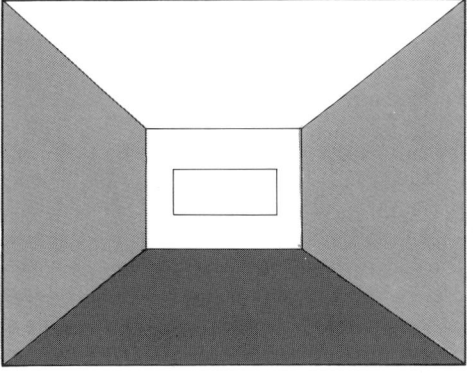

20 Eine der vielen Möglichkeiten raumgestalterisch zu wirken, wird hier gezeigt. Um den Raum optisch zu »strecken«, erhalten Decke und Fensterwand einen hellen Farbanstrich. Das statisch Schwere drückt der dunkle Bodenbelag aus.

21 Der hohe Altbauflur erscheint durch die mit Rauhfaser tapezierte und dunkel gestrichene Decke niedriger. Die ornamentale Struktur einer hell gestrichenen Prägetapete wirkt durch das Spiel von Licht und Schatten.

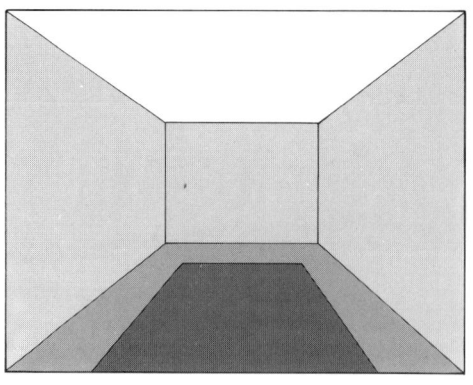

22 Hier bestimmt ein stark farbiger Teppich die Raumwirkung. Alle übrigen Decken- und Wandflächen sind zurückhaltender in der Farbgebung.

23 Helle Möbel vor einer dunkel gemusterten Wand prägen den Raumeindruck.

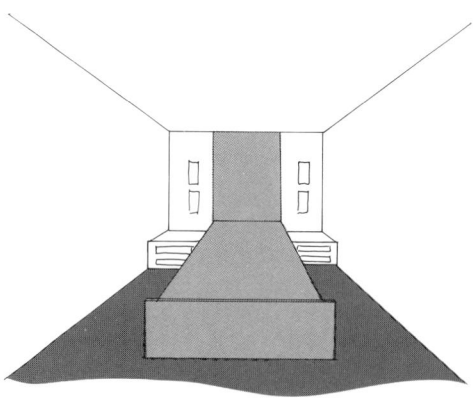

24 Der der Ruhe und Entspannung dienenden Funktion dieses Raumes passen sich die Tapete und der Deko-Stoff im gleichen Design an.

Ein eigenes Reich für den Nachwuchs und keinesfalls ein Abstellraum ist das Kinderzimmer. Die Möbel sollten widerstandsfähige Oberflächen haben und ausreichend Platz für die Unterbringung des Spielzeugs bieten. Das hat natürlich auch etwas mit der Erziehung zu tun. Tapeten und Stoffe sollten neben der Zweckmäßigkeit eine heitere, fröhliche, aber nicht unruhige Note haben. Kinder haben meist keine persönliche Vorliebe für bestimmte Farben. Eine unruhige Farbgebung ist jedoch nicht anzuraten. Die farbigen Spielsachen sollten sich von der Umgebung abheben, sonst werden sie optisch bedeutungslos.

Als Beispiel für den Ablauf einer Planung hatten wir die Küche herangezogen. Hier wird es auf die Einrichtungsgegenstände und die persönliche Einstellung bei der Wahl der Farben ankommen. Die Funktion wird kaum davon berührt, ob leichte Pastelltöne oder kräftige Farben verwendet werden. Berücksichtigt werden sollte jedoch die Himmelsrichtung. Meist sind die Küchen nach Norden ausgerichtet und daher relativ schwach von außen erhellt. Darum empfehlen sich warme Farben.

Das gilt auch für das Bad. Der klinischkühle Eindruck von Armaturen und Bade-

zirk für die Hausfrau geschaffen werden. Ein bequemer Ohrensessel, beispielsweise vor einem Regal mit den Lieblingsbüchern, ein apartes Schreibschränkchen oder ein Platz für das besondere, eigene Hobby passen in diesen Raum. Wer nicht so viele Quadratmeter zur Verfügung hat, ist möglicherweise gut beraten, ein kombiniertes Wohn- und Schlafzimmer zu planen, um den Platz besser auszunutzen.

zimmerschrank sollte durch kräftige Farben unterdrückt werden.

Vom Farbkreis, vom Grundton und seinen Varianten, von der warmen Farbe war die Rede, doch nicht von der Auswahl. Genau das ist der sicher interessanteste Teil unseres Weges zum Farbkonzept.

Es geht um die konkreten Möglichkeiten, die Farben eigener Wahl aufeinander abzustimmen.

Von einfarbig bis komplementär

Die einfachste Möglichkeit der farbigen Raumgestaltung ist die Zusammenstellung von Weiß, Grau oder Schwarz, also den Nichtfarben, mit einer Farbe. Träger der Farbe können die Möbel und die übrige Einrichtung sein oder die Wandflächen. Auf jeden Fall werden die Farbe und damit der Farbträger hervortreten und die Wirkung des Raumes bestimmen.

Ist die Fläche, die Vorhänge, Wände und Decke bilden, weiß bis grau, während der farbliche Akzent auf Möbeln oder Bildern liegt, so wirkt der Raum weit, übersichtlich und heiter. Anders ist es, wenn die Flächen die Farbe tragen, Möbel und Einrichtungsgegenstände jedoch weiß oder hell erscheinen. Der gleiche Raum vermittelt einen engen, geschlossenen und strengen Eindruck.

Zwei Beispiele, die sicher jedem bekannt sind, stehen für diese gegensätzlichen Lösungen in der Farbgestaltung: Im neuzeitlich eingerichteten Büroraum sind Decken und Wände mit weißen, kunststoffbeschichteten Platten verkleidet, der Fußboden hat einen dunklen Belag, dessen Farbe der Vorhang übernimmt. Die Einrichtung hat funktionsgerechte Möbel in einem dunklen Farbton. Nur ein paar kleine Bilder an den Wänden, ein Blumenstrauß vielleicht, setzen die Akzente. Anders das Konferenzzimmer: Decken und Wände sind mit dunklem Holz verkleidet. Für Vorhang, Möbel und Fußboden wurden helle Farben gewählt. Entsprechend abgestimmt ist der Wandschmuck.

Schon erwähnt wurde die Verwendung von Grundton und seinen Variationen, die durch Mischen mit Weiß entstehen – sozusagen Tonstufen. Zusammenstellung von zwei, eventuell drei Tonstufen erzeugen einen ausgewogenen, harmonischen Gesamteindruck. Ein schwacher Hell-Dunkel-Kontrast läßt den Raum sanft, unaufdringlich und elegant wirken. Kräftige Kontraste mit Weiß oder Schwarz erscheinen temperamentvoll.

Die Tonstufen können auch mit der Nichtfarbe Schwarz gemischt werden. Ein solcher Raum zeigt sich verhüllt und stumpf. Durch Blumen, Bilder und persönliche Kleinigkeiten läßt sich die Grundstimmung erhöhen, wenn diese Dinge die Gegenfarbe, also die im Farbkreis gegenüberliegende Farbe tragen. Sinnvoll plaziert, sind sie die Glanzlichter in einem Raum, der Ruhe und Geborgenheit vermittelt.

Schwieriger wird es, wenn die im Farbkreis benachbarte Farbe eingesetzt werden soll, um die Gestaltungsmöglichkeiten zu erweitern. Die im Farbkreis nebeneinander liegenden Farben konkurrieren in ihrer Ausdruckskraft und erzeugen so Spannung. Mit Weiß kann diese Wirkung abgeschwächt werden. Doch sollte man nicht vergessen, daß es sich bereits um eine Komposition von Farben handelt. Nur wer schon Erfahrung hat, sollte sich auf dieses Feld begeben.

Schärfer noch ist die Konkurrenz bei Farben, die sich im Farbkreis gegenüber liegen. Verwendet man sie beide in einem Raum, so darf nur eine Farbe dominieren. Weiße oder graue Flächen können für einen Ausgleich sorgen. Es gilt, daß auch hier durch Mischung mit Weiß oder Schwarz eine dämpfende Wirkung erreicht werden kann.

Wer Mut hat und sich schon einiges Feingefühl im Umgang mit den Farben zutraut, findet hier ein weites Betätigungsfeld, vor allem dann, wenn es – wie bei jungen Menschen – noch nicht nötig ist, langfristig zu planen.

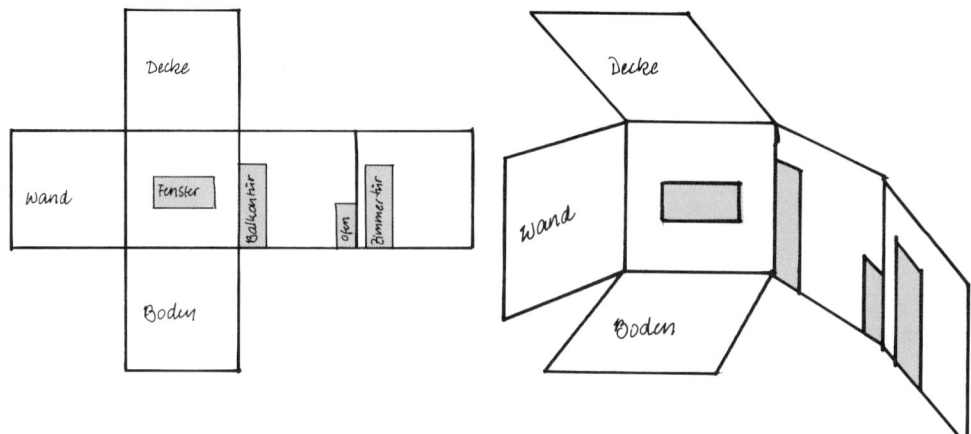

25 Durch das gleichmäßige Verteilen der vorhandenen Fläche und durch Verwenden von Farbaufstrichen kann man sich ein ungefähres Bild von der späteren Raumwirkung machen.

26 Einen noch stärkeren Eindruck von der farblichen Raumwirkung erhält man, wenn der Farbplan-Entwurf gefaltet wird.

Um sich zurechtzufinden zwischen den Möglichkeiten und den vorgegebenen Fakten, empfiehlt sich – wie stets – ein Plan. Diesen Farbplan stellt man so her: Auf einem 10 mal 30 Zentimeter großen Karton werden die Farben eines Raumes im gleichen Verhältnis verteilt wie in der Realität. Das heißt: Die Kartongröße wird mit der gesamten Raumfläche gleichgesetzt, zu der Wände, Decke und Fußboden gehören. Ihrem Größenanteil am Raum entsprechend erhalten die Teile der Einrichtung den vorgesehenen Farbton. Das Ganze liefert also ein Abbild der Farbverteilung im Raum. Vorhänge und der Holzton der Möbel erscheinen entsprechend ihrem Anteil an der Wirkung des gesamten Raumes. Erleichtern kann man sich das Ganze mit Farbtonkarten, die es beim Fachhandel gibt.

Mit dieser Vorarbeit ist es möglich, im Familienkreis die Farbgestaltung zu besprechen und die eigenen Vorstellungen zu verdeutlichen. Gleichzeitig gewinnt man an Sicherheit. Die perspektivischen Darstellungen, die hier gezeigt werden, können weitere Anregungen geben, vor allem für diejenigen, die sich einiges Geschick im Umgang mit dem Zeichenstift zutrauen. Es lassen sich die Abmessungen der Möbel in die Darstellung mit einbringen. So erhält man ein wirklichkeitsnahes Bild.

Auch die Form ist wichtig

Hoffentlich ist es niemandem zu bunt geworden bei soviel Farbe. Dabei ist sie nicht das einzige Gestaltungsmittel, auch die Form spielt eine gewichtige Rolle, für den Künstler wie für den Selbermacher, wenn er über seinen Plänen gebeugt sitzt. Welche raumbeherrschende Kraft eine technisch unkomplizierte, zugleich dekorative Anordnung von Profilholzbrettern oder eine Kombination von solchen Brettern mit Holzpaneelen entfalten kann, zeigen die Zeichnungen in diesem Buch. Die statische Schwere, die diesen Materialien innewohnt, kann durch den Kontrast von leichten, zierlichen Kleinigkeiten aufgewogen werden.

Solche Kleinigkeiten, die auch farbliche Akzente setzen, sind Elemente der Inneneinrichtung, die ihre Wirkung im Kontakt mit ihrer Umgebung entfalten. Sie können

27 Glatte, flächige Paneele mit diagonal versetzten Profilbrettern als kontrastreiche Wandgestaltung.

den Raum beherrschen und seinen Eindruck ausmachen. Dabei ist die Anordnung wichtig. Die Qualität von Bildern ist nicht unbedingt ausschlaggebend, es dürfen Kopien oder Drucke sein. Die Aussagekraft wird durch den Rahmen verstärkt, der ein Bild von der Umgebung abhebt und oft seinen Eindruck aufwertet. So hat man sich in früheren Zeiten viel Mühe mit Rahmen bei den ersten Familienfotos gegeben.

Ein einzelnes großes Bild kann das beherrschende Element einer Wand bilden. Doch muß es deswegen nicht in der Mitte hängen. Es kann seitlich oder in der Höhe versetzt sein und mit kleineren Bildern zusammen einen wirkungsvollen Wandschmuck bilden. Die Höhe, in der Bilder angebracht werden, bestimmt, wie stark sie zur Geltung kommen. Hinter Sitzgruppen sollten Bilder etwa 120 Zentimeter über dem Fußboden angebracht werden, damit sie nicht verdeckt sind. Bilder, die stehend betrachtet werden, sollten in Augenhöhe hängen, das sind 160 bis 170 Zentimeter über dem Fußboden.

Als farbiges Gestaltungsmittel können die wieder modernen Rollos und Jalousien für die Raumgestaltung eingesetzt werden. In Konstruktion, Stoffauswahl, Dauerfunktion und Pflegeleichtigkeit entsprechen sie allen Anforderungen. Vertikaljalousien sind neuartige Lamellenvorhänge, gewöhnlich in Raumhöhe, mit senkrecht angeordneten Einzellamellen. In ihren Farben sind sie auf Raumeffekte abgestimmt. Als transparente Flächen bewirken sie bei Lichteinfall durch ständigen optischen Wechsel zusätzliche reizvolle Effekte. Eingesetzt werden sie nicht nur als Licht- und Sonnenschutz, sondern auch als raumschmückendes Trennwandelement in allen Räumen.

28 Vertikaljalousien als Raumteiler sind Gestaltungsmittel, die einen Raum in bestimmte Funktionsbereiche teilen.

Raumteiler. Je nach Raumgröße, baulichen Gegebenheiten, der Nutzung oder anderen Notwendigkeiten kann der Raum in einzelne Bereiche geteilt werden. In vielen Fällen beschränkt man sich durch die Gruppierung von bestimmten Möbelarten auf eine optische Teilung. Auf diese Weise erhält ein Wohnzimmer eine gemütliche Polsterecke, einen Eßplatz und eine Schreibecke. Diese wegen der geringen Wohnungsgröße oft notwendige Mehrfachnutzung kann durch Raumteiler gestalterisch verbessert und damit wohnlicher gemacht werden. Freistehende, leichte und licht wirkende Regale aus Holz, Glas und transparenten Kunststoffmaterialien verdecken die »Nebenschauplätze«, die nun, jeder für sich, ihre eigene Atmosphäre besitzen, ohne den Gesamteindruck des Raumes zu zerstören.

Ausbaupläne

Dachgeschoßausbau

Nicht nur die Schaffung von neuem Wohnraum, sondern oft auch Dachreparaturen und damit verbundene Vorsorgemaßnahmen zur Energieeinsparung geben den Anstoß, sich für den Ausbau von Dachräumen zu entscheiden. Eine Prüfung des bestehenden Zustandes und überlegter Einsatz der Mittel und Maßnahmen sind hier besonders zwingend, denn das Dach, eines der wichtigsten Gebäudeteile, muß in einwandfreiem Zustand sein.

Die alten Dachpfannen oder Dachziegel dürfen keine Risse oder Löcher haben und auch nicht abblättern. Herausgebrökkelter Mörtel, sogenannter Pfannenverstrich, muß von innen erneuert werden. Die tragenden Balken der Dachkonstruktion mit ihren Sparren und Latten sollten untersucht und erforderlichenfalls erneuert oder verstärkt werden. Eine allseitige Imprägnierung mit einem guten Holzschutzmittel hält Schädlinge ab.

Die Grundfläche des Dachraumes, seine Höhe und die Dachneigung bestimmen – neben den eigenen wirtschaftlichen und finanziellen Möglichkeiten – die Planung des Ausbaus. Ob an einen zusätzlichen Aufenthaltsraum für Party, Spiel oder Sport gedacht wird oder an eine neue vermietbare Wohnung, immer sollte vor Beginn die Bauaufsichtsbehörde befragt werden, weil meistens ihre Genehmigung notwendig ist. Erforderlich sind dann lesbare und prüfbare Baupläne und Zeichnungen, die oft auch entsprechende statische Berechnungen notwendig machen.

Tabelle 4: Allgemeine Planungsschritte

> Absichten und Wünsche notieren.
> Einrichtungsideen und Vorschläge aus Fachzeitschriften langfristig sammeln.
> Ordnen der Wünsche und Absichten nach bestimmten Gesichtspunkten, um Entscheidungen zu erleichtern. Siehe Formblatt-Vorschlag Seite 11.
> Maßstabgerechte Grundrißzeichnung anfertigen. Siehe Seite 13.
> Elektro-, Gas- und Wasser-, Antennenanschlüsse kennzeichnen.
> Möbel und größere Einrichtungsgegenstände maßstabgerecht auf Karton zeichnen und ausschneiden.
> Auf Grundrißzeichnung den neuen Stellplatz der Möbel markieren.
> Sämtliche Maße notieren. Siehe Beispiel Seite 16.

Kellerausbau

Früher war es üblich und auch notwendig, den Keller als Vorratsraum für möglichst große Mengen an Lebensmitteln zu nutzen. Auf dem Lande hat sich das nicht sehr geändert, wohl aber in den Städten und Siedlungen. Man hält – wenn man nicht selbst Erzeuger von Lebensmitteln ist – keine großen Vorräte mehr, weil hierzulande zur Zeit kein Mangel herrscht. Diese Verbesserung des allgemeinen Lebensstandards hat dazu geführt, daß die Kellerräume muffig und dunkel vor sich hindämmern – Lebensraum für eine Gesellschaft von Spinnen und anderen Insekten.

Dabei bietet der Keller eine Fülle von Möglichkeiten, wobei die Grenzen auf dem finanziellen Sektor liegen. Einige Beispiele mögen das verdeutlichen: Ein

Tabelle 5: Veränderungen am Bauzustand

Einbau nichttragender Wände vorgesehen?
Verlegung von Gas-, Wasser-, Elektro-, Heizung, Sanitär- und Lüftungsinstallation und seiner Anschlüsse notwendig?
Stemmen von Schlitzen und Durchbrüchen erforderlich?
Ausbau/Einbau von Fenstern und Türen?
Aus welchem Material, in welcher Ausführung?
Welche wärmedämmenden Maßnahmen an Decken, Wänden und Fußboden?
Materialbeschaffung und Transport
Informationen über Zeitaufwand der Ausbauarbeiten einholen
Bauschuttbeseitigung
Werkzeuge und Arbeitsgeräte vorhanden? Wo leihen? Transport?
Arbeitsgerüst beschaffen? Unfallverhütung!
Statische Berechnungen notwendig? Auskunft/Genehmigung der Baubehörde notwendig?
Körperliche Belastung? Eigene handwerkliche Fähigkeiten ausreichend? Hilfe von Freunden?
Kostenübersicht detailliert?
Kostenübersicht gesamt?

Tabelle 6: Mittel und Maßnahmen zum Renovieren

Materialbedarf für Decke, Wände und Fußboden ermitteln und beschaffen
Werkzeuge und Zubehör bereitstellen
Termine mit helfenden Partnern abstimmen
Farbplan erstellen und erklären
Einkauf, Lieferung von zusätzlichem Mobiliar und sonstigen Einrichtungen
Kostenzusammenstellung anfertigen

Swimming-pool, eine Sauna, ein regelrechtes Schwimmbad gar, ein Fitness-Center können eingebaut werden, wenn der Keller nicht mit anderen geteilt werden muß. Eine Fernseh- oder Partystube, ein Hobbyraum, ein Bügelzimmer sind die Möglichkeiten für den geringeren finanziellen Spielraum.

Wichtig ist dabei, daß ein Ausbessern allein nicht genügt. Wenn ein Kellerraum zum Bestandteil der Wohnung wird, müssen gesunde Verhältnisse geschaffen werden: Licht, Wärme, guter Luftaustausch, Dämmen gegen Kälte von außen wie unten sowie gegen Feuchtigkeit gehören dazu.

Wer nicht handwerklich vorbelastet ist, betritt Neuland, sobald er sich entschlossen hat, einmal so richtig von Grund auf alles umzukrempeln und dem Ganzen den eigenen Stempel aufzudrücken. Doch bevor solch eine Expedition praktisch begonnen wird, sollte festgestellt werden, ob die Ausrüstung komplett ist.

Checklisten

Die hier im Muster vorgestellten Checklisten haben sich dabei genauso bewährt wie die bei längeren Urlaubsreisen. Im Telegrammstil kehren hier zugleich die vielen Überlegungen wieder, mit denen man inzwischen vertraut geworden ist.

Je detaillierter die aufgeführten stichwortartigen Hinweise ergänzt werden, um so genauer läßt sich feststellen, was gemacht werden muß, wie teuer es ist, mit welchem Zeitaufwand zu rechnen ist, welche Arbeiten an Handwerker zu vergeben sind oder was in Eigenleistung durchgeführt werden kann. Im folgenden Abschnitt finden sich neben fachgerechten Anleitungen auch Übersichten, aus denen sich diese Checklisten ergänzen lassen.

Vielleicht wird mir der eine oder andere Leser jetzt zurufen wollen, bis jetzt sei nur darüber geschrieben worden, wie man Papier verbraucht, ohne wirklich mit der Renovierung anzufangen. Antwort: Es geht natürlich auch ohne Planung, aber nur, wenn Zeit und Geld unbeschränkt zur Verfügung stehen.

Ist das nicht der Fall, dann darf mit Mehrkosten, Zeitverlust und Ärger gerechnet werden.

Ich meine, der richtige Anfang für eine gründliche Renovierung ist die sorgfältige Planung. Nicht nur, daß sie Kosten verringert, einen Überblick vermittelt und auch Spaß machen kann — später, bei der praktischen Arbeit, stellt sich das Erfolgserlebnis ein, wenn man spürt, daß man tatsächlich zeitgerecht vorankommt.

Wer sich zum Renovieren entschließt, sollte daran denken, daß es gilt, auch Unbequemlichkeiten hinzunehmen. Unvermeidlich, aber zugleich von bleibendem Wert ist es auch, sich die fehlenden Kenntnisse und praktischen Fertigkeiten anzueignen. Die Fortschritte auf diesem Gebiet sollten nicht mit allzuviel Selbstkritik begleitet werden. Selbstvertrauen empfiehlt sich hingegen, wenn man völliges Neuland betritt, beispielsweise zum ersten Mal Tapete klebt, vielleicht mehr an die eigene Kleidung als an die Wand. Keine Angst: Andere haben es geschafft — und kochen auch nur mit Wasser.

Der Tapetenwechsel

Gemeint ist diese Vokabel hier ganz wörtlich: Die neue, saubere, zu Form und Farbe der Einrichtung passende Tapete ersetzt, was vorher die Wände bedeckte. Aber suchen Sie sich mal eine passende Tapete unter den 15000 verschiedenen Angeboten aus, die es nach Angaben des Deutschen Tapeteninstituts derzeit gibt – 15000 verschiedene Muster auf zahlreichen Materialien, vom Papier bis zum Aluminium.

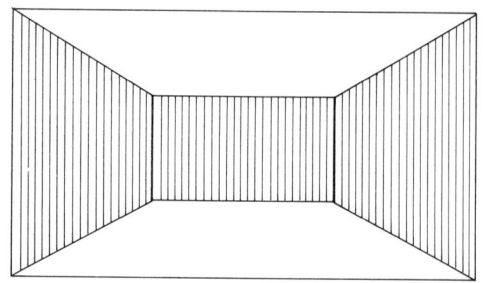

29 Senkrechte Streifen: Raum wirkt höher und enger.

Es gilt also, eine Orientierung durch das Angebotslabyrinth zu finden. Das ist nicht so schwer wie es scheint. Außerdem: Die 15000 Muster wird ein einzelnes Geschäft nicht auf Lager haben.

Einige der Grundsätze, die jetzt folgen, sind schon erwähnt worden. So kann der Raum hinter wenigen und niedrigen Möbeln mit kräftig gemusterten Tapeten gefüllt werden. Doch kann ein zu starkes, großflächiges und farbkräftiges Muster dominieren und den Eindruck eines zu kleinen, engen Zimmers hervorrufen. Wird ein großer Teil der Wände von Einbaumöbeln, Schrankwänden oder Bildern verdeckt, so empfiehlt sich eine dezent getönte Tapete mit kleinem Muster und feiner Struktur. Auch kräftig gemusterte Vorhänge, Teppiche oder Sitzpolster brauchen einen ruhigen Ausgleich.

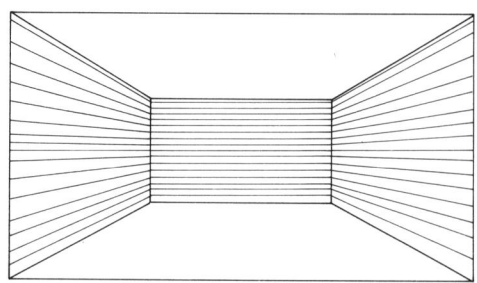

30 Waagerechte Streifen: Raum wirkt niedriger und weiter.

Mit der Größe, der Form, der Farbe und der Stellung oder Richtung eines Tapetenmusters läßt sich die Raumwirkung erheblich beeinflussen. Es lassen sich Eigenschaften des Raumes betonen oder abschwächen. Grundsätzlich können große Räume mit großen Mustern, kleine Räume mit kleinen Mustern ausgestattet werden. Ein Raum mit viel Licht verträgt dunkle Farbschattierungen, für enge und dunkle Zimmer eignen sich Pastelltöne. Die nachfolgende Tabelle gibt eine Reihe

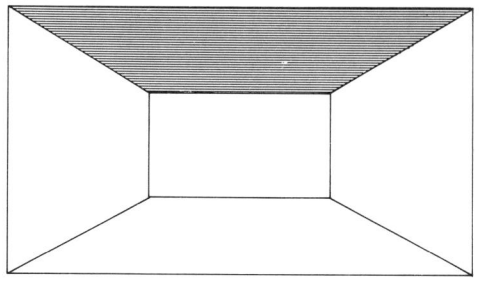

31 Dunkle Decke: Raum wirkt niedriger.

von Anhaltspunkten für die Auswahl und die innerfamiliäre Diskussion über die Gestaltung der eigenen Wände.

Tabelle 7: Die Grundmuster der Tapeten

Strukturtapete Textiltapete	Für alle Zweckräume geeignet
textile Muster auf Papier	Aussehen, Farbe und Struktur wie Stoff
Hintergrundtapete einfarbige (Uni-) tapete	ohne starke Muster: flächige, ruhige Wirkung
florale Kleinmuster (Blumenmuster)	Für alle Räume und Decken geeignet
große florale Muster	dominierender Bestandteil der Raumdekoration. Geeignet für große Wandflächen ohne störende Unterbrechung oder eine ganze Wand bei passender, ruhiger Begleittapete auf der anderen. Entsprechende Zusammenstellungen finden sich in den Tapetenbüchern des Handels.
geometrische Kleinmuster	Besonders für Erstversuche und Zweckräume geeignet
Große geometrische Muster	Besonders für Zweckräume oder Decken
Tapeten mit Bildmotiven	Für kleine Flächen als Bild oder große Räume als Ornament, für Kinderzimmer, Wohnzimmer, Arbeitszimmer
Stiltapeten	Enthalten Muster aus früheren Stilepochen
Streifentapeten	

Tabelle 8: Was paßt zur Einrichtung?

Einrichtung mit ruhigen Möbeln in einheitlichen Farben	Tapete mit kräftigen Mustern
kräftig gemusterte Vorhänge, Teppiche, Schrankwände und viele Bilder	ruhig gemusterte oder Uni-Tapete
Große Räume kleine Räume viel Licht	große Muster kleine Muster dunkle Schattierung
enge Zimmer, wenig Licht	Pastelltöne
Naßraum, stark benutzter Raum	Vinyltapete, waschbeständige Tapete

Die verschiedenen Sorten

Um dem Anfänger wie dem praxiserfahrenen Heimwerker das vielseitige Angebot übersichtlicher zu machen, sollen die sechs Hauptgruppen nachfolgend beschrieben werden. Es sind:
Papiertapeten, Vinyltapeten (auch PVC-Tapeten), Metalltapeten, Textiltapeten, Naturwerkstoff- und Wandbild-(Foto-)Tapeten.
Die Hauptgruppen lassen sich weiter untergliedern:

32 Ein typisches Beispiel für die raumgestalterische Nutzung baulicher Gegebenheiten.

33 Ruhige und in gleichen Farben gehaltene Möbel erwarten ein bewegtes Tapetenmuster.

34 Stark beanspruchte Räume stellen an die Strapazierfähigkeit des Wandbelags besondere Anforderungen. Die Strukturierung der Oberfläche trägt außerdem zum optischen Raumeindruck bei.

35 Die Raumgestaltung ist hier beispielhaft. Nicht nur das stilvolle Mobiliar, sondern auch das ausgewählte Tapetenmuster und der passende Teppich beeindrucken den Betrachter.

Papiertapeten. Unter dieser allgemein verständlichen, aber fachlich nicht einwandfreien Bezeichnung sind hier alle Tapeten eingeordnet, die ganz aus Papier bestehen.

Decker-(Fond-)Tapeten. Diese viel verwendete Mittelqualität ist so beschaffen, daß sie normalen Ansprüchen genügt.

Durch einen geschlossenen, lichtechten Farbauftrag wird das Vergilben des Papieruntergrundes verhindert. Danach wird das Muster in mehreren, verschiedenen Farben aufgedruckt. Je nach der Qualität des Musterentwurfs, der Papierstärke und der Druckauftragsart unterscheiden sich diese Tapeten in Preis und Verarbeitung. Die abschließende Behandlung der empfindlichen bedrucken Vorderseite entscheidet über den Verwendungsbereich. Deshalb tragen alle Qualitätstapeten auf ihrer Rückseite bestimmte Zeichen, die Aussagen über die Qualität des Materials und wichtige Hinweise für die Verarbeitung geben. Besonders beim Kauf sollte auf diese Kennzeichnung geachtet werden, da sie den Verwendungsbereich bestimmt.

Rauhfaser. Diese Tapete besteht aus zwei miteinander verklebten Papierschichten.

36 Die Oberfläche dieser Tapete läßt nicht auf Anhieb erkennen, ob man eine Präge- oder Vinyltapete vor sich hat. Bei beiden Tapetenarten kann das interessante Profil überstrichen werden.

Dazwischen eingebettete Holzspäne markieren eine unterschiedlich stark strukturierte, plastische Oberfläche. Je nach dem Herstellungsverfahren werden sie mit grober, mittlerer oder feiner Oberflächenstruktur angeboten. Die Wahl der Rauhfasertapete ist auch eine Frage des Geldbeutels, denn sie kann mehrmals überstrichen werden und erleichtert damit die nächsten Renovierungen. Sie ist deshalb nicht nur für Deckentapezierungen besonders beliebt, denn sie paßt überall hin und ist leicht zu verarbeiten.

Prägetapeten haben ein stärkeres Profil mit ornamentalen Designs oder einer rustikalen Putzstruktur. Sie lassen sich wie die Rauhfaser mehrmals überstreichen, ohne die Struktur zu verlieren. Hergestellt sind sie aus mehreren übereinandergeklebten Papierbahnen, in die durch hohen Walzendruck das Muster eingeprägt wurde. Durch besondere Farbüberzüge können die Strukturen dieser Tapeten aussagekräftiger und widerstandsfähiger gemacht werden. Sie wirken – ob einfarbig oder mehrfarbig – recht anspruchsvoll.

Vinyl-Tapeten oder PVC-Tapeten. Ein Trägerpapier wird mit dem Kunststoff PVC (Polyvinylchlorid) beschichtet. Die Oberfläche ist bedruckt, geprägt oder geschäumt. Wegen ihrer hohen Strapazierfähigkeit ist sie für stark beanspruchte Räume besonders geeignet. Ihre leichte Verarbeitung ist ebenso vorteilhaft wie die besondere Eigenschaft, daß sie sich bei einer späteren Renovierung trocken abziehen läßt. Dabei bleibt der Papierträger auf dem Untergrund und erspart erneute Vorarbeiten.

Metalltapeten bestehen aus der Papierbahn und einer aufkaschierten Aluminiumfolie. Sie wird bedruckt, mit lasierenden Farben versehen, geätzt oder geriffelt angeboten. Eine andere Art ist die metallisierte, mit Papier kaschierte Kunststoff-Folie. Ihre Oberflächengestaltung ist mit der ersten vergleichbar. Beide Arten sind lichtbeständig, hundertprozentig waschbar, schwer entflammbar und feuerhemmend.

Textiltapeten. Das Textilmaterial wie Jute, Leinen, Baumwolle, Wolle, Seide und Kunstfaser wird auf ein Trägerpapier aufgebracht. Ihr Einsatzgebiet ist der »wohnliche« Bereich, wie Diele, Arbeits-, Gäste-, Wohn- und Schlafzimmer. Einige Hersteller bieten von ihren Designs auch quadratische Kassetten an, die dem Anfänger die Verarbeitung erleichtern können. Ihre repräsentative und vornehme Wirkung erhält diese Tapete durch die Gewebestruktur und ihre zurückhaltende Farbtönung. Eine große Auswahl bietet für jeden Geschmack und Verwendungszweck das Richtige.

Tapeten aus Naturwerkstoff. Die sogenannte japanische Grastapete wird allgemein bekannt sein. Hier sind auf speziellen Papieren naturgegebene Materialien wie ostasiatische Gräser, Fasern und Gewebe in Schichten aufgebracht. Ihre Verarbeitung erfordert eine gewisse Erfahrung. Schon beim Zuschneiden der einzelnen Bahnen sollte Farbe und Form der verarbeiteten Gräser im Hinblick auf eine möglichst gleichmäßige Wirkung ausgewählt werden.

Korktapeten erfreuen sich dank ihres rustikalen Aussehens, ihrer schalldämmenden, wärmeisolierenden und pflegeleichten Eigenschaften zunehmender Beliebtheit. Angeboten werden sie in Bahnen auf Trägerpapier kaschiert. Aber auch Korkfliesen, also rechteckige Korkabschnitte, sind im Handel, um dem Anfänger die Verarbeitung zu erleichtern.

Wandbild-(Foto-)Tapeten. Mit drei Arten von Fototapeten werden die Möglichkeiten der Raumgestaltung vergrößert. Unter dem Begriff Fototapeten ist der Fotodruck weit verbreitet und bekannt. Schwarzweiße oder farbige einzelne Bildteile können bequem zu Bildwänden zusammengesetzt werden. Ähnlich problemlos sind auch die Bildbahnen zu verarbeiten. Echte Bildvergrößerungen auf einem dünnen Spezialpapier oder Fotoleinen – das ist die stärkste Qualität der Fototapeten – erfordern nicht nur beste Untergrundvorbereitung, sondern auch eine sorgfältige Verarbeitung.

Oberflächenqualitäten

Die Hersteller von Qualitätstapeten haben sich geeinigt, ihre Produkte auf der Rückseite mit bestimmten Zeichen zu versehen, die europaweit Geltung haben. Sie machen damit eindeutige Aussagen über die Qualität des Materials und geben wichtige Hinweise für die richtige Verarbeitung. Verständnisschwierigkeiten oder Auslegungen über den Begriff der Waschbarkeit werden so vermieden.

Wasserbeständige Tapete. Frischer Kleister muß mit einem weichen, nassen Schwamm zu entfernen sein, ohne daß sichtbare Mängel auftreten. Diesen Anforderungen müssen auch die Tapeten der drei höheren Kategorien gerecht werden.

Waschbeständige Tapete. Sie muß mit einem weichen, nassen Tuch oder Schwamm unter geringem Zusatz eines milden Waschmittels von normaler Ver-

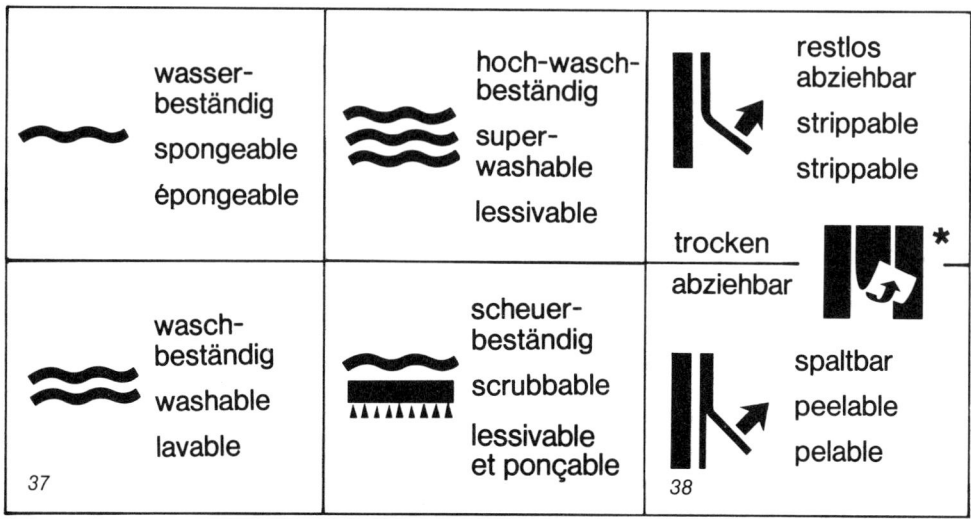

37 Die Oberflächenqualität wird durch eindeutige Symbole gekennzeichnet.

38 Für die Renovierung ist wichtig, daß zwischen diesen beiden internationalen Zeichen unterschieden wird.

1 wasserbeständig spongeable épongeable	2 waschbeständig washable lavable	3 hoch-waschbeständig super-washable lessivable	4 scheuerbeständig scrubbable lessivable et ponçable
5 ausreichende Lichtbeständigkeit sufficient lightfastness résistance à la lumière correcte	6 gute Lichtbeständigkeit good lightfastness bonne résistance à la lumière	7 restlos abziehbar strippable strippable / trocken	Musterhöhe/Versatz
8 Wand einkleistern paste the wall adhésif sur le mur	9 vorgekleistert ready pasted pré-encollé	10 abziehbar / spaltbar peelable pelable	
11 ansatzfrei free match raccord libre	12 gerader Ansatz straight match raccord droit	13 versetzter Ansatz offset match raccord sauté	z.B. 53 design repeat/ distance offset 26,5 hauteur du raccord/ décalage 14
15 dupliert duplexed duplexée	16 abgestimmter Stoff coordinating fabric tissu assorti	17 in Pfeilrichtung tapezieren direction of hanging sence de la pose	18 gestürzt kleben reversal of alternate lengths lés inversés

Grafik: Deutsches Tapeten-Institut

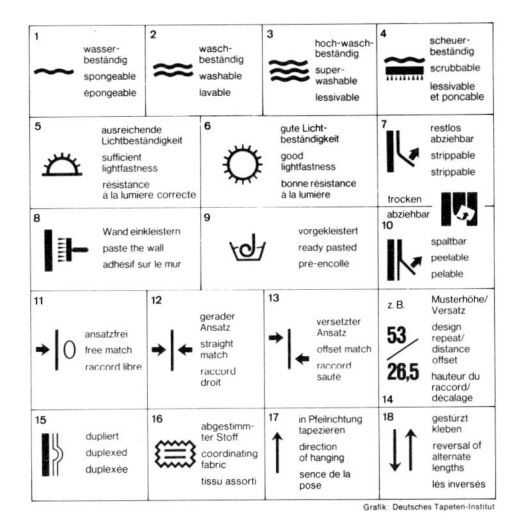

39 Gesamtübersicht der 18 Symbole, die das Deutsche Tapeten-Institut mit Herstellern auf internationaler Ebene vereinbart hat.

schmutzung oder Verstaubung vorsichtig zu reinigen sein, ohne daß ihre Oberfläche angegriffen wird. Fett- oder lösungsmittelhaltige Flecken gehören nicht dazu.

Hochwaschbeständige Tapete. Sie muß mit einem nassen Tuch oder Schwamm mit Wasser unter Zusatz geringer Mengen von Kernseife zu reinigen sein, ohne daß die Oberfläche angegriffen wird. Fett- oder lösungsmittelhaltige Flecken sind ausgenommen.

Scheuerbeständige Tapete. Sie muß mit einem nassen Schwamm oder einer weichen Bürste und Seifenlauge oder einem milden Scheuermittel gereinigt werden können, und zwar von häuslichem Staub und Schmutz sowie wasserlöslichen Flecken. Fett- oder lösungsmittelhaltige Flecken können zum Teil entfernt werden, wenn sie sofort nach der Verschmutzung behandelt werden.

Trocken abziehbare Tapeten. Auch hier verhindern Symbole mehrdeutige Aussagen und sorgen für Eindeutigkeit. Dieses Kennzeichen macht deutlich, welche Tapeten ohne Wasser oder Tapetenablöser beim Renovieren trocken von der Wand entfernt werden können.

Restlos abziehbar. Die Tapete wird an einer Ecke gelöst und kann dann Bahn für Bahn abgezogen werden. Dies ist möglich, weil sie auf speziell für diesen Zweck hergestelltem Papier gedruckt wird.

Spaltbar. Die Oberschicht von auf Papier kaschierten Tapeten kann trocken abgezogen werden. Dies trifft auf die meisten Kunststoff-, Textil- und Metalltapeten zu. Die Papierträgerschicht kann als Makulatur auf der Wand verbleiben.

Der Bedarf wird ermittelt

Fast jede der vorgestellten Tapetenarten hat ihre eigenen Abmessungen. Deshalb sollte man es auch vermeiden, von Normaltapeten oder Normalrollen zu sprechen. Die Abmessungen sind von der Produktionsweise abhängig. Doch die hier unter dem Begriff Papiertapeten vorgestellte Art ist als »Europarolle« in ihren Abmessungen genormt. Sie begegnet uns in den Maßen 0,53 Meter Breite und 10,05 Meter Länge, das sind rund 5,3 Quadratmeter. Aber schon hier beginnt die Ausnahme. Die bekannte Rauhfasertapete wird gewöhnlich in den Abmessungen

Raumumfang in Metern	Anzahl der Rollen bei einer Raumhöhe von		
	2,10–2,35 m	2,40–3,05 m	3,10–4,00 m
6	3	4	5
10	5	7	9
12	6	8	11
15	8	10	14
18	9	12	17
20	10	14	19
24	12	16	23

Türen und Fenster sind bereits berücksichtigt.

Grafik: Deutsches Tapeten-Institut

40 Mit dieser Übersicht geht die Berechnung des Tapetenbedarfs einfach und schnell. Es ist jedoch ratsam, bei wertvollen Tapeten oder komplizierten Raumproportionen einen Fachmann hinzuzuziehen.

von 0,56 mal 33,00 Meter angeboten, das sind rund 18,5 Quadratmeter. Diese beiden Beispiele zeigen, wie wichtig eine maßgenaue und exakte Vorbereitung ist. Die im Handel üblichen Hinweise und Faustformeln zur Berechnung des Tapetenbedarfs beziehen sich fast ausnahmslos auf die Größe der Europarolle.

Um gut vorbereitet zur Auswahl und zum Kauf von Tapeten zu gehen, muß man die zu tapezierende Fläche genau ausgerechnet haben. Hierzu benötigt man den Raumumfang und die Raumhöhe. Unter Raumumfang versteht man die Länge der Wände rundum, ohne die Maße der Türen und Fenster abzuziehen. Dieses rechnerisch ermittelte Mehr steht als Reserve für spätere Ausbesserungen zur Verfügung.

Natürlich gibt es auch andere Methoden. Doch ist die hier dargestellte wegen ihrer rechnerischen Exaktheit am überzeugendsten. Denn die so festgestellte zu tapezierende Fläche (Raumumfang × Raumhöhe = zu tapezierende Quadratmeterfläche) hilft auch bei Spezialtapeten mit ihren Sondermaßen, die benötigte Anzahl der Tapetenrollen zu ermitteln.

Das Werkzeug zum Tapezieren

Für den Fachmann ist gutes und sorgsam gepflegtes Werkzeug die Voraussetzung für eine hochwertige Leistung. »Gutes Werkzeug – halbe Arbeit« ist die alte Erfahrung der traditionellen Handwerker. Zwar ist die Zurückhaltung des Selbsttapezierers verständlich, sich schon für den ersten Versuch eine komplette Ausrüstung zuzulegen. Aber die meisten der nachfolgend aufgezählten Werkzeuge sind in jedem Haushalt vorhanden. Viele aufgeschlossene Fachhändler und Handwerker halten eine Anzahl von Leihgeräten bereit, so daß zunächst nicht alle Werkzeuge gekauft werden müssen.

Zum Entfernen der alten Tapete und zum Ausbessern von Putzrissen und Unebenheiten wird ein breiter Spachtel benötigt. Mit einem Schraubendreher entfernt man

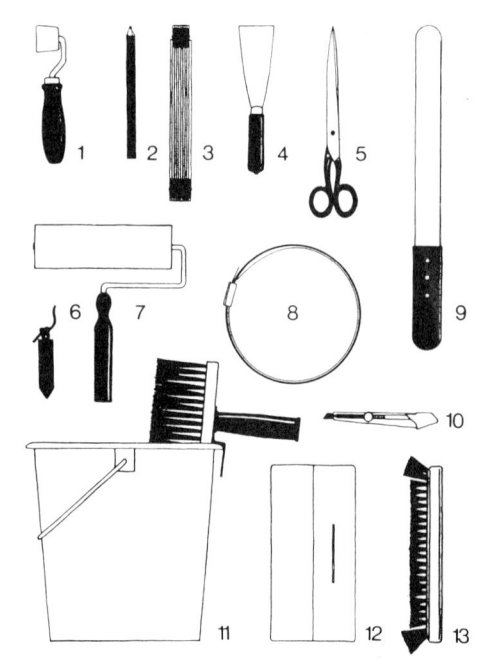

41 Der größte Teil des hier gezeigten Werkzeugs wird bei den meisten vorhanden sein: Flacher, konisch geformter Nahtroller (1), Bleistift (2), Metermaß (3), Malerspachtel (4), Schere (5), Senklot (6), Andrückwalze aus Moosgummi (7), Stahlschiene (8), Haumesser (9), Cuttermesser oder Universalmesser mit Rasierklingeneinsatz (10), nichtrostender Eimer (11), Kunststoffspachtel (12), Tapezierbürste (13).

die Abdeckungen von Schaltern und Steckdosen. Glaspapier und Schleifklotz helfen Putzunebenheiten auszugleichen. Eine große Papierschere zum Zuschneiden der Tapeten, eine Tapezierbürste, ein Senklot, ein Meterstab und die Streichbürste zum Einkleistern der Tapeten sind die wichtigsten Werkzeuge.

Der zusammenklappbare 2,50 oder drei Meter lange Tapeziertisch sollte nicht fehlen. Ebensowenig ein Gipsbecher aus Gummi und ein Kunststoffeimer für den Kleister. Bleistift, Nahtroller, Andrückrolle, Leiter und ein Tapetenschneidegerät vervollständigen die Ausrüstung, mit der alle

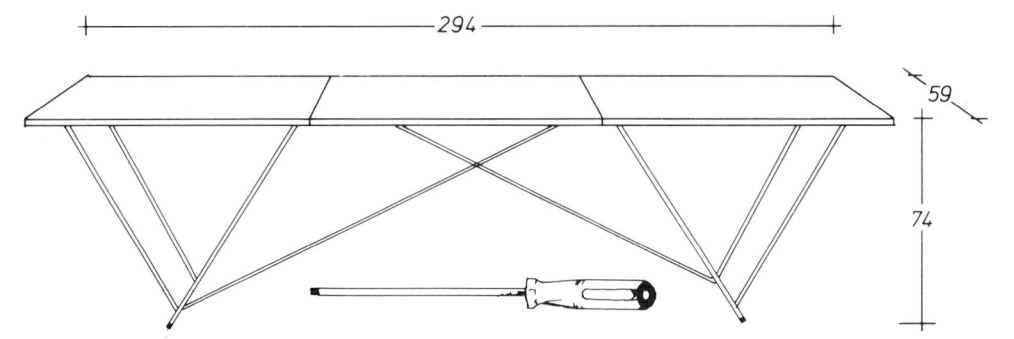

42 Schraubendreher und Tapeziertisch werden beim Renovieren selbstverständlich auch benötigt.

vorkommenden Tapezierarbeiten ausgeführt werden können.

Der bekannteste und am einfachsten zu bedienende Tapetenschneider besteht aus einem Haumesser und einer Stahlschiene. Die Stahlschiene wird auf dem Tapeziertisch mit Reißnägeln befestigt. Sie ragt etwa drei bis fünf Millimeter über die Tischkante hinaus. Zum Abschneiden oder Teilen wird die eingekleisterte und zusammengelegte Tapetenbahn auf die Stahlschiene gelegt. Das abzutrennende Teil liegt außerhalb der Stahlschiene. Durch leichten Druck gegen die Stahlschiene zertrennt das Haumesser die Tapete. Für wertvolle Spezialtapeten wie beispielsweise Gras- oder Basttapeten, Präge-, Textil- und Kunststofftapeten benötigt man eine Andrückrolle aus Moosgummi oder einen Kunststoffspachtel, um ein gleichmäßiges und sorgfältiges Andrücken der Tapeten zu ermöglichen.

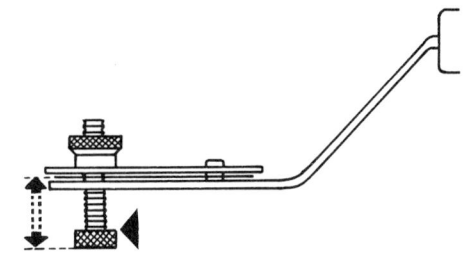

43 Geräte, die den praktischen Ablauf vereinfachen und ihn erleichtern: Tapetenschneidegerät, das Überlappungen an Fußleisten, Tür- und Fensterrahmen in gleichbleibender Breite abschneidet. Eine Stellschraube reguliert den Wandabstand.

44 Ein weiteres Gerät, das jedermann befähigt, so einwandfrei wie möglich tapezieren zu können.

Seit einigen Jahren sind Tapeziergeräte auf dem Markt, die dem Heimwerker die Arbeit erleichtern helfen. So erspart eine automatische Kleistervorrichtung als Tapeziergerät den bisher notwendigen Tapeziertisch. Leichte bis mittelschwere Normaltapeten kann man mit dieser Vorrichtung direkt an die Wand kleben. Auch Führungsschienen und Schneidegeräte haben sich bewährt, weil der Anfänger saubere Kantenschnitte an Tür- und Fensterrahmen sowie Decken und Fußleisten herstellen kann.

Zur besseren Arbeitsvorbereitung – und um unnötige Arbeitsunterbrechungen zu vermeiden – dient die auf der Seite 50 erstellte Werkzeugliste.

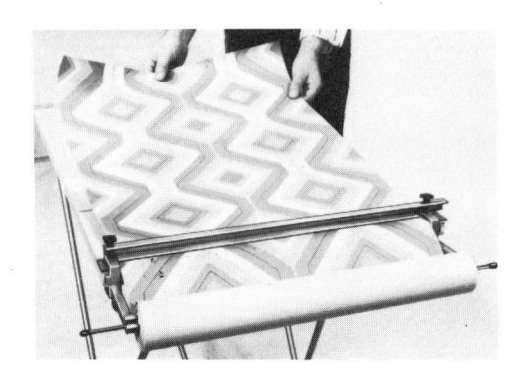

45 Eine besondere Vorrichtung bewirkt, Tapeten mit geradem Ansatz oder ansatzfrei arbeitserleichternd einzuspannen, um sie dann auf die raum- und musterbedingte Ordnung zuschneiden zu können.

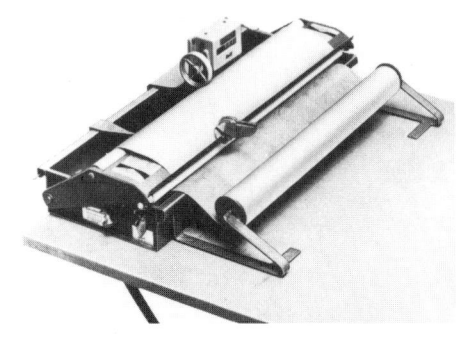

46 Maschinen, die Tapeten mit der notwendigen Kleistermenge gleichmäßig versorgen, können auch Selbsttapezierer einsetzen. Das hier gezeigte Gerät schneidet nicht nur die gemessene Länge ab, sondern es ist auch in der Lage, die Tapetenbahn in der gewünschten Breite abzutrennen.

Untergrundvorbereitung

Kurz, präzise und einprägsam sind die Regeln der Handwerker zumeist. So auch der Satz: »Eine fertig tapezierte Wand kann nur so gut sein wie der Untergrund.« Damit ist das meiste gesagt. Denn nur ein Untergrund, der trocken, fest, tragfähig, sauber und glatt (oder doch nicht zu rauh) ist, garantiert den sicheren Sitz der Tapete auf Dauer.

Neue Putzflächen

Alle Decken- und Wandflächen besitzen entweder einen Gipsverputz oder einen Kalkmörtelputz. Mit einem breiten Spachtel oder einem gewöhnlichen Holzklotz werden zunächst die vorstehenden Putzteilchen oder Putzkörner abgestoßen. Vorhandene oder entstandene Unebenheiten gleicht man mit einem Füllstoff aus. Der glatte Gipsputz wird dann mit verdünntem Tapetenkleister, rauhe Putzgründe werden mit Streichmakulatur vorgestrichen. Diese Streichmakulatur ist in Pulverform im Handel. In Wasser aufgelöst, füllt die Feinmakulatur die Poren des rauhen Putzes und schafft einen sicheren, gleichmäßig saugenden Tapetenuntergrund. Bei schweren Tapeten oder Spezialtapeten ist keine Streichmakulatur als Untergrundvorbehandlung zu verwenden. Hier müssen die Verarbeitungshinweise der Hersteller zur Untergrundvorbehandlung beachtet werden.

Gestrichene Flächen

Alle mit einem Anstrich versehenen Flächen sind auf ihre Trag- und Haftfähigkeit zu prüfen. Das bedeutet, daß lose sitzende Anstrichschichten abgestoßen oder abgewaschen werden müssen. Durch eine Waschprobe kann man die Art des Altanstriches feststellen. Löst sich dabei die Farbe vom Putzgrund ab, so muß sie gründlich mit Wasser entfernt werden.

Dispersionsfarbenanstriche. Diese gewöhnlich wasserfesten Anstriche sind mit einem Entfettungsmittel zu behandeln. Im Handel erhältliche geruchlose und ungiftige Konzentrate werden mit Wasser verdünnt und einfach aufgestrichen und nach kurzer Wartezeit mit Wasser nachgewaschen. Ein Grundanstrich mit Makulatur ist nicht notwendig, da hier eine geschlossene Anstrichschicht vorhanden ist. Lose, abblätternde Farbschichten werden mit einem Spachtel abgestoßen.
Ölfarben- und Lackuntergründe. Mit einem Entfettungsmittel werden Schmutz und Fettrückstände entfernt. Die noch nasse Oberfläche schleift man mit mittlerem Glaspapier, um sie griffiger zu ma-

47 Um rauhe und unebene Putzflächen auszugleichen, bedient man sich geeigneter Füllmassen, die auch Anfänger zu befriedigenden Ergebnissen führen.

48 Ein Tapetenablöserkonzentrat erleichtert das Entfernen alter Tapeten ganz erheblich.

49 Zur sorgfältigen Untergrundvorbereitung gehört auch ein Anstrich mit Tapeten-Wechselgrund, der das spätere Renovieren vereinfacht.

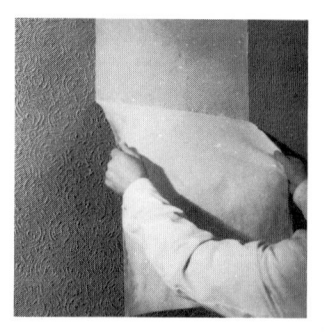

50 So schnell lassen sich spaltbare Tapeten entfernen. Der Papierträger verbleibt als Makulatur auf der Wand.

chen. Ein Voranstrich mit verdünnter Fassadenfarbe dient als Haftbrücke für das nachfolgende Tapezieren.

Ablösen von Tapeten

Wie erwähnt, verlangen Tapeten einen festen, tragfähigen Untergrund. Diese Forderung kann von alten Tapeten nicht erfüllt werden. Denn hier hat die Klebkraft des Kleisters im Verlauf von mehreren Jahren nachgelassen. Oft sind auch gegensätzliche Spannungen zwischen Tapete und Putzuntergrund aufgetreten. Dabei haben sich Risse gebildet. Auch die alten Tapetenkanten werden sich auf der neu tapezierten Fläche störend absetzen. Deshalb sollten alte Tapeten grundsätzlich entfernt werden, und zwar restlos.
Das Entfernen der Tapeten erleichtern verschiedene seit Jahren im Handel erhältliche Tapetenablöser. Es handelt sich hierbei um Konzentrate, die in einem Eimer mit etwa zehn Liter Wasser verdünnt werden. Diese Lösung wird mit einer Einstreichbürste, der späteren Kleisterbürste, satt auf die Tapete aufgetragen. Je nach Art und Stärke der Tapeten kann man schon bald große Teile abziehen. Damit die aufgestrichene Lösung nicht zu schnell verdunstet, sollte man bei normaler Zimmertemperatur arbeiten. Zweckmäßig ist es, zunächst nur eine oder anderthalb Zimmerwände einzuweichen, um den entscheidenden Zeitpunkt zum Ablösen der Tapete nicht zu versäumen. Denn nur die durchgeweichten Tapeten lassen sich fast restlos abziehen.
Die Tapetenablöser zerstören nicht die Qualität des Papiers der Tapete, sondern sie heben die Klebkraft des Kleisters auf. Im Normalfall kann von einer Einweichzeit von zehn bis fünfzehn Minuten ausgegangen werden. Innerhalb dieser Zeit läßt sich durch Probieren feststellen, ob sich die Tapetenbahnen schon ablösen lassen. Mit dem Spachtel hebt man oben oder unten einen Teil der Tapetenbahn ab und versucht, sie dann als ganzes Stück vom Untergrund abzuziehen. Man sollte nicht Stückchen für Stückchen abstoßen, sondern den Ablöser so lange einziehen lassen, bis sich die ganze Bahn abziehen läßt.
Bei waschbaren oder dickeren Tapeten, die mit einer wasserundurchlässigen Oberschicht versehen sind, kann der Tapetenablöser auf die beschriebene Weise natürlich nicht wirken. Um hier dieselbe Arbeitserleichterung zu erhalten, muß die

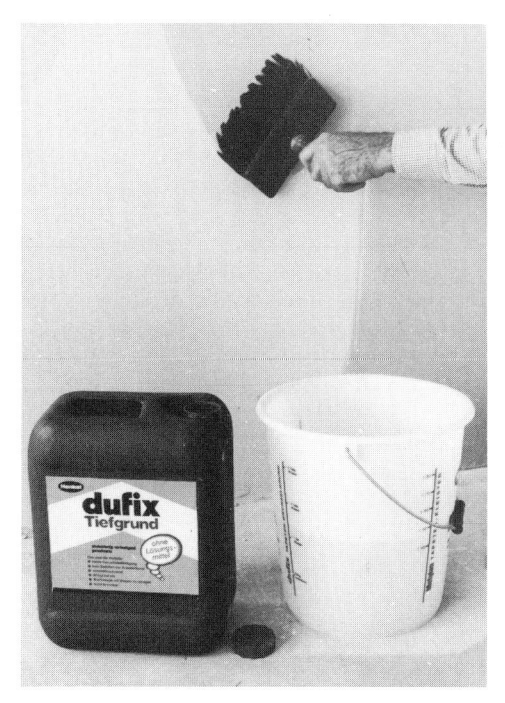

51 + 52 Zwei Materialien, die den Untergrund verbessern. Auch mürben und sandenden Putz kann man so verfestigen.

wasserabweisende Schicht zur Wasseraufnahme vorbereitet werden. Das geschieht, indem man mit mechanischen Hilfsmitteln die abdichtende Oberfläche zerstört. Das kann mit grobem Schleifpapier geschehen. Oder man reißt mit einem Spachtel oder einer sogenannten Perforatorwalze die Papierschicht gleichmäßig auf. Mehrschichtig übereinandergeklebte Tapeten lassen sich nur Schicht für Schicht entfernen. Beim Auftragen des Tapetenablösers und beim Abziehen der Tapeten werden sofort alle nicht mehr benötigten Nägel, Schrauben und Haken aus der Wand entfernt.

Verbesserung des Untergrundes

Mürbe Putze. Besonders in Altbauten erlebt man sehr oft, wie sich beim Entfernen der alten Tapeten auch Putzteile ablösen. Das ist kein Zeichen für ein falsches oder nicht sachgerechtes Vorgehen, sondern weist auf die Altersschwäche des Putzes hin. Doch nur in ganz seltenen Fällen muß der alte Verputz heruntergeschlagen und ein neuer aufgebracht werden.
Um auf altem Putz einen festen Untergrund zu erhalten, verwendet man Grundierungen, die Putzverfestiger oder Tiefgrund genannt werden. Diese speziellen Putzgrundierungsmittel sind je nach Fabrikat streichfertig oder müssen noch verdünnt werden. Beim Verdünnen sind die Anweisungen des Herstellers wichtig, weil sich einige aufgrund ihrer chemischen Zusammensetzung nicht mit Wasser verdünnen lassen. Die wässrig-dünne Lösung wird mit der Streichbürste satt auf den Untergrund aufgetragen. Sie ist nach vier bis sechs Stunden durchgehärtet. Beim Verarbeiten der lösungsmittelhaltigen Grundiermittel ist für frische Luft zu sorgen. Auf so einfache Weise grundiert

und festigt man mürben und sandenden Putz oder kreidende, dünne Farbschichten.

Feuchte Wände. Hier ist zunächst die Ursache der Feuchtigkeit festzustellen. Es kann sich dabei um mangelhaften Außenputz oder Undichtigkeiten an herausragenden Bauteilen oder um Bodenfeuchtigkeit handeln. Grundsätzlich ist diese Fehlerquelle zu beseitigen. Ein Mittel für den Notfall, nicht für die Dauer, ist das Unterkleben von Isolierfolie, Untertapete oder Thermopete. Hier sollte man nicht mit Makulatur vorstreichen, sondern eine Haftbrücke mit verdünnter Fassadenfarbe auftragen und trocknen lassen. In solchen kritischen Bereichen dürfen keine Metall-, Vinyl- oder Bronze-Tapeten verarbeitet werden.

Kalte Wände. Hin und wieder zeigt sich an den Innenseiten von Außenwänden ein mehliger, salzkristallartiger Belag, der leicht mit der Hand oder einem Kehrbesen zu entfernen ist. Hier hat sich Schimmelpilz gebildet. Wenn sich Mauerwerk, Plattenfugen und Eisenträger an Decken und Wänden erkennbar abbilden, so handelt es sich um sogenannte Kältebrücken. Sie deuten auf eine nicht ausreichende Isolierung dieser Flächen hin. Durch das Kleben von Untertapeten können diese Schäden behoben werden.

Dämmplatten, Gipskartonplatten. Nur selten wird man noch Dämmplatten ohne verfestigte glatte Oberfläche verarbeiten. Sollte das aus bestimmten Gründen notwendig sein, so empfiehlt es sich, diesen Untergrund mit verdünnter Fassadenfarbe vorzustreichen, um eine bessere Haftung der Tapete zu ermöglichen. Unter dem allgemeinverständlichen und vereinfachten Begriff Gipskartonplatten sind hier Verschalungen gemeint, die gewöhnlich auf einer nachträglich eingebauten Trennwand angebracht worden sind. Die Kartonoberfläche kann entweder mit einer stark verdünnten Fassadenfarbe oder mit dem schon angesprochenen Tiefgrund gefestigt werden.

Fugen und Risse. Vorhandene Fugen und Risse werden mit einem Spachtel keilförmig nach innen aufgekratzt, angefeuchtet und mit Füllstoff ausgeglichen. Breite und tiefe Fugen sind ebenfalls mit Füllstoff aufzufüllen. In den noch frischen Füllstoff bettet man dann einen Nesselstreifen (Nessel ist eine billige Stoffsorte) ein, der mindestens zwei Zentimeter allseitig über die Fuge hinausragt. Nach dem Trocknen gleicht man die auf dem Putz aufliegende Stärke des Nesselstreifens durch Verspachteln mit Füllstoff aus. Mit einer solchen Rißbrücke werden auch Fugen zwischen Holz und Putz zum Spannungsausgleich versehen.

Metallteile, Nägelköpfe, Flecken. Sehr sorgfältig sollten diese besonders im Altbau vorkommenden Mängel beachtet werden, weil sie immer wieder durch die neue Tapete durchschlagen können. Sie werden mit einem schnelltrocknenden Isolierlack – eventuell auch mit einem farblosen Nagellack – überstrichen und damit isoliert.

Kälte- und Wärmedämmung mit Untertapeten

Energie sparen – das ist keine Modeerscheinung, sondern eine Notwendigkeit, derer sich die Menschen immer stärker bewußt werden. Damit ist auch das Wissen um die Möglichkeiten des Energiesparens gewachsen. Eine davon hat jeder im Haus: Denn über die Außenwände wird ein Großteil der Wärme aus den Räumen abgeleitet. Ein weiterer Verlustfaktor sind natürlich Fenster, die schlecht isolieren. Man hat festgestellt, daß bei einem normalen, 24 Zentimeter starken Mauerwerk die Heizenergie von 12 Litern Heizöl pro Quadratmeter im Jahr verloren geht. Darum hat man nach Dämmitteln gesucht, die Abhilfe schaffen. Heute lassen sich mit Dämmschichten, die nur 15 Millimeter dick sind, Dämmwerte erreichen, die nicht

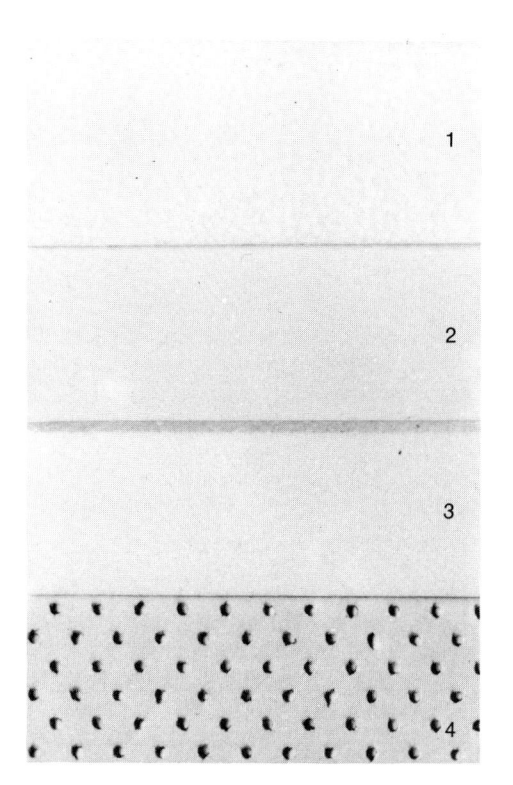

53 Die vier gängigen Untertapeten: aus Styropor in Rollenform (1), aus Styropor mit Kartonoberfläche in Platten (2), aus extrudiertem Polystyrolschaum (3), aus genoppter Wollfilzpappe (4).

werden. Das Anbringen ist fast so einfach wie das Tapezieren.
Bei den vier gängigsten Materialien, die auf dem Markt sind, handelt es sich um
  1 Untertapeten aus Styropor in Rollenform bis fünf Millimeter Stärke. Markenname Thermopete.
  2 Untertapeten aus Styropor mit Kartonoberfläche in Platten oder rollenförmig bis fünf Millimeter Stärke. Markenname Thermopete extra, Robotherm, Silit.
  3 Untertapeten aus extrudiertem Polystyrolschaum. Markenname zum Beispiel Depron, Thermopete extra hart, Silitron.
  4 Untertapete aus genoppter Wollfilzpappe. Markenname zum Beispiel Perla.

Die Verklebung dieser Untertapeten kann auf jedem Untergrund erfolgen, der trocken, tragfähig, möglichst glatt und auch saugfähig ist. Verwendet werden streichbare oder spachtelbare Dispersionskleber, die entsprechend der Plattengröße auf den Untergrund aufzutragen sind. Die Untertapete wird nun in den nassen Kleber eingelegt, angerollt und mit der Gummiwalze ganzflächig fest angedrückt. Luftblasen entfernt man nach den Seiten. Auf die gleiche Weise werden die nächsten Platten in den Kleber eingebettet. Die Untertapete sollte immer dichtschließend übereinandergelappt geklebt werden. Dabei wird die Bahn etwa drei Zentimeter über die erste gelegt. Nach dem Anreiben beschneidet man sofort mit einer Rasierklinge oder einem Spezialmesser die Überlappung. Dazu setzt man die Klinge etwa in der Mitte der Überlappung an und durchschneidet beide Bahnen gleichzeitig. Die freiwerdenden Verschnittstreifen werden entfernt und die Naht mit der Gummiwalze angedrückt. Eventuelle Unebenheiten an diesen Nähten sind mit feinem Glaspapier zu überschleifen und mit Füllstoff zu egalisieren.

Bevor auf den verlegten Untertapeten weiter gearbeitet wird, muß der Dispersions-

geringer sind als die unserer 24-Zentimeter-Wand. Mit einer solchen Dämmschicht läßt sich also die Mauer – was die Isolierung angeht – praktisch doppelt so dick machen.
Es gibt natürlich auch Nachteile der Innendämmung: Die Räume lassen sich zwar schneller aufheizen, doch die Materialien speichern die Wärme nicht. Sie kühlen schnell wieder aus. Auch hier läßt sich der Spar-Effekt verbessern, wie noch ausführlich beschrieben wird. Der Aufwand ist allerdings größer.
Mit wenig Aufwand läßt sich bereits eine erhebliche Einsparung erzielen, wenn Untertapeten aus Dämmaterial verwendet

54 Die zugeschnittene Bahn der Untertapete wird in den Kleber gebettet.

55 Mit dem Universalmesser wird die Untertapete passend eingeschnitten.

56 Beim Anlegen der zweiten Bahn überlappt man die vorhergehende um etwa drei Zentimeter.

57 + 58 Mit dem Universalmesser durchtrennt man beide übereinanderliegenden Untertapeten, entfernt die Streifen und drückt die Untertapete an.

59 Mit einem Füllstoff gleicht man die Ungenauigkeiten zwischen den Bahnen der Untertapete aus.

kleber getrocknet sein. Unter normalen Umständen ist mit einer Trockenzeit von etwa 24 bis 48 Stunden zu rechnen. Schwere, spannungsreiche und auf Stoß zu klebende Tapeten erfordern das Vorstreichen einer Haftbrücke. Sie besteht aus dem Dispersionskleber, der mit 20 bis 25 Prozent Wasserzugabe angerührt und auf die verklebte Untertapete aufgetragen wird. Auch hier ist auf eine ausreichende Trockenzeit zu achten.

Bei allen vier genannten Dämmaterialien empfiehlt sich für glatte oder leicht rauhe, aber saugfähige Untergründe der Kleber Assil D F. Dieser neu entwickelte Kleber weist höhere Füllkraft und größere Anfangshaftung auf. Die nicht so schmiegsamen Untertapeten, die teilweise durch die Kartonoberfläche einem leichten Drall unterliegen, haften sofort. Auf glatten Untergründen wird dieser Kleber mit einem Streichroller verteilt. Auf rauhen Untergründen läßt er sich mit einem Zahnspachtel leicht und zügig auftragen. Der Verbrauch schwankt deshalb zwischen 400 und 600 Gramm pro Quadratmeter.

Ein weiteres Produkt, das dem Anfänger den Umgang und die Verarbeitung von Untertapeten erleichtert, ist »Depron«. Diese Untertapete aus Polystyrolschaum mit einem feinzelligen Gefüge und einer glatten, geschlossenen Oberfläche ist drei Millimeter dick und wird in Platten im handlichen Format von 1255 Millimetern Länge und 805 Millimetern Breite transportgerecht angeboten. Diese Lieferform

60 Die Untertapete zur Wärmedämmung als Faltplatte.

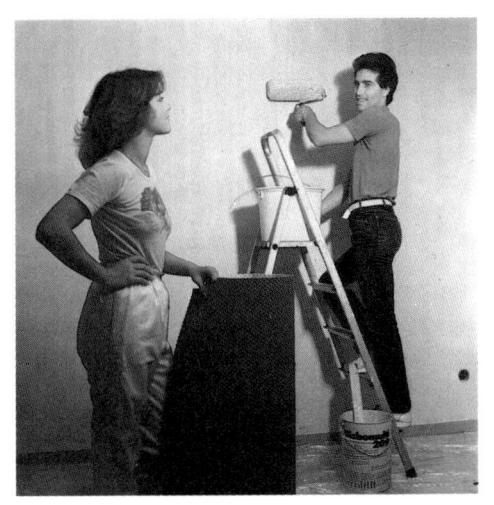

61 Wärmedämmende Perla-Untertapete soll mit Hilfe von Vielzweckkleber verlegt werden. Der Vielzweckkleber wird dazu mit wenig Wasser verdünnt und mit einer kurzschurigen Fellwalze gleichmäßig jeweils in Bahnenbreite auf die Wand aufgetragen.

verbirgt ein Geheimnis. Denn es handelt sich um eine Faltplatte, die aufgeklappt zweimal 1250 Millimeter, also insgesamt 2500 Millimeter lang ist. Sie entspricht somit der durchschnittlichen Raumhöhe. Diese wohlüberlegten Abmessungen geben jedem die Sicherheit, die notwendig ist, um mit neuem und unbekanntem Material zu arbeiten. Der Arbeitsablauf gleicht dem schon beschriebenen – mit dem Unterschied, daß hier der Kleber zunächst entsprechend der Größe der zusammengeklappten Platte auf den Untergrund aufzutragen ist. Nachdem die gefaltete Platte in den nassen Kleber eingelegt und gleichmäßig fest angedrückt worden ist, kann der Kleber für die zweite Plattenhälfte aufgetragen werden und der Arbeitsablauf sich wiederholen. Alle weiteren Arbeitsschritte wurden schon geschildert.

Von den beschriebenen Untertapeten weicht in ihrer Konstruktion und Materialbeschaffenheit die Untertapete aus genoppter Wollfilzpappe ab. Diese genoppte, biegsame und leicht zu verarbeitende Untertapete isoliert nicht nur gegen Kälte und Wärme, sondern schützt auch vor Schallbelästigung und überbrückt bautechnische Risse mit größtmöglicher Si-

cherheit. Die Noppen zwischen Wand und Untertapete sorgen für ein Luftpolster mit entsprechender Ventilation. Durch ihre Imprägnierung schützt sie sogar vor ständig feuchten Wänden mit ihren unangenehmen Nebenerscheinungen wie Stockflecken, Schimmelbildung und muffigen Raumgeruch. Durch ihr eigenes Rückstellvermögen ist diese Untertapete stoß- und druckfest.

Das Material läßt sich auf jedem festen Untergrund verkleben. Weil direkt auf Stoß geklebt werden muß, ist kein arbeitsaufwendiges Nachschneiden der Nähte nötig. Durch ihre Biegsamkeit läßt sich diese Untertapete auch problemlos um Ecken und Kanten kleben. Die Rollen sind 100 Zentimeter breit. Diese Perla-Untertapeten werden mit der Noppenseite in den Kleber eingelegt und mit einer glatten Walze eingerollt. Eine entsprechende Oberflächenbehandlung zur Stabilisierung und als Vorbereitung für die Tapetenaufnahme ist wie beschrieben vorzunehmen.

Wie kommt die Tapete an die Wand?

Eine Voraussetzung wurde schon genannt: Gutes Werkzeug. Doch eine Garantie ist damit natürlich nicht gegeben. Wer zum ersten Mal mit einer bekleisterten Tapete hantiert und zum Schluß ein klebriges Papierknäuel im Mülleimer landen läßt, spürt, was hier für den Erfolg noch erforderlich ist: Geduld, auch mit sich selbst. Wie man es macht, wird in den folgenden Kapiteln von Anfang an dargestellt. Das ist zwar nicht sehr spannend, aber nach der Lektüre und ein wenig Übung kann sich jedermann auch an schwierige und hochwertige Tapetenarten heranwagen.

Reihenfolge der Arbeitsgänge

Tapeten prüfen. Die meisten Tapeten sind am Ende einer jeden Rolle mit einem Kontrollstempel versehen. Dieser Anfertigungsstempel gibt dem Verarbeiter wichtige Informationen. Neben der Anfertigungsnummer steht der Name des Herstellers. Dann folgen Angaben über die Qualität, die Musterhöhe, den sogenannten Rapport und die Musterrichtung. Diese Hinweise entsprechen den Prüf-

Tabelle 9: Grundwerkzeug

	vorhanden
Spachtel	O
Gipsbecher aus Gummi	O
Kleiner Schraubendreher	O
Leiter	O
Meterstab	O
Bleistift	O
Einstreichbürste	O
Rund- oder Heizkörperpinsel	O
Kunststoffeimer	O
Papierschere, lang	O
Tapezierbürste	O
Senklot	O
Tapeziertisch	O
Nahtroller, glatte konische Form	O
Tapetenschneidegerät	O
Zusatzwerkzeug	O
Andrückwalze	O
Moosgummiwalze	O
Kunststoffspachtel	O

richtlinien, die mit dem Verband der deutschen Tapetenfabrikanten vereinbart wurden. Vor dem Öffnen der Klarsichtpackung kontrolliert man die gelieferte Rollenzahl. Denn eine Nachbestellung

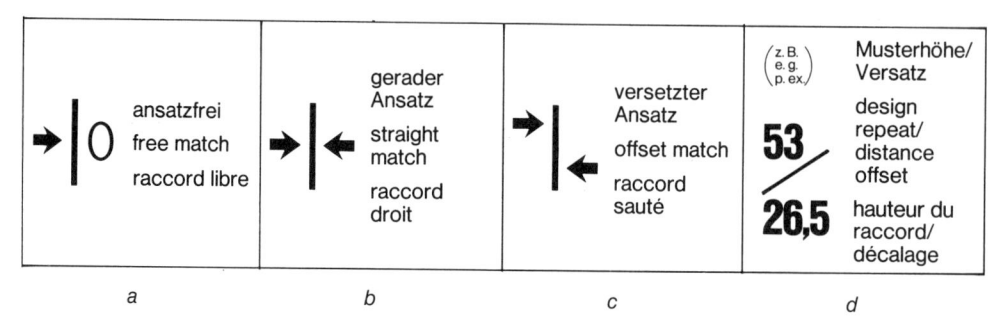

a	b	c	d
ansatzfrei free match raccord libre	gerader Ansatz straight match raccord droit	versetzter Ansatz offset match raccord sauté	(z.B./e.g./p.ex.) 53/26,5 Musterhöhe/Versatz design repeat/distance offset hauteur du raccord/décalage

62 Tapeten zuschneiden. Musterfindung wird erleichtert. a Ansatzfrei. Muster braucht beim Kleben nicht beachtet zu werden. b Gerader Ansatz. Gleiche Muster in gleicher Höhe nebeneinander. c Versetzter Ansatz. Das Muster auf der nächsten Bahn jeweils um die Hälfte verschieben. d Musterhöhe in Zentimetern. Bei Versatz jeweils um die Hälfte verschieben.

fehlender Rollen mit gleicher Anfertigungsnummer ist nicht immer möglich. Beim Vergleich der Anfertigungsnummer, die aus einer Zahlen- und Buchstabenkombination besteht, dürfen keine Abweichungen vorhanden sein. Auch Muster und Farbstellung sind zu kontrollieren. Erst jetzt wird die Klarsichtverpackung von den übereinstimmenden Rollen entfernt.

Um Farbtonabweichungen noch besser erkennen zu können, rollt man die Tapete etwa einen Meter weit auf und legt die Rollen fächerförmig übereinander. Abweichende Rollen und solche mit einer anderen Anfertigungsnummer sind beiseite zu legen und gesondert zu verarbeiten. Zum Beispiel an einer Tür- oder Fensterwand.

Tapeten zuschneiden. In zwei einander diagonal gegenüberliegenden Ecken mißt man die Wandhöhe und gibt dem so ermittelten Maß zehn Zentimeter zu. Das ist die benötigte Länge, in der alle nachfolgenden Tapetenbahnen zugeschnitten werden müssen.

Muster-Probleme

Die symbolhaften Prüfzeichen des Deutschen Tapeteninstituts zeigen die verschiedenen Möglichkeiten, wie die Bahnen nebeneinander anzusetzen sind. Der Begriff »ansatzfrei« besagt, daß das Muster beim Zuschneiden und beim Kleben nicht beachtet werden muß, folglich auch ein kaum nennenswerter Tapetenverschnitt entsteht. Das Zeichen und der Text »gerader Ansatz« betont, daß bei geschicktem Zuschnitt ebenfalls auch kaum Verschnitt übrigbleibt. Auf jeder Tapetenrolle erscheint das gleiche Muster in gleicher Höhe nebeneinander. Mehr Aufmerksamkeit muß dagegen bei Tapeten mit der Angabe »versetzter Ansatz« verwendet werden. Hier verschiebt sich das Muster auf der nächsten Bahn jeweils um die Hälfte. Deshalb muß man etwas mehr Sorgfalt aufwenden und beim Zuschneiden das Muster beachten.

Jedes Muster hat auf der Tapetenbahn eine bestimmte Länge, den sogenannten Rapport. Dieser Rapport wiederholt sich auf der ganzen Rolle in ständigen gleichmäßigen Abständen und Größen. Diese Musterhöhe, auch Versatz genannt, wird neben den Ansatzsymbolen in Zentimetern genannt. Um dieses Muster und seinen Ansatz festzustellen, rollt man eine Tapetenrolle auf dem Tapeziertisch aus und sucht mit einer zweiten Rolle den Übergang des Musters. Durch entsprechendes Zuschneiden der ersten Bahn kann der Verschnitt um die Hälfte der Rapporthöhe gekürzt werden. Der Fachmann vereinfacht sich den Arbeitsablauf beim Zuschneiden dadurch, daß er die erste und die zweite Bahn jeweils fünf bis zehn Zentimeter vorstehen läßt, um sich bei den nachfolgenden Zuschnitten leichter nach dem Muster richten zu können. Er achtet also beim Zuschneiden darauf, daß die Muster der ersten Bahn von einer Rolle stammen und die zweite Bahn von einer zweiten Rolle abgeschnitten wird. Durch den ständigen Wechsel dieser zwei Tapetenrollen sind somit nur die Bahnen eins, drei, fünf undsoweiter und die Bahnen zwei, vier, sechs undsoweiter gleich.

Je nach Tapetenart, Farbton und Verlauf des Musters wirft der Abschluß an Decken

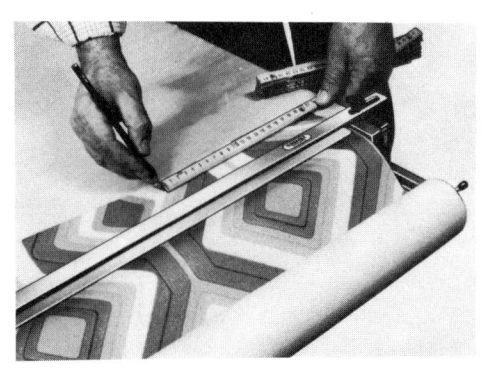

63 Ablängen mit Hilfe eines praktischen Geräts.

entsprechende Probleme auf. Natürlich soll der Abschluß gerade und sauber sein. Die empfohlene Maßzugabe bietet den Vorteil, daß bei welligen Deckenabschlüssen die Tapete durch die Ecke geführt, mit dem Scherenrücken entlang der Ecke markiert und abgeschnitten werden kann. Auch kann die Deckenfarbe fünf Zentimeter durch die Ecke gestrichen werden, um den Tapetenabschluß entsprechend tiefer zu legen.

Mit Schere und Kleister

Je nach vorhandenem Werkzeug können die Tapeten auf verschiedene Weise »abgelängt« werden. Bei preiswerten normalen Tapeten kann man ein Lineal oder eine scharfkantige Leiste verwenden.
Ein etwas größeres Messer oder eine Schere benutzt, wer schwere Tapeten zuschneiden muß. Besser ausgerüstete Selbsttapezierer besitzen einen sogenannten Tapetenabreißer, der mit seinem stabilen Haltegriff und einem feinen Sägeschnitt für einen schnellen, sauberen und exakten Abriß sorgt. Wird ein Kleistergerät verwendet, so kann man die damit verbundene Abschneidevorrichtung benutzen.
Wenn alle Tapeten zugeschnitten sind, dreht man den Tapetenstoß um. Die Rückseite der Tapeten zeigt nach oben. Der gesamte Stoß der zugeschnittenen Tapetenbahnen liegt nun so, daß er die hintere Längskante des Tisches um wenige Zentimeter überragt.

Einkleistern. In einem sauberen, nichtrostenden Gefäß, am besten einem Kunststoffeimer, wird der Kleister angesetzt. Die Gebrauchsanweisung auf der Packungsrückseite gibt hierfür Hinweise. Der Hinweis, daß die fachgerechte Bezeichnung Tapetenkleister und nicht Leim ist, sei zur Sicherheit eingefügt.
Die oft publizierten Tabellen für Kleisteransätze sind Werte, die eingehalten werden sollen. Doch hat es sich als praktisch erwiesen, den Packungsinhalt in einer etwas geringeren Wassermenge anzurühren. Um Klumpen zu vermeiden, wird das Wasser mit einem Rührholz in schnell kreisende Bewegung versetzt. Der Packungsinhalt wird langsam eingestreut. Nach wenigen Minuten quillt die Pulvermasse auf, so daß eine dickliche, etwas stockige Masse entsteht. Durch kräftiges Umrühren (Durchschlagen, sagt der Fachmann) wird die Masse geschmeidiger und kann entsprechend der Gebrauchsanweisung mit Wasser verdünnt werden. Für schwere Tapeten oder Rauhfaser verwendet man einen Spezialkleister, zum Beispiel Methylan, Optalin oder Glutolin 77. Die Kleister und Kleber, die für Spezialtapeten und ihre besonderen Arten einzusetzen sind, werden bei den Verarbeitungshinweisen noch genannt.
Vor dem Einkleistern wird die oberste auf dem Tapetentisch liegende Bahn an die Tischvorderkante gezogen. Um Kleisterflecke auf der Musterseite zu vermeiden, überragt die Tapetenbahn etwa zwei bis drei Millimeter die Vorderkante des Tisches.
Die volle Kleisterbürste setzt man zuerst in der Mitte der Bahn an und verteilt dann den Kleister gleichmäßig zu den Außenkanten. Damit die Tapete beim Kleisterauftrag nicht verrutscht, hält man sie mit den Fingerspitzen der anderen Hand fest. Man achtet auf einen gleichmäßigen, überall deckenden Auftrag. Eventuelle Fehlstellen kann man im Gegenlicht entdecken: Sie spiegeln nicht. Um die Musterseite der Tapete kleisterfrei zu halten, darf auch der Tisch nicht mit Kleister verschmiert werden. Mit einem bereitgehaltenen Lappen sind Kleisterspritzer sofort zu beseitigen.

Tapetenbahn zusammenlegen. Bevor die eingekleisterte Bahn zusammengelegt wird, schlägt man an der Unterkante einen Saum von etwa zwei bis drei Zentimetern ein. Damit nachher schnell und leicht festgestellt werden kann, welches das obere Ende der Tapetenbahn ist, wird das obere Teil zu zwei Dritteln, das untere Teil

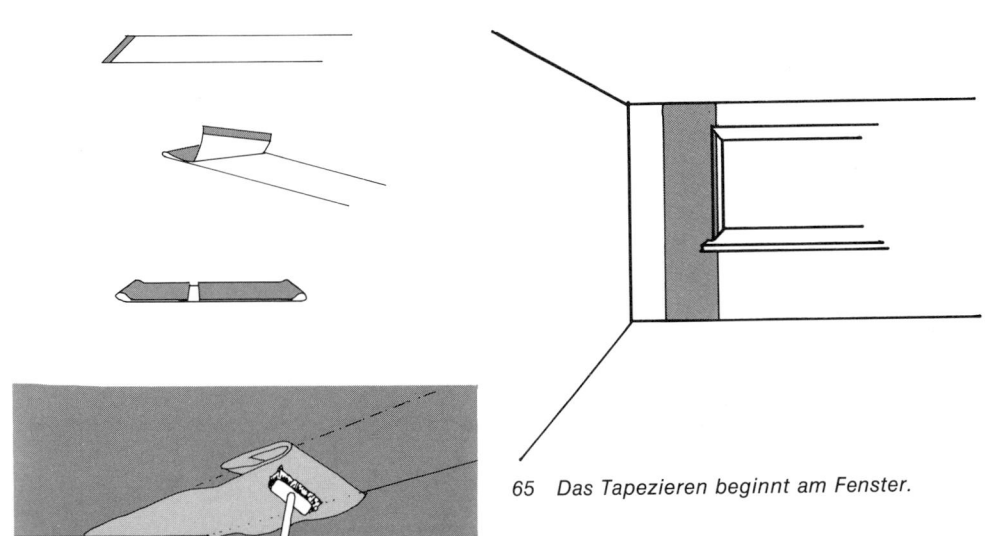

64 Das Zusammenlegen der eingekleisterten Tapetenbahn geschieht folgendermaßen: Am unteren Ende der eingekleisterten Tapetenbahn wird ein Saum eingelegt, der untere Teil zu einem Drittel und der obere Teil zu zwei Dritteln zusammengeschlagen.

65 Das Tapezieren beginnt am Fenster.

zu einem Drittel zusammengelegt. Wenn man diesen einfachen Trick beherrscht, weiß man, daß das Ende des langen Teils oben ist. Oben bedeutet: Dieses Tapetenende muß oben an der Decke angelegt werden.

Je nach Stärke und Saugfähigkeit des Papiers bleibt die eingekleisterte Bahn liegen, um durchzuweichen. Nicht genügend durchgeweichte Tapeten lassen sich schwieriger tapezieren und bilden nach dem Anbringen an der Wand Blasen, die kaum zu beseitigen sind. Zum Verarbeiten muß die Tapete weich und geschmeidig sein. Der allgemeine Erfahrungswert der Weichzeit liegt bei etwa zehn Minuten.

Um die Wartezeit zu verkürzen, sorgt man für einen Vorrat von zwei bis vier Bahnen. Doch bei jeder Tapete muß die Weichzeit überwacht und geprüft werden. Ist sie zu kurz, entstehen die angeführten Schwierigkeiten. Ist sie zu lang, kleben die zusammengelegten Bahnen fest. Die richtige Weichzeit kann man prüfen, indem die Kanten der zusammengelegten Tapetenbahn im Schlaufenbereich zusammengedrückt werden. Öffnen sich die Kanten wieder, muß die Weichzeit verlängert werden. Kleben sie aneinander, so ist die Bahn sofort zu verarbeiten. Im Gegensatz zu der üblichen Art ist beim Weichen hochwertiger Tapeten ein Aufrollen der Bahn erforderlich. Denn schwere, trocken abziehbare Tapeten und solche aus PVC stellen sich an den Kanten hoch. Dadurch trocknet der Kleister dort etwas früher und verliert die Klebkraft.

Tapeten anbringen. Nach einer alten Regel beginnt man mit dem Tapezieren links oder rechts vom Fenster und tapeziert die Wände bis zur Zimmertür. Auf diese einfache Weise können die Klebe- beziehungsweise Stoßkanten keine Schatten werfen. Da die Wände eines Raumes selten senkrecht sind, empfiehlt es sich, vorher mit Senklot und Bleistift im oberen, mittleren und unteren Wandbereich Mar-

66 Anbringen einer Lotmarkierung in jeder neuen Raumecke.

67 Die eingekleisterte und eingeweichte Tapetenbahn läßt man, auf der Leiter stehend, auseinandergleiten.

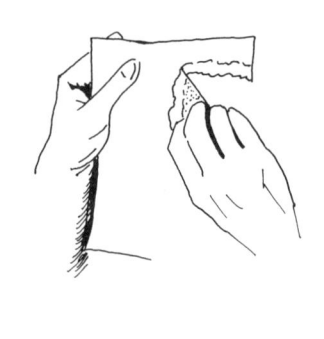

68 Vom eingekleisterten Tapetenrest das Muster schräg ausreißen, so daß die vordere Papierschicht mit Muster stehenbleibt. Nachkleistern und aufkleben.

kierungen anzubringen. Um die Arbeitsfreude nicht zu beeinträchtigen, ist es ratsam, bei jeder neuen Raumecke die erste Bahn nach einer Lotmarkierung auszurichten.

Ausnahme: Bei großen geometrischen Tapetenmustern an Decken- oder Wandflächen sowie bei Gras- oder Seidentapeten beginnt man wegen der erforderlichen symmetrischen Aufteilung in der Mitte der Wand oder Decke, um das Muster an und in den Ecken gleichmäßig abschließen zu lassen. An den Wänden sind im Muster passende Eckenabschlüsse nur in drei Ecken möglich. So sucht man für den letzten Abschluß eine Ecke aus, die nicht ins Auge fällt.

Der richtige Griff

Wer zum ersten Mal sieht, wie ein geübter Tapezierer mit der eingekleisterten, durchgeweichten Papierbahn umgeht, sollte nicht ins Grübeln verfallen. Es ist so schwer nicht, die weiche, schwere und leicht einreißende Tapete so zu bewegen, daß sie ohne Schaden auf die Wand gebracht wird. Das geht so: Die zusammengelegte Bahn wird über den abgewinkelten linken Arm gelegt, so daß man das obere Bahnende mit den Fingern der rechten und dann der linken Hand greifen kann. Die Bahn hängt nun zwischen Zeigefinger und Daumen und rollt allmählich auseinander. Um ein zu schnelles Auseinandergleiten zu vermeiden, kann man mit dem Knie leicht abbremsen. Zwei Drittel der eingekleisterten Bahn hängen nun zwischen Zeigefinger und Daumen und werden ohne Hast zur Wand geführt. Wenn man nun beide kleinen Finger spreizt, gewinnt man einen Abstand zur Wand. Die Tapete kann auspendeln. Der Abstand wird bis auf Zeigefingerstärke verringert und die Bahn nach der Lotmarkierung ausgerichtet. Gleichzeitig zieht man den Zeigefinger hinter der Tapete

hervor und drückt mit dem Daumen die Tapete an. Mit einer Hand streicht man nun vorsichtig über die obere Bahnbreite, um der Tapete einen provisorischen Halt zu geben.
Wenn das geschafft ist (»Übung macht den Meister«), wird mit einer Tapezierbürste in der Mitte von oben nach unten und dann nach den Seiten hin die Bahn festgebürstet. Die bis drei Zentimeter über den Deckenwinkel hinausreichende Oberkante der Tapete wird mit dem Scherenrücken in die Ecke gedrückt. Nach dem vorsichtigen Abziehen kann der überstehende Rest an der entstandenen Markierung abgeschnitten werden. Anschließend wird die Bahn wieder angedrückt und nachgebürstet. Sie paßt sich nach einem sauberen Schnitt allen Unebenheiten an. Erst jetzt wird der untere Umschlag der Bahn herausgezogen und blasenfrei angedrückt. Wurden die Fußleisten nicht entfernt, so wird das untere überstehende Stück so abgeschnitten, daß etwa zwei bis drei Millimeter auf der Fußleiste kleben. Dieser Arbeitsablauf erscheint beim Lesen kompliziert, wird aber sehr schnell zur Routine. Denn Ansetzen und Anbringen aller nachfolgenden Bahnen erfolgen auf die gleiche Weise. Nur mit dem Unterscheid, daß sich die Tapetenkante nicht an der Lotmarkierung, sondern an der Kante der befestigten Tapete ausrichtet. Diese Naht- oder Stoßstellen werden mit dem glatten, konischen Nahtroller nachbehandelt, also fester angedrückt.

Bitte berücksichtigen Sie stets diesen Hinweis: Niemals darf eine ganze Bahn senkrecht durch eine Ecke hindurch geklebt werden. Es entstehen sonst beim Trocknen Falten und Hohlstellen. Grundsätzlich klebt man die Tapete nur ein bis höchstens zwei Zentimeter durch die Ecke. Die Tapetenbahnen müssen also jedesmal durchgeschnitten werden. Bei sehr großen Unebenheiten wird der durchgeklebte Eckstreifen mehrfach quer eingeschnitten. Oberstes Ziel ist eine sichere Verbindung von Tapete und Wand.

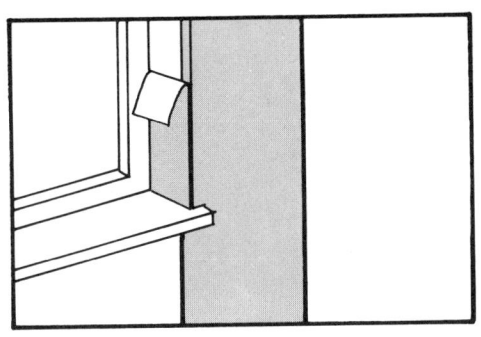

69 Die erste Tapetenbahn wurde neben dem Fenster so angelegt, daß sie mindestens einen Zentimeter in die Nische geklebt werden konnte. Verbleibende Reste werden eingekleistert, zugeschnitten und in die Fensternische eingepaßt.

Der verbleibende Reststreifen wird wie jede erste Bahn neu eingelotet, damit die nachfolgenden wieder exakt geklebt werden können.

Fensternischen. Hier wird die erste Bahn so angelegt, daß ein Zentimeter um die Nischenkante geklebt werden kann. Ein in Muster und Breite passender Streifen wird dafür verwendet. Über und unter dem Fenster ist ein Musteranschluß selten zu erreichen. Es empfiehlt sich, Tapetenreste dem Muster entsprechend zu verwenden und mit der Schere zuzuschneiden, um sie passend zum Muster zu bekommen.

Abschluß an Türen und Fußleisten. Vor dem Tapezieren sollten hier Risse und Öffnungen gut gesäubert und ausgespachtelt werden. Um einem späteren Abbröckeln entgegenzuwirken, kann man eine dauerelastische Fugenmasse verwenden. Die Tapete kann dann angebürstet und mit dem Scherenrücken fest in den Winkel gedrückt werden. Vor dem Abschneiden der überstehenden Teile empfiehlt es sich, eine Bleistiftmarkierung anzubringen und die Tapete entsprechend aufzuschneiden.

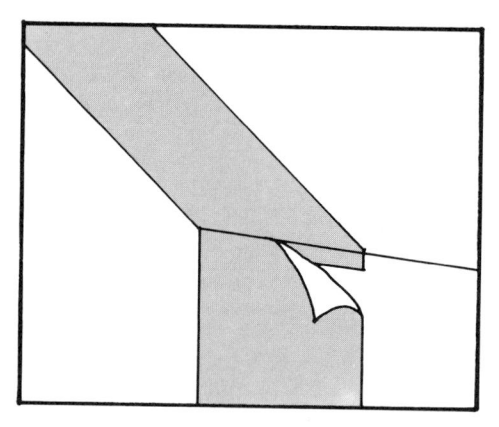

70 Dachgeschoßschrägen können nur selten durchtapeziert werden. Deshalb wird die Tapete nur wenige Zentimeter durch die Ecke geklebt. Ein dem Muster entsprechendes Stück wird eingepaßt und an der Senkrechten angebracht.

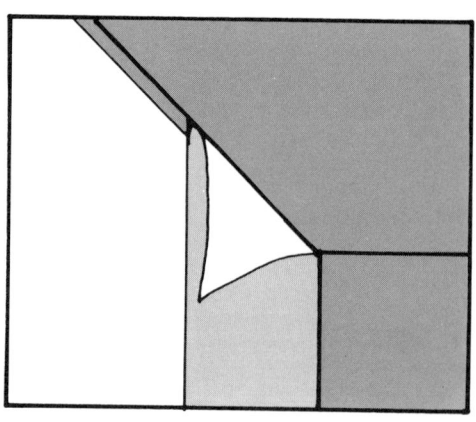

71 An den senkrechten Innenwänden mit ihrem schrägen oberen Abschluß werden die Bahnen dem größten Maß entsprechend zugeschnitten. Beim Tapezieren klappt man den nicht notwendigen Teil einfach um. Die Bahn wird wie bekannt angebracht, der überstehende Teil abgeschnitten und ins Eck gedrückt, ohne Kleisterflecken an der tapezierten Fläche verursacht zu haben.

Dachgeschoßschräge. Beim Tapezieren von Räumen in Dachgeschossen kann der Übergang von der Schräge zur senkrechten Wand Probleme aufwerfen. Nur selten verläuft diese Ecke gleichmäßig. Ein Durchtapezieren ist fast unmöglich. Deshalb tapeziert man zunächst die obere Schräge und danach den unteren senkrechten Teil. Durch entsprechende Zugabe sorgt man beim Zuschneiden dafür, daß die Muster passen. Wie bei jeder scharfkantigen Ecke sorgt man durch Vorstreichen mit Kleister für einen festen Halt.

Nahtöffnungen. Bei Tapeten mit einem farbintensiven dunklen Untergrund kann an den Nahtstellen der helle Untergrund durchscheinen. Man verhindert diese blitzenden Nähte durch einen pinselbreiten Voranstrich mit Dispersionsfarbe im Ton der Tapete. Voraussetzung ist natürlich, daß der Nahtbereich ermittelt wurde und vor dem Tapezieren ausgetrocknet ist.

Trocknen. Bei normaler Raumtemperatur sollte die Tapete trocknen. Durchzug und starkes Heizen vermag das Trocknen zu beschleunigen, doch erzeugt es Spannungen: Die Tapetennähte können aufplatzen. Die normale Raumtemperatur liegt bei 18 bis 20 Grad. Geringere Temperaturen können zu Faltenbildung und Verfärbungen führen.

Schalter und Steckdosen. Gerade beim Hantieren mit feuchten Angelegenheiten ist Abstand von den 220 Volt im häuslichen Lichtnetz oberstes Gebot. Grundsätzlich wird der Strom abgeschaltet, sollen die Deckel von Schaltern und Steckdosen abgeschraubt werden. Das geschieht am Hauptschalter, sofern vorhanden, oder an den Automatensicherungen oder dadurch, daß die normalen, einfachen Sicherungen herausgedreht werden. Danach können die Deckel abgeschraubt und die Bahnen in diesem Bereich befestigt werden. Der Ausschnitt macht keine

Schwierigkeiten. Bei Schaltern oder Steckdosen, die auf dem Putz sitzen, macht man einen Kreuzschnitt. Die vier Dreiecke, die sich nach vorn klappen lassen, werden um den Schalter oder die Steckdose derart herumgelegt, daß sie im Ansatz die vorstehenden Teile eng umschließen und somit ein nahtloser Übergang von der Wand zum Schalter beziehungsweise zur Steckdose entsteht. Der überstehende Rest wird abgeschnitten. Wenn die Abdeckungen wieder aufgeschraubt sind, und wenn man sicher sein kann, daß sie bei der Prozedur keine Feuchtigkeit auf stromführende Teile gebracht haben, darf der Strom wieder fließen.

Um festzustellen, ob und wo die Spannung des Lichtnetzes vorhanden ist, empfiehlt es sich, einen Spannungsprüfer anzuschaffen. Das ist ein Schraubendreher (Schraubenzieher) mit Glimmlampe, die aufleuchtet, sobald die Spitze einen spannungsführenden Draht berührt und die Hand am oberen Ende des Griffs sitzt. Besonders in Altbauten ist im Umgang mit dem Stromnetz äußerste Vorsicht anzuraten. Es ist schon vorgekommen, daß beim Abwaschen einer Zimmerdecke weit weg von Schaltern, sichtbaren Leitungen oder Steckdosen ein Kurzschluß ausgelöst wurde.

Schadhafte Stellen. Auch dem besten Fachmann kann es passieren, daß die Tapete beschädigt wird. Um eine schadhafte Stelle auszubessern, stellt man das ausgesuchte, mit dem entsprechenden Muster versehene Flickstück her, aber nicht mit der Schere. Besser ist es, aus einem eingekleisterten Tapetenrest ein mustergerechtes Stück so abzureißen, daß eine angeschrägte Kante entsteht, die sich nach dem Aufkleben den Unebenheiten des Untergrundes geschmeidig anpaßt.

Alles auf einen Blick

Die Arbeitsschritte bei der Verwendung von Spezialtapeten sind grundsätzlich die gleichen wie bei den einfachen Sorten. Um das fachgerechte Vorgehen zu erleichtern, sind die Arbeitsgänge hier noch einmal zusammengefaßt:

Untergrundvorbereitung:
1 Wände vorbehandeln: Alte Tapeten entfernen. Losesitzende Anstrich-Schichten abstoßen, anrauhen, Putzunebenheiten, Risse, Fugen ausgleichen. Putzverfestiger/Tiefgrund auftragen. Strom abschalten.
2 Maßnahmen der Wärmedämmung: Untertapeten aus Styropor, extrudiertem Polystyrolschaum oder genoppter Wollfilzpappe anbringen, sachgemäß nachbehandeln.

Anbringen von Tapeten an Wänden:
1 Tapeziertisch aufstellen,
2 Tapeten prüfen,
3 Musterfindung,
4 Tapeten zuschneiden,
5 Kleister anrühren, Tapeten einkleistern,
6 Tapetenbahn zusammenlegen, weichen lassen,
7 Tapezieren.

Besondere Tapezierprobleme:
1 Ecken kleben,
2 Fensternischen,
3 Abschluß an Türbekleidung, Fliesen,
4 Dachgeschoßschräge,
5 Nahtöffnungen,
6 Trocknen,
7 Abschließende Arbeiten.

Spezialtapeten

Jede der nachfolgenden wichtigen Tapetenarten besitzt ihre besonderen Qualitätsmerkmale. Selbstverständlich ist hier ein hohes Maß an Sorgfalt erforderlich, um dieses wertvolle Material fachgerecht zu verarbeiten. Entsprechende Hinweise auf Verarbeitungstechniken sollen helfen, den Erfolg zu gewährleisten. Auch hier

72 Ob Rauhfaser oder überstrichene Prägetapete, stets wird der rustikale Eindruck geweckt.

73 Bei allen Tapetenarten muß der Kleister geschmeidig sein. Er soll vom Rührholz nicht abfließen, sondern langtropfend abfallen.

gilt das Prinzip: Vom Einfachen zum Schwierigen.

Prägetapeten. Neben der allseits bekannten Rauhfaser, die in vielen Varianten — von der feinsten bis zu einer putzgroben Struktur — hergestellt wird, gibt es Tapeten mit einer besonderen Prägestruktur. Es handelt sich dabei um rein weiße Tapeten, die in der Regel aus faserhaltigem Spezialpapier hergestellt sind. Eingeprägte Strukturen oder Muster sind dadurch besonders stabil. Sie können überstrichen werden und lassen sich dadurch auf den Raum, seine Einrichtung und die Wünsche der Bewohner abstimmen. Die besondere Raumwirkung wird durch die strukturierte Oberfläche mit ihrem abwechslungsreichen Spiel von Licht und Schatten plastisch belebt. Man kann die endgültige farbige Wirkung an Ort und Stelle unter Berücksichtigung der Gegebenheiten bestimmen. Wer sich das zutraut, kann noch weitere dekorative Effekte durch den Farbauftrag erzielen.

Zur Verarbeitung ist der gleiche Kleister wie bei der Rauhfaser zu verwenden. Hier genügen die im Handel befindlichen Ta-

74 Wie mehrmals beschrieben, ist von der Tapetenrolle die Wandhöhe abzulängen.

petenkleister, zum Beispiel Optalin oder Methylan Spezial, ohne besondere Zusätze. Die Abmessungen der Rolle entsprechen im allgemeinen dem Europaformat von 10,05 mal 0,53 Meter. Beim Verarbeiten mit entsprechend langer Wartezeit

75 Mustergenau wird nun die Prägetapete Bahn für Bahn auf Stoß angebracht.

76 Die vielen Möglichkeiten, Rauhfaser oder Prägetapeten in Feuchträumen zu verarbeiten, sind bekannt. Es empfiehlt sich, den Anschluß an die Sanitärkeramik vor einem Anstrich mit dauerelastischem Fugenkitt abzudichten.

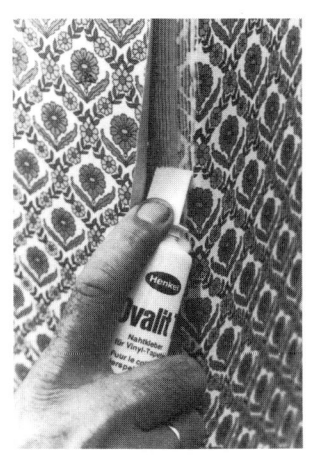

77 Ein nachträglicher Kleberauftrag an stark beanspruchten Stellen wird durch diese Tube mit dem praktischen, aufschraubbaren Spachtel erleichtert.

darf keine harte Tapezierbürste und kein Nahtroller zum Andrücken benutzt werden. Man verwendet hier weiche langhaarige Bürsten oder eine neue Lammfellrolle. Vor dem Anstrich mit hochwertigen Dispersionsfarben muß die Klebung etwa 24 Stunden bei normaler Raumtemperatur getrocknet sein.

Vinyl- oder PVC-Tapeten. Bei diesen Tapeten dient Papier als Träger für die PVC-Beschichtung. Diese PVC-Schicht macht die Tapete druckelastisch, wärmedämmend und schallmindernd. Entsprechend ihrer Klassifizierung ist sie scheuerbeständig, schwer entflammbar und trocken abziehbar.

Weil eingekleisterte Vinyl-Tapetenbahnen nicht einreißen, sind Vinyltapeten nicht schwieriger als Papiertapeten zu verkleben. Die Tapetenbahn wird wie üblich eingekleistert, zusammengelegt und zusammengerollt. Nach der Weichzeit von rund fünf Minuten müssen diese Tapeten genau auf Stoß geklebt werden. Die einmal festgestellte Weichzeit muß eingehalten werden, weil sich sonst die Bahnen unterschiedlich ausdehnen und die Muster nicht mehr zusammenpassen. Verarbeitet werden die Spezialkleister Methylan, Optalin oder Glutolin 77 mit einem Dispersionskleberzusatz wie Ovalit T.

An Stellen, wo ein Übereinanderkleben nicht vermeidbar ist, beispielsweise in Fensternischen, verwendet man den Spezialkleber Ovalit T, der auch in 60-Gramm-Tuben im Handel zu haben ist.

Kleisterreste auf dem Boden, auch vom Spezialkleber Ovalit T, müssen sofort mit klarem Wasser nachgewaschen und mit einem trockenen Lappen oder Fensterleder nachgerieben werden.

Bei einem späteren Tapetenwechsel kann man den auf den Papiergrund aufgebrachten feinen Vinylfilm von der Wand einfach abziehen. Das geschieht schnell und mühelos in ganzen Bahnen, ohne viel Schmutz und Wasser. Der dünne filzartige

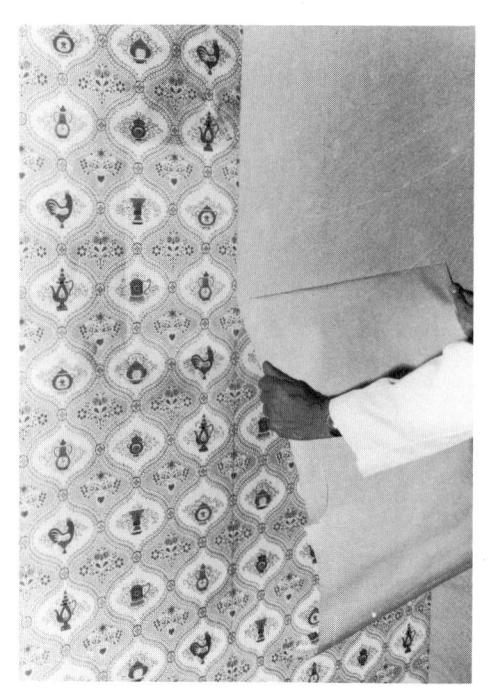

78 Wie leicht der spätere Tapetenwechsel bei trocken abziehbaren oder spaltbaren Tapeten ist, wird hier demonstriert.

Papierträger, der auf der Wand zurückbleibt, ist ein idealer Untergrund für die neue Tapete.

Textiltapeten. Das Angebot wird bei dieser hochwertigen Wandbekleidung immer reichhaltiger. Nicht nur die dekorativen Eigenschaften mit ihren ausdrucksstarken Designs – rustikal, seidig glänzend, wollig, farbig oder naturfarben – machen diese Tapetenart beliebt. Sie ist obendrein schallschluckend, wärmeisolierend und somit energiesparend. Sie paßt zu jedem Einrichtungsstil und ist schmutzabweisend, lichtecht und schwer entflammbar. Ihre im Prinzip einfache Verarbeitung richtet sich nach dem Herstellungsverfahren der Textiltapeten.

Das Marktangebot ist groß und damit auch schwer überschaubar. Die folgende Aufstellung zeigt, welche Arten es gibt und welche wesentlichen Unterschiede zwischen ihnen bestehen.

Kettfaden- und Gewebetapeten. Die Verarbeitung dieser Sorten entspricht weitgehend dem bekannten Tapezieren. Bei den Kettfaden-Tapeten gibt es nur senkrechte Fäden. Ebenso wie die feinen Gewebetapeten – beispielsweise aus Leinen – ist das textile Material auf Papierträger kaschiert. Mit Kleister wie beispielsweise Methylan Spezial im Ansatz 1:20 werden die Tapeten nach dem Zuschnitt wie üblich eingekleistert. Nach rund 15 Minuten Weichzeit, bei der das Dehnen der Papierschicht abzuwarten ist, können sie auf einem leicht saugfähigen Untergrund tapeziert werden.

Auf nicht saugendem Untergrund ist diese Tapete ebenso zu verarbeiten wie die mit groben Jute-, Bast- oder Synthetikfasern auf Papierträgern. Hier empfiehlt sich das Einlegen der zugeschnittenen Tapete in einen Dispersionskleber wie beispielsweise Ovalit T, der auf die Wand aufgetragen wurde. Schon jetzt zeigt sich, daß Textiltapete nicht gleich Textiltapete ist. Die angegebenen Verarbeitungshinweise sollten so exakt wie möglich beachtet werden. Denn entweder sind die Gewebe auf Papier kaschiert oder werden von einer dünnen Kunststoffschicht getragen.

Bei **unkaschierten Geweben**, meist Jute, wird der genannte unverdünnte Dispersionskleber auf die Wand gestrichen. Hier können besonders dekorative Raumakzente durch ein transparentes Auftrocken gesetzt werden, wenn man diese grobmaschigen Gewebe auf farbig gestrichenen Untergrund klebt.

Grundsätzlich gilt: Textiltapeten, die im sogenannten Kettverfahren oder in der Nähwirktechnik auf einen Papierträger kaschiert angeboten werden, sind mit einem wasserarmen Spezialtapetenkleister im Ansatzverhältnis 1:20 zu verarbeiten. Nur auf schwach saugenden Untergründen ist ein Zusatz von 20 Prozent eines Dispersionsklebers, zum Beispiel Ovalit T,

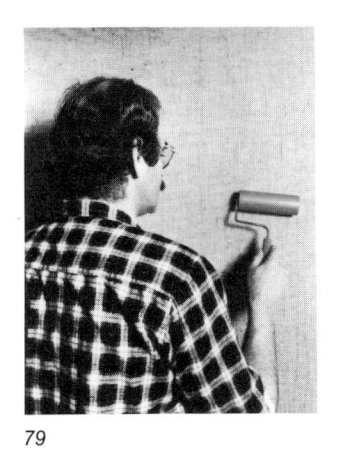

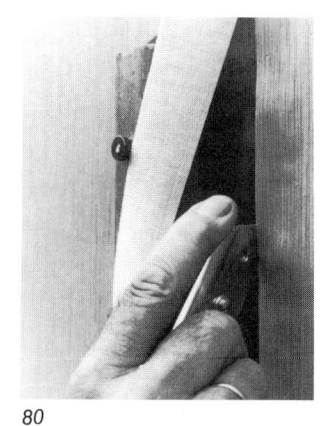

79 Andrücken der Textiltapete mit der Gummiwalze.

80 Der saubere Doppelnahtschnitt mit einem Universalmesser an einer Stahlschiene.

81 Hier wird das Herausziehen der durchtrennten Nahtstreifen verdeutlicht.

82 Ein schmaler Streifen der Textiltapete unter dem Nahtroller erleichtert und verbessert das Andrücken.

83 Exakt, sich allen Unebenheiten anpassend, wird hier mit dem Scherenrücken die Tapete ins Eck gedrückt.

84 Mit der angelegten Stahlschiene und dem Universalmesser kann nun ein genauer Schnitt erfolgen.

85 Ein raffinierter, attraktiver und dekorativer Abschluß an der Decke.

86 Bei Metalltapeten wird der Dispersionskleber in Bahnenbreite mit der Lammfellwalze auf die Wand gebracht.

zu empfehlen. Die zugeschnittene Bahn wird gleichmäßig und nicht zu dick eingekleistert und zum Weichen für etwa 15 Minuten zusammengerollt. Natürlich werden diese Tapeten auf Stoß tapeziert und mit einer Moosgummirolle oder einem Kunststoffspachtel in Fadenrichtung angedrückt. Mit einem glatten konischen Nahtroller können die Nähte nachbearbeitet werden.

Metalltapeten. Durch Drucktechnik läßt sich der Effekt von lasierenden Farbaufträgen nicht erreichen, den die bedruckten, geätzten oder mit anderen Oberflächentechniken behandelten Metallfolien haben. Es lassen sich damit repräsentative Schmuckwände gestalten, die eine besondere Atmosphäre schaffen.
Der Untergrund muß einwandfrei vorbehandelt werden. Er soll leicht saugfähig, aber unbedingt trocken und neutral sein. Feuchtigkeit im Untergrund oder Ausblühungen können die Metallschicht zerstören.
Da die Metalltapeten eine Verdunstung des Wassers nach vorn nicht zulassen, können zum Tapezieren nur Dispersionskleber eingesetzt werden. Abweichend von der bekannten Tapeziermethode trägt man diesen Kleber in Bahnbreite auf den Untergrund auf und legt die zugeschnittene Tapetenbahn ein. Zum Andrücken verwendet man ein weiches Flanelltuch. Die Tapete drückt man absolut blasenfrei an und vermeidet dabei Falten und Knikke. Zum Beschneiden der Metalltapete eignet sich das Allzeckmesser. Ein Nahtroller darf auf keinen Fall verwendet werden. Nach dem Kleben sind sämtliche Flächen mit Schwamm und klarem Wasser abzuwaschen und mit einem Fensterleder nachzutrocknen.
Vor dem Tapezieren ist selbstverständlich der Strom abzuschalten und die Tapete an den Steckdosen auszuschneiden, um keine Kontakte mit stromführenden Teilen herzustellen.

Tapeten aus Naturwerkstoffen. Die Korktapeten bestehen aus einer dünnen Korkschicht, die auf Trägerpapier kaschiert wurde. Vor der Verarbeitung werden die Rollennummern geprüft, um der Farbtongleichheit sicher zu sein. Sie können auf allen tragfähig vorbereiteten Untergründen verarbeitet werden. Nach dem Zuschneiden muß man beide Kanten dieser Naturkorktapete mit einem Tapetenbeschneidegerät abtrennen. Nach dem Auftragen des üblichen Tapetenkleisters werden die Bahnen zu einer kurzen Weichzeit zusammengelegt und gerollt. Die Tapezierung erfolgt auf Stoß. Nach dem Anlegen werden die Bahnen mit der Gummirolle angedrückt.

Naturgrastapeten. Ausgewählte Naturfasern werden zunächst mit einer dünnen Baumwollkette zu einem Gewebe verarbeitet. Diese Gewebe werden dann auf Trägerpapiere aufgeklebt. Der »Kaschierkleber« ist wasserlöslich. Durch zu stark verdünnten Tapetenkleister oder zu lange Weichzeit kann das Papier durchfeuchten und das Grasgewebe vom Papierträger lösen.

Wegen der Verwendung von Naturgräsern können sich Unterschiede in Webdichte, in Farbton und Struktur zeigen, die man später an der Wand als störend empfindet. Um dem weitgehend vorzubeugen, werden die einzelnen Bahnen vor der Verarbeitung »ausschattiert«. Dabei sucht man durch Nebeneinanderlegen und Verschieben von zwei Bahnen einen möglichst gleichmäßigen Übergang von Bahn zu Bahn zu finden. Man kann auch die Bahnen auf der Wand aufnadeln und so lange umgruppieren, bis sich die beste Wirkung ergibt. Trotz aller Bemühungen werden die einzelnen Bahnen sichtbar bleiben. Diese Besonderheit verlangt daher eine symmetrische Einteilung jeder Wandfläche.

Die fachgerechte Untergrundvorbereitung wurde schon ausführlich beschrieben. In diesem Fall ist ein glatter und ebener Untergrund notwendig. Geglättet werden die Wandflächen mit Spachtelmassen, die hydraulisch abbinden. Anschließend sollte mit Tiefgrund grundiert werden. Das Trägerpapier bei Grastapeten ist oft noch aus Reisstroh gefertigt, also im Vergleich zu anderen Papierträgern dünner und durchscheinender. Damit die Gesamtwirkung nicht durch einen farblich unterschiedlichen Untergrund beeinträchtigt wird, sollte Rollenmakulatur vorgeklebt werden. Angedrückt wird die eingekleisterte Bahn mit der Gummirolle, keinesfalls mit einer Tapezierbürste.

Wandbild-(Foto-)Tapeten. Es gibt drei Sorten: Fotodrucke, Fotopapier- und Fotoleinentapeten. Bei Fotodrucken handelt es sich um einen farbigen Druck auf normalem Papier. Die Fotomotive sind zur leichteren Handhabung in einzelne Bildteile zerlegt, bestehen also aus mehreren Bahnen oder Bogen, die zu Bildwänden zusammengesetzt werden. Vor der Verarbeitung wird die Bildwand probeweise auf dem Fußboden ausgelegt, um zu prüfen, in welcher Reihenfolge die Bildteile verarbeitet werden müssen. Der Untergrund muß sauber, fest, glatt gespachtelt und möglichst hell sein. Wie beim Anbringen von Tapeten tapeziert man auch hier immer vom Licht weg und von oben nach unten, damit keine Kantenschatten sichtbar werden. Mit einem Spezialkleister im Ansatzverhältnis 1:20 werden die Bildteile einzeln gleichmäßig eingekleistert. Gleiche Weichzeiten sind einzuhalten, um unterschiedliche Papierdehnungen zu vermeiden.

Bei Fotopapier- und Fotoleinentapeten handelt es sich um echte Fotos auf dünnem Spezialpapier oder Fotoleinen. Die Untergrundvorbereitung sollte ebenso sorgfältig durchgeführt werden wie bei den Fotodrucken. Die Klebeanleitung der Hersteller ist unbedingt zu beachten, da auf Grund der unterschiedlichen Fotopapiere Abweichungen vorkommen können. Im allgemeinen verwendet man eine Mischung aus zwei Teilen Spezialkleister im Ansatz 1:20 und einem Teil Dispersionskleber. Vor dem Kleisterauftrag zieht man die Fotobahn durch ein Wasserbad oder feuchtet sie mit einem nassen Schwamm von beiden Seiten an. Aufgerollt muß sie nun zehn Minuten weichen. Danach kann die Klebermischung auf die Rückseite der Fotobahn aufgetragen werden. Wie schon geübt, legt man die Bahn zusammen und läßt sie wiederum etwa zehn Minuten weichen. Nach dieser Zeit zieht man die zusammengelegte Bahn auseinander, um nachzukleistern. Mit einem feuchten Schwamm werden die Fotopapiertapeten angedrückt. Die nachfolgenden Bahnen klebt man überlappend, bis das Bild übereinstimmt. Mit dem Doppelschnitt in der Mitte der Überlappung erreicht man einen exakten Bahnansatz. Um das Öffnen der Nähte durch zu schnelles Trocknen der Fotogelatineschicht zu vermeiden, wird die Fotopapiertapete während der Trockenzeit mehrfach angefeuchtet.

Die Fotoleinentapeten erfordern einen festen, leicht saugfähigen, hellen Untergrund. Vor dem Kleben werden sie mit Schwamm und Wasser nur von der Rückseite angefeuchtet und mit der Bildseite nach innen zusammengerollt. Eine Kleistermischung aus Dispersionskleber, dem rund 20 Prozent Spezialtapetenkleister zugegeben wurde, streicht man mit dem Streichroller in Breite einer Bahn gleichmäßig und nicht zu dick auf den Untergrund auf. In dieses Kleisterbett wird die Bildbahn lotrecht eingelegt und mit einer Tapezierwalze blasenfrei angedrückt. Wie bei den anderen Fototapeten wird die nachfolgende Bahn überlappt angesetzt und angedrückt. Nach dem Nahtschnitt, wenn die Verschnittstreifen abgezogen sind, sollte unter der Naht dünn Kleister aufgetragen werden. Damit sich die Nahtstellen nicht öffnen, muß während der Trockenzeit mehrfach angefeuchtet werden.

Ganz besonders wichtig ist bei diesen Tapeten eine sorgfältige Vorbereitung des Untergrundes und Erfahrung im Kleben.

Und jetzt die Decke

Aller Anfang ist schwer, aber aus Fehlern lernt man, und es ist noch kein Meister vom Himmel gefallen – das alles sind zwar alte Sprüche. Aber sie stimmen, ganz besonders bei dem Thema, das jetzt behandelt werden soll.
Wie beim Tapezieren der Wände sollte man auch unter der Decke nicht gleich zu hoch hinaus wollen. Die Decke im Flur oder im WC hat für den Anfang genau die richtige Größe. Denn etwas schwieriger ist es schon, nicht vor sich, sondern über sich zu arbeiten, und das mit so feuchten Angelegenheiten.

Werkzeug. Eine Tapezierschere, eine Tapezierbürste, eine Kleisterbürste, ein Nahtroller, Bleistift und Meterstab, Kleistereimer ist so ziemlich alles, was zum Deckentapezieren benötigt wird. Weiteres Arbeitsgerät wie ein Tapeziertisch und ein einfaches Arbeitsgerüst, das aus zwei Leitern und einem dazwischen liegenden, festen Brett besteht, kann man sicherlich bei Nachbarn oder im Fachhandel ausleihen. Zusätzlich bietet der Handel spezielle Decken-Tapeziergeräte an, die das Anbringen der Tapete erleichtern.
Zum Anfang wird man sich zunächst mit Rauhfaser versuchen, die mit einem Kleister, beispielsweise Methylan Spezial, verklebt wird.
Die Forderung an den Untergrund lautet: fest, tragfähig und trocken. Die fachge-

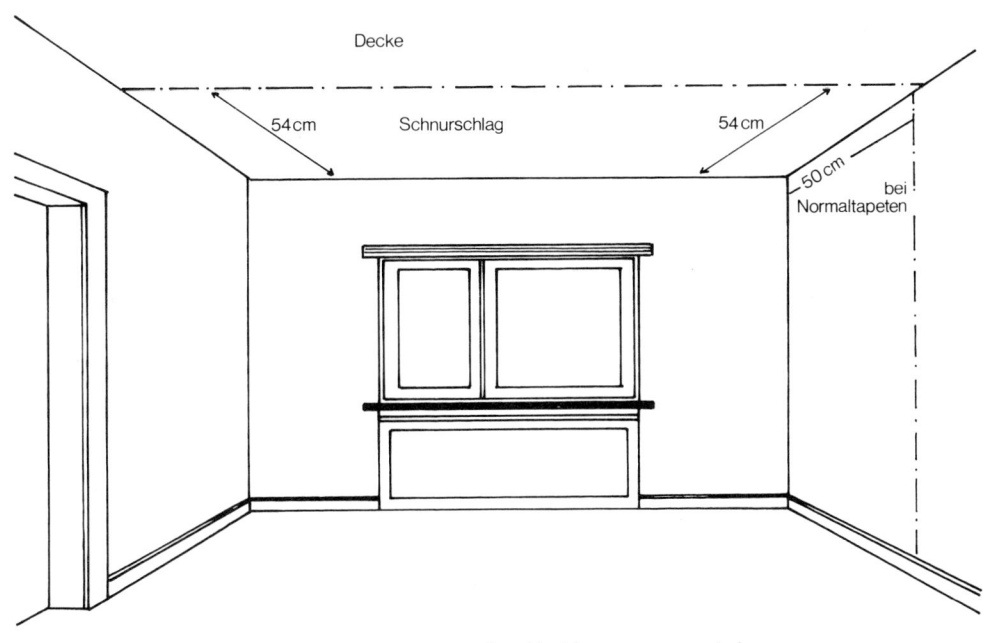

87 Vor dem Tapezieren sind die entsprechen den Markierungen anzubringen.

rechte Vorbereitung des Untergrundes wurde schon beschrieben. Es kommt eines hinzu: Da man an der Decke meistens gestrichene Flächen vorfindet, muß dieser Anstrich durch Abwaschen entfernt werden — eine unangenehme, schmutzige, aber unvermeidliche Arbeit. Nach dem Ausbessern der Risse und sonstiger Unebenheiten sollte auf einen Grundanstrich mit Putzverfestiger nicht verzichtet werden. Denn dadurch wird nicht nur der Putz verfestigt, sondern auch ein gleichmäßig saugender Untergrund geschaffen. Die Vorteile solch einer gewissenhaften Vorbereitung: Zusätzliche Arbeit und späterer Ärger werden zuverlässig vermieden.

Anbringen der Rauhfasertapete

Das Maß für den Zuschnitt der einzelnen Bahnen ermittelt man in den meisten Fällen so, daß später quer zur Hauptfensterfront vom Licht weg tapeziert werden kann. Nur in Ausnahmefällen sollte man die Bahnen in der Richtung des einfallenden Lichts anbringen. Das ist dann nötig, wenn die Maße zu stark voneinander abweichen. Eine Bahnlänge von etwa 4,50 Meter kann auch der Anfänger nach den ersten Versuchen bewältigen. Bei Maßunterschieden bis zu mindestens einem Meter sollte zweckmäßigerweise quer zum einfallenden Licht tapeziert werden. Kleine Fehler, die beim Kleben auf Stoß nicht immer zu vermeiden sind, fallen so nicht auf. Da auch an der Decke unterschiedliche Längen möglich sind und gewissenhaft durch die Ecke geklebt werden sollte, gibt man mindestens zehn Zentimeter zu. Nachdem die Bahnen zugeschnitten sind, werden sie umgedreht und liegen mit der Rückseite nach oben. Die stets überlangen Bahnen, die länger als der Tapeziertisch sind, können dem Anfänger Kopfzerbrechen bereiten. Doch schon ein danebengestellter normaler Küchentisch kann das Einkleistern und Zusammenlegen erleichtern. Auch wenn dieses Hilfsmittel nicht eingesetzt werden kann, ist ein fast normales Arbeiten mit

88 Mit der Gummiwalze oder der trockenen Lammfellwalze wird die Rauhfaser angedrückt.

89 Hilfsgerät zum Deckentapezieren.

den gewohnten Tapeziertisch-Abmessungen möglich. Die über das Ende des Tapeziertisches hängenden Teile der Tapetenbahnen bleiben zunächst unbeachtet. Man kleistert den auf dem Tisch liegenden Bahnteil wie gewohnt ein und legt ihn zusammen. Dieses zusammengelegte Teil wird nun so weit verschoben, daß das restliche, noch nicht eingekleisterte Bahnteil mit der Tischkante abschließt. Jetzt läßt sich in der geübten Weise der Kleister auftragen und verteilen. Dann wird der Rest der Tapetenbahn zusammengelegt. Durch weiteres Zusammenlegen oder Zusammenrollen läßt sich die notwendige Weichzeit verkürzen.

Wenn ausreichend Bahnen zur Verfügung stehen, kann man getrost ein Experiment wagen, um den drückenden Zwang zur Präzision im Umgang mit dieser Tapetenart zu verringern. Gleichzeitig erwirbt man auch die notwendige Sicherheit, die sich beim Verarbeiten von hochwertigeren Tapeten bezahlt macht. Die eingekleisterte, zusammengelegte und ausreichend durchweichte Rauhfaser knüllt man wie einen Tapetenrest zu einem ballähnlichen Gebilde zusammen. Wenn das ohne weiteres geht, dann ist nicht nur die notwendige Weichzeit um. Die Tapete ist auch so geschmeidig geworden, daß sie sich allen Unebenheiten anpaßt. Diese scheinbar mißhandelte Rauhfaser bietet dank der ungeprägten, nicht mit einem Farbmuster versehenen Oberfläche nachher ein geradezu jungfräuliches Bild.

Verwendet wird ein Spezialkleister, zum Beispiel Methylan Spezial, im Ansatzverhältnis 1:20. Um einen höheren Wassergehalt zu vermeiden und die Klebkraft zu verstärken, kann der Kleister mit einem Zusatz von Dispersionsklebern verbessert werden. Grundsätzlich sollte man eine zu lange Weichzeit vermeiden, weil sonst die obere dünne Papierschicht durchfeuchtet. Da diese aber schneller trocknet als die untere Papierschicht, kann die Trocknungsspannung zum Öffnen der Nähte führen.

Wie beim Wändetapezieren ist auch an der Decke eine Markierung notwendig, damit ein gerader und exakter Sitz der ersten Tapetenbahn erreicht wird. Da Kugelschreiber oder Kopier- und andere Farbstifte später durch die Tapete durchschlagen, werden mit dem Bleistift längs der Fensterseite in höchstens 54 Zentimeter Abstand von der Ecke bei Rauhfaser und in 50 Zentimeter Abstand bei Papiertapeten zwei Markierungen angebracht. Diese beiden Markierungen werden durch einen sogenannten Schnurschlag miteinander verbunden. Durch Abschnellen der eingefärbten Schnur in der gleichen Art wie man eine Saite zupft, erhält man einen durchgehenden Strich, der als Anlegekante für die erste Tapetenbahn dient.

Der kleinere Teil der wie üblich eingekleisterten, zusammengelegten und geweichten Tapetenbahn wird nun auseinandergezogen und im Winkel zwischen Wand und Decke bei einer Zugabe von zwei bis vier Zentimetern angelegt. Das im Handel befindliche Deckentapeziergerät (oder »ersatzweise« ein hilfreicher Assistent) hält mit einem Besen den aufgerollten Rest. Beim Anlegen im Deckenwinkel richtet man die Kante der Tapetenbahn genau nach der Markierung aus. Mit der Tapezierbürste, einer trockenen Streichwalze oder der Tapetenandrückwalze werden nun mindestens 40 Zentimeter Bahnlänge paßgenau an der Markierung festgedrückt. Nachdem dieses erste Teilstück in seiner ganzen Breite, ohne die Deckenecke sonderlich zu beachten, festsitzt, kann nun Meter um Meter der Tapetenbahn auseinandergezogen und angedrückt werden. Wichtig ist, daß eine Tapetenkante genau und gerade an der Strichmarkierung liegt. Wenn der Hauptteil der ersten Tapetenbahn aufgebracht worden ist, werden die Ecken eingeschnitten und angedrückt. Durch das Einschneiden erkennt man, daß sich die Tapete allen Unebenheiten in der Ecke angleicht. Dabei sollte die Tapete mit den Fingerspitzen fest in die vorgekleisterte

falsche Aufteilung

richtige Aufteilung

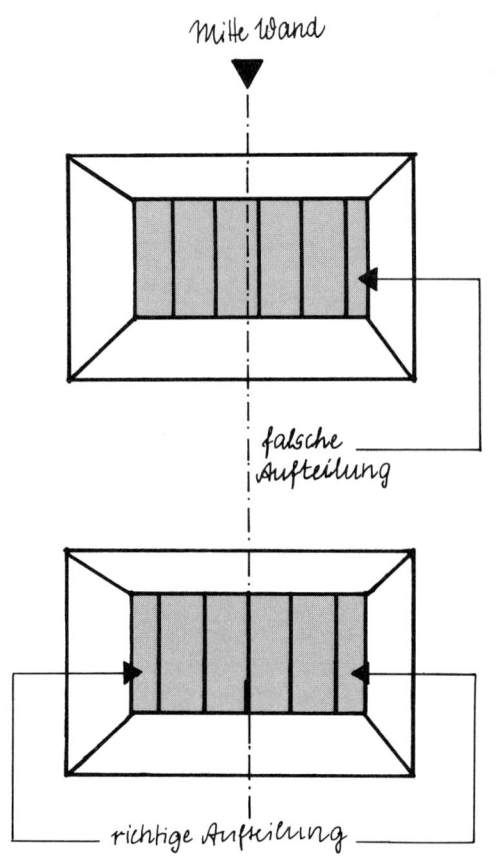

90 Bei großen Mustern ist wie beim Wändetapezieren besonders an der Decke die richtige Aufteilung zu beachten.

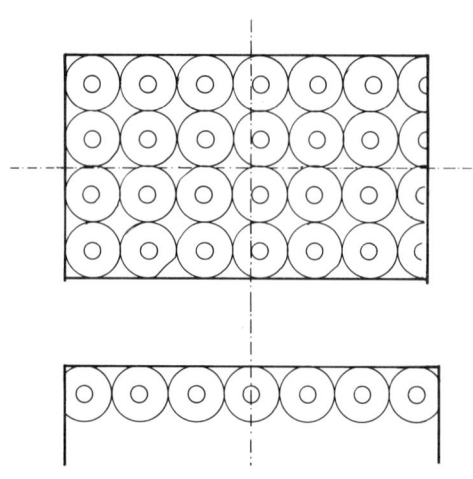

91 Genaues Ausmessen und Herstellen eines Achsenkreuzes sind Voraussetzung für eine gleichmäßige Musterverteilung an der Decke oder der Wand.

Ecke hineingedrückt werden, damit sie dort festsitzt.

Liegt aus irgendwelchen Gründen die erste Bahn nicht glatt und gerade an der angebrachten Markierung, sollte man sie lieber wieder herunterziehen und es noch einmal versuchen. Diese Mehrarbeit lohnt sich, weil von der ersten Bahn der saubere und zuverlässige Sitz der nachfolgenden abhängt. Die mehrere Zentimeter durch den Deckenwinkel geklebte Tapete kürzt man auf einen oder zwei Zentimeter, je nach den Gegebenheiten. Der hierbei entstandene Wulst ist bei den meisten bis ins Eck hinaufgetapezierten Tapeten nicht mehr sichtbar. Um aber sicher zu gehen, kann hier nach dem Trocknen mit einem Füllstoff die vorhandene Unebenheit ausgeglichen werden.

Mit besonderer Sorgfalt werden alle nachfolgenden Bahnen in ihrer ganzen Länge auf Stoß geklebt. Durch leichte Schläge mit der flachen Hand können minimale Korrekturen an den Kanten vorgenommen werden, so daß kein Spalt mehr sichtbar ist.

Tapeten mit Muster. Auch bei entsprechender Erfahrung im Kleben von Papiertapeten sollte man die Deckenflächen prüfen und wie beschrieben vorbereiten. Denn alle tapezierten Decken sind größeren Belastungen ausgesetzt. Das beginnt beim Eigengewicht der eingekleisterten Tapete und endet später bei der Haltbarkeit, die der größere Wärmestau fordert.

Bei Tapeten mit sichtbaren Ansätzen oder großen Mustern ermittelt man zunächst durch einen kreuzweisen Schnurschlag den Mittelpunkt der Decke. Auf diese Weise erreicht man, daß das Muster von der Deckenmitte ausgehend sich nach allen Seiten gleichmäßig verteilt.

Die Tapete wird gestrichen

Die Mehrzahl der beschriebenen Tapetenarten würde durch einen Anstrich ihres Ausdrucks, ihrer farbigen Oberflächengestaltung, kurz, ihrer ganzen Schönheit und Aussagekraft beraubt werden. Doch das allseits bekannte Rauhfasermaterial, die Prägetapeten und die strukturierten Vinyltapeten können ihre Wirkung durch einen Anstrich und durch besondere Anstrichtechniken noch steigern. Wie schon gesagt, kann die Farbgebung die gesamte Raumwirkung angenehm beleben.

Rauhfaser. Erst nach dem Trocknen, das bei normaler Zimmertemperatur 12 bis 24 Stunden dauert, kann Rauhfaser überstrichen werden. Unabhängig davon, ob sie an der Decke oder an der Wand angebracht wurde, sollten für den Anstrich Materialien verwendet werden, die zumindest wischfest sind. Da man es aber auch heute mit der Definition »wischfest« nicht immer sehr genau nimmt, sollten, um sicher zu gehen, grundsätzlich Markenfabrikate verarbeitet werden. Bei Sonderangeboten ist die Produktbeschreibung am Gebinde besonders zu beachten. Wischfeste Anstrichmittel sind nicht sehr teuer. Ihre Qualität sollte jedoch so gut sein, daß nicht schon der zweite Renovierungsanstrich an der notwendigen eigenen Festigkeit scheitert. Wischfest bedeutet aber auch nach den geltenden Normen, daß diese Wand nicht mit regennassen Kleidern in Berührung kommen darf. Deshalb ist ein Mehrpreis für ein Anstrichmittel mit dem Qualifikationshinweis »waschfest« immer vorzuziehen. Das gilt auch für Dekkenanstriche. Denn dieser geringe Aufpreis erspart das sonst unbedingt notwendige Abwaschen des alten Anstrichs oder besondere Maßnahmen zur Verfestigung. Im allgemeinen werden heute Rauhfasertapeten angeboten, die mit einem weißen Grundanstrich versehen sind, der bei hellen Farbtönen die Arbeit erleichtert.

Um Spuren beim Streichen zu vermeiden, erfolgt der Farbauftrag mit einer Streichwalze, auch Lammfellwalze genannt. Fachhändler bieten neben dem gängigen Weiß auch verschiedene andere Farbmischungen an. Bei entsprechender Geschicklichkeit und überlegter Auswahl können befriedigende Farbkombinationen erreicht werden.

Farbauftrag. Durchweg sind die Markenprodukte auch dank des Untergrundes streichfertig. Die Ausnahme erkennt man daran, daß die Farbe stockig ist und sich nur schwer verteilen läßt. Abhilfe bringt die Zugabe von Wasser. Da fast alle Dispersionsfarben eine besondere Konsistenz haben, kann man erst nach dem Aufrühren die Streichfähigkeit feststellen. Verdünnen mit Wasser sollte immer nur ganz vorsichtig erfolgen.

Im Handel sind zwei Sorten Streichwalzen, die entweder aus langhaarigem Lammfell bestehen oder aber aus Kunststoffell mit kurzen Fasern. Der Farbauftrag gelingt mit beiden Ausführungen gleich gut. Mit der Lammfellwalze können Vertiefungen und Unebenheiten besonders leicht ausgeglichen werden. Die »kurzschurige« Streichwalze eignet sich besonders für den Farbauftrag auf einem verhältnismäßig glatten und nicht saugenden Untergrund. Für den Anstrich auf Rauhfaser können beide Arten verwendet werden.

Neben der Streichwalze ist ein Abstreichgitter unbedingt notwendig. Dieses Abstreichgitter wird in den Farbeimer eingehängt und dient dazu, die aufgenommene Farbe auf die Streichwalze gleichmäßig zu verteilen und überschüssige Farbe abzustreichen. So vorbereitet, also mit Streichwalze, Abstreichgitter, Eimer und streichfähiger Farbe kann die Anstricharbeit beginnen. Ort des Anfangs ist aus den bekannten Gründen die Fensterseite. Um sichtbare Farbansätze zu vermeiden, muß der Farbauftrag naß in naß erfolgen. Das bedeutet, daß jedesmal, wenn ein bereits gestrichenes Feld berührt wird, hier die Farbe noch nicht angetrocknet sein darf. Die Art der aufzutragenden Schichtstärke wird mit »gleichmäßig deckend« bezeichnet. Dabei soll die Farbe nicht nur durch eine Walzenumdrehung auf der Fläche »abgeladen« werden, sondern sie muß durch kreuzweises Bewegen der Streichwalze verteilt werden. Bei diesem Verteilen dürfen sich durch Flüchtigkeit keine Fehlstellen bilden. Am sichersten werden sie vermieden, wenn man den Farbauftrag gegen das einfallende Licht kontrolliert. Ein Ausbessern solcher Fehlstellen nach dem Trocknen ist zwar möglich, sie bleiben aber besonders an Flächen sichtbar, die intensiv dem Licht ausgesetzt sind. Es empfiehlt sich deshalb bei mehreren solcher Fehlstellen, die gesamte Fläche nochmals zu streichen.

Dekorative Techniken

Neben dem deckenden Anstrich mit handelsüblichen Dispersions- und Latexfarben kann man mit wenigen Handgriffen zusätzliche dekorative Effekte erzielen. Rauhfaser, Prägetapeten oder die strukturierten Vinyltapeten können so bearbeitet werden. Voraussetzung sind exakt auf Stoß geklebte Tapetenbahnen und ein ebener Untergrund. Eine relativ einfache Technik besteht darin, daß auf einen hellen, meist weißen Untergrund ein kräftiger Farbton aufgetragen wird. Sofort, also noch in nassem Zustand, wird die aufgetragene Farbe mit einem Kunststoffspachtel von den hochstehenden Prägungen abgezogen. Dabei bleibt in den Vertiefungen der aufgetragene dunkle Farbton, während die hohen Prägungen den hellen Grundton zeigen. Diese altbekannte und im Grunde einfache Technik bietet je nach Phantasie raffinierte Möglichkeiten der dekorativen Wandgestaltung.

Decken- und Wandverkleidungen

Einmal investieren und auf Dauer damit Energie sparen – das ist eine Notwendigkeit und eine Chance, die mehr denn je gesehen wird. Die Chance besteht auch beim Renovieren. Der Nutzen von Wärmedämmung ist inzwischen vielfach rechnerisch nachgewiesen worden.
In diesem Sinne sollte auch vor dem Anbringen von Decken- oder Wandverkleidungen geklärt werden, ob sich Mehrausgaben lohnen. Materialien und Baustoffe bietet der Handel genug. Stellt sich nur die Frage der Kosten und der Besitzverhältnisse. Denn Mietverträge schränken meist die Bewegungsfähigkeit ein, Absprachen mit dem Vermieter sind nötig. Auch wird man als Mieter nicht gern alle Kosten einer grundlegenden Sanierung übernehmen.

Textile Wandbekleidung

Schon in historischer Zeit waren Textilien an den Wänden – Gobelins, Seidenstoff – Ausdruck von Exklusivität. Darum gilt textile Wandbekleidung auch heute noch als Angelegenheit des großen Geldbeutels. Das ist nicht mehr zutreffend. Der Preis ist zwar höher als der einer Papiertapete, doch gibt es aktuelle Gründe, die für Stoff sprechen: Ästhetik, Raumklima, Schall- und Wärmedämmung, leichte Pflege.
Zudem wurden Techniken entwickelt, die es erlauben, die Stoffe schnell und problemlos anzubringen. Ein bewährtes System garantiert die zeitsparende Befestigung der Stoffbahnen sowie das zusätzliche Einlegen schalldämmender Schichten und das beliebige Auswechseln der Bespannung.

Vorbereitung und Spannen

Alle Wandflächen – unverputzte frische Wände ebenso wie Betonflächen oder Wände mit altem, mürbem, abfallendem Putz – können ohne langwierige Vorberei-

92 Die frühere Gestaltung der Wände mit Textilien wird hier in moderner Form fortgesetzt.

93 Ohne vorherige Sanierung des Untergrundes kann diese besondere textile Wandbekleidung angebracht werden.

94 Je nach Untergrund können diese Kunststoffprofile genagelt, geklebt, geheftet oder geschraubt werden. Zugeschnitten werden sie mit dem üblichen Werkzeug.

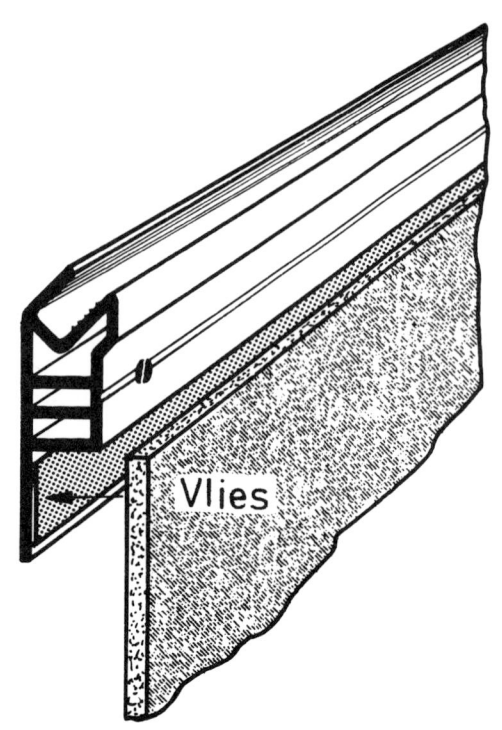

95 Die Beschaffenheit des Kunststoffprofils läßt zu, daß man bestimmtes wärmedämmendes Material auf einer besonderen Klebeschicht anbringen kann.

tungen sofort verkleidet werden. Die Lösung: Ein Baukastensystem aus Kunststoffprofilen. Alle diese Profile können genagelt, geklebt, geheftet oder geschraubt werden. Die besondere Konstruktion der Kunststoffprofile bietet dazu die Möglichkeit, eine zusätzliche Bahn aus schallschluckendem Material in das Leistensystem einzuhängen. Durch die bei textilen Wandbelägen übliche Stoffbreite von 2,60 Metern sind raumhohe Wandbespannungen ohne Nähte und Fugen möglich. Die besondere Konstruktion der Profile erlaubt es, Stoffe über jede Fläche schnell und problemlos zu spannen.

Die Decken- und Seitenprofile haben zwei Nuten. Hier werden die Isolierschicht und die Wandbespannung eingeklemmt. Die Profile sind 130 Zentimeter lang und werden unter der Decke und an den Seiten nebeneinander montiert. In den Ecken werden die Profile auf Gehrung geschnitten und mit einem Abstand von fünf Millimetern montiert. Soll die Stoffbahn durch das Eck laufen, verwendet man Einfach-Eckprofile. Bei verschiedenen über Eck verlaufenden Stoff-Farben oder beim Anschluß verwendet man das Doppel-Eckprofil. Das Bodenprofil wird in Scharniere gesteckt und ergibt so die eigentliche Spannvorrichtung. Die Fußleisten sollen vor der Bespannung montiert werden. Nachdem alle Profilleisten auf der zu bespannenden Wand angebracht sind, kann der Zuschnitt des Stoffes beginnen. Der Stoff wird auf Wandlänge abgewickelt, wobei eine Stoffzugabe von fünf Zentimetern an jeder Seite zu berücksichtigen ist. So kann der 2,70 Meter breite Stoff bis zu einer tatsächlichen Wandhöhe von 2,50 Metern verwendet werden.

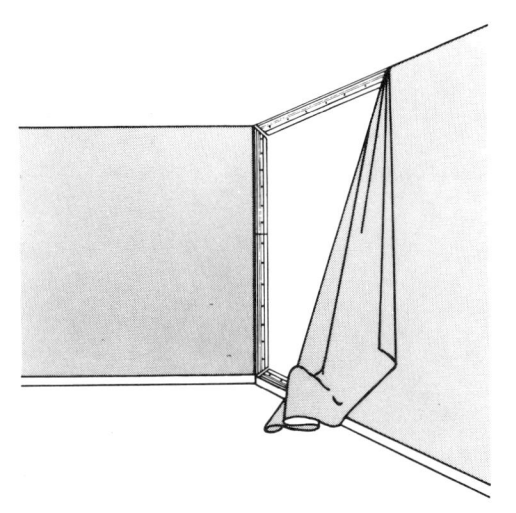

96 Durch die raumhohen Maße lassen sich die Wände in ihrer Gesamtheit mit diesem textilen Material bespannen.

97 Zum Steck- und Montagesystem gehört die beidseitig klebende Leiste.

Der Stoff wird nun an allen Seiten mit einer beidseitig klebenden Leiste versehen. Dazu wird die Papierfolie von der Klebeleiste abgezogen und die Leiste etwa fünf Zentimeter vom oberen Stoffrand entfernt auf die Stoffinnenseite geklebt. Es ist dabei auf ein fadengerades Anbringen der Klebeleiste zu achten. Um einen sicheren Halt der Klebeleiste zu garantieren, zieht man die zweite Papierfolie ab, schlägt den Stoff um und klebt ihn fest. Nun kann die stoffumwickelte Klebeleiste über die gesamte Fläche in die obere Nut des Profils eingeklemmt werden.

Um den Stoff nach unten zu spannen, wird die Klebeleiste auf die Unterkante des Bodenprofils geklebt. Nachdem der Stoff glattgestrichen und auf die Klebeleiste aufgedrückt ist, legt man den Stoffüberschuß um die Leiste. Diese stoffumwickelte Leiste wird in die untere Nut des aufgeklappten Profils eingeklemmt und erhält seine Spannung durch das Schließen der Scharniere mit dem Bodenprofil. Die seitliche Spannung bei durchgehender Stoffbahn erreicht man durch einen Gummikeder, der in das Eckprofil eingedrückt wird.

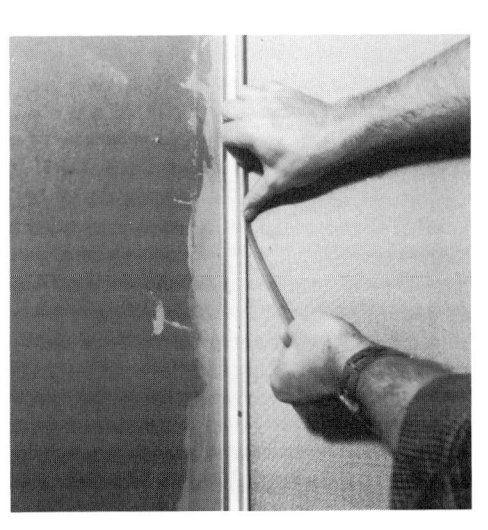

98 In das Eckprofil wird ein Gummikeder eingedrückt.

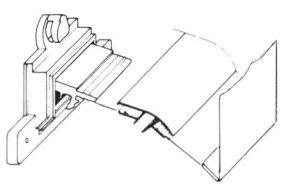

99 Das Bodenprofil wird auf die Scharniere gesteckt und der Stoff gespannt.

Türen und Fenster werden mit auf Gehrung geschnittenen Seiten- und Wandprofilen umrahmt. Wie zuvor beschrieben, wird der durch die Klebeleiste stabilisierte Stoff in die Profilleisten eingespannt. Bei Schaltern und Steckdosen müssen die Einsätze um etwa zehn Millimeter herausgezogen, aufgefüttert und wieder festgeschraubt werden. An diesen Stellen wird der Stoff so weit ausgespart, daß die Abdeckkappen der elektrischen Anschlußvorrichtungen noch über den Stoff gehen. Sind Wandregale, Bilder oder andere dekorative Objekte vorgesehen, werden diese Stellen einfach mit Holzplatten unterlegt. Die Verwendung von Molton oder Filzbahnen als Dämmschicht ist möglich. Das Anbringen erfolgt wie bei der Wandbespannung.

Leichte Reinigung. Soll der Stoff zur Reinigung wieder abgenommen werden, so löst man durch gleichmäßigen Zug nach unten die Scharniere am Bodenprofil. Sämtliche mit Stoff umwickelten Klebeleisten können nun aus den Nuten genommen werden.

Diese »große Lösung« bei der Wandverkleidung erfordert schon allerhand Erfahrung. Doch gibt es auch für den weniger versierten Heimwerker Möglichkeiten, zu einer Wandbespannung zu kommen, die vor allem in Altbauten ihre Vorteile hat: Bis auf wenige Dübellöcher bleiben die Wände unversehrt und können beim Umzug sauber übergeben werden.

Textile Wand- und Deckenplatten

Dem Anfänger sind Platten mit Stoffbespannung zu empfehlen. Verwendet werden Spanplatten mit acht Millimeter Dicke oder Weichfaserplatten, 13 Millimeter dick. Beide können an den Kanten leicht abgerundet werden. Zu beachten ist, daß die normale Breite der Stoffe 120 bis 140 Zentimeter beträgt. Daraus ergibt sich der folgende Zuschnitt: eine halbe Stoffbahn pro Platte.

100 Eine dekorative Wirkung kann durch die mit einem textilen Belag, hier Jute, versehenen Weichfaserplatten erzielt werden.

Der Stoff wird so auf die Platte gelegt und ausgerichtet, daß die Gewebefläche parallel zu den Seiten liegen. Nach dem provisorischen Anheften dreht man die Platte um und befestigt den Stoff auf der Rückseite mit einem Schnellnagler.
Die fertigen Platten können nun an der Wand mit Dübeln verschraubt oder auf einer Lattenkonstruktion befestigt werden.
Erheblich schneller und leichter zu verarbeiten sind die von der Industrie angebotenen Platten. Auf eine 12 Millimeter starke Spezial-Weichfaserplatte wurde eine dekorative Oberfläche angebracht, die entweder aus Leinen, Jute in verschiedenen Farben, Kork oder Japan-Grasfaser besteht. Diese Platten sind 2,55 mal 0,60 Meter groß. Sie können also in normalen Wohnräumen wandhoch verarbeitet werden. Der Zuschnitt erfolgt an einer Stahlschiene mit dem Universalmesser.
Der Untergrund muß trocken, sauber und glatt sein. Bei unebenen oder beschädigten Wänden empfiehlt sich eine Lattenunterkonstruktion mit einem Abstand von Lattenmitte zu Lattenmitte von 30 Zenti-

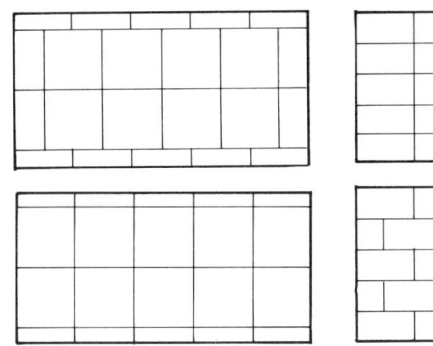

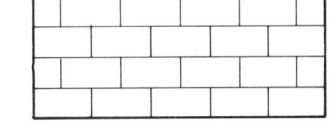

101 In den mit einem Zahnspachtel aufgetragenen Kleber wird die Korkfliese eingelegt.

102 Vier Möglichkeiten zur dekorativen Gestaltung der Wandfläche mit Korkfliesen.

metern. Ein handelsüblicher Montagekleber, zum Beispiel Saxit, wird auf die Plattenrückseite aufgetragen. Nach dem Andrücken an die Wand oder auf die Lattenunterkonstruktion klopft man mit dem Hammer und einem Unterlegeklotz die Platte fest an. Nach etwa 20 Minuten sollte dieses Anklopfen wiederholt werden.

Korkfliesen. Immer beliebter werden Wandverkleidungen aus Kork. Das sind meistens ziemlich dünne, einschichtige Wandplatten aus diesem Naturprodukt. Neben ihren dekorativen und wärmeisolierenden Eigenschaften hat die Platte dank einer widerstandsfähigen Oberfläche den Vorzug, pflegeleicht zu sein.
Mit Staubtuch oder feuchtem Schwammtuch lassen sich Verschmutzungen schnell und einfach entfernen. Auch die Verarbeitung der Korkfliesen erfordert kein spezielles Werkzeug.
Korkfliesen müssen mindestens 24 Stunden ausgepackt in dem Raum lagern, in dem sie verarbeitet werden sollen. Es werden so Maßschwankungen durch Temperaturunterschiede verhindert. Als Untergrund eignen sich alle Flächen, die fest, sauber, trocken und fettfrei sind. Stark saugende und sandende Untergründe sind mit einer Grundierung zu festigen.

Vor dem Verlegen der Korkfliesen ist die Senkrechte mit einem Lot zu ermitteln. Zum Kleben bietet sich der neue Spezialkleber Saxit K an. Dieser zum Kleben von Kork braun eingefärbte, spachtelbare Kleber trocknet in der Eigenfarbe des Naturkorkes auf. Dadurch können helle Wandflächen oder weißer Kleber an schwachen Stellen nicht mehr durchschimmern. Mit einem groben Zahnspachtel wird der Kleber auf den Untergrund aufgetragen. Nach der vorherigen Flächeneinteilung wird die Korkfliese in den noch feuchten Kleber auf Stoß eingelegt und korrigiert. Zum Andrücken verwendet man eine schmale Gummiwalze. Paßschnitte lassen sich leicht mit einem Universalmesser durchführen. Die üblichen Größen der Korkfliesen: 30 mal 30 und 60 mal 30 Zentimeter.

Deckensichtplatten aus Hartschaum

Diese Platten sind allgemein unter dem Markennamen Styropor bekannt. Das übliche Plattenformat ist 50 mal 50 Zentimeter bei einer Stärke von 15 oder 20 Millimetern. Die Hersteller bieten eine Fülle von unterschiedlichen Ausführungen an, die individuelle Gestaltungsmöglichkeiten zulassen. Dabei lassen sich Platten mit verschiedenen Oberflächenstrukturen

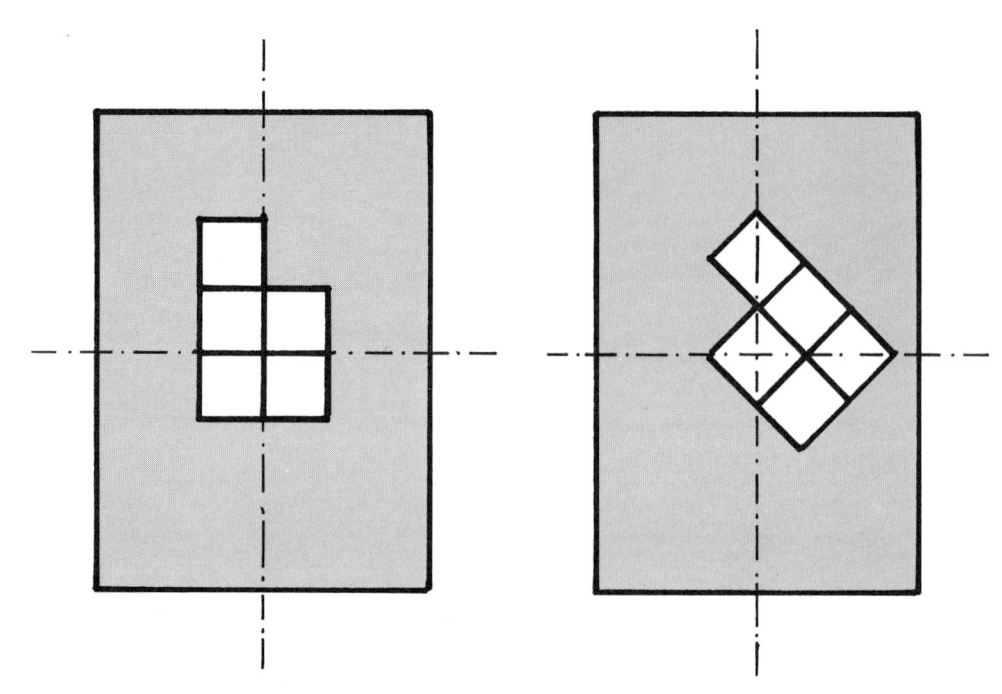

103 Zwei Möglichkeiten, wie Deckensichtplatten am Schnurkreuz angelegt werden können.

kombinieren oder aber farbige Platten einschalten. Je nach der Anordnung und der Flächenteilung können auch farbig betonte Fugen zwischen den Platten der Decke eine besondere gestalterische Wirkung verleihen. Eine diagonale, parallele oder versetzte Anordnung ist möglich. So kann die Decke zum schmückenden Element des Raumes erhoben werden.

Vom Untergrund wird verlangt, daß er sauber und fest ist. Das bedeutet, daß wasserlösliche Anstriche oder Tapeten entfernt werden müssen. Mit einem Tiefgrund wird der Putz anschließend verfestigt. Bei starken Putzschäden, Rohmauerwerk oder Beton kann man eine Lattenunterkonstruktion anbringen. Dadurch wird zusätzlich isolierender Luftraum gewonnen. Damit die Platten gut verklebt werden können, sollten die Abstände der Latten jeweils 25 Zentimeter und die Breite des Holzes etwa fünf Zentimeter betragen. Für hohe Decken, die abgehängt werden sollen, gibt es fertige Einhängesysteme.

Dem Verlegen geht das Ausmessen der Decke und das Anbringen eines Schnurkreuzes in der Deckenmitte voraus. Das kann durch Schnurschlag oder aber durch das Spannen von Schnüren erfolgen. An den so entstandenen Mittelpunkt dieses Schnurkreuzes wird die erste Platte geklebt. Dabei werden die Platten etwa zwei bis drei Zentimeter vor dem vorgesehenen Klebefeld angesetzt und in die richtige Lage geschoben. Um Druckstellen und Beschädigungen zu vermeiden, verwendet man zum Andrücken eine Lammfellwalze. Die nächsten Platten werden genauso verklebt. Dabei arbeitet man von der Mitte nach außen. So erhält man einen gleichmäßig breiten Wandabschluß. Der Kleber, zum Beispiel Assil P, kann mit einem Zahnspachtel vollflächig auf die

104 Aufteilung der Deckenfläche durch ein Schnurkreuz. Hier werden von Wandmitte zu Wandmitte Schnüre gespannt, die sich im Mittelpunkt der Decke kreuzen.

105 Mit einem Zahnspachtel wird der Kleber auf der Plattenrückseite verteilt.

106 Etwa zwei bis drei Zentimeter vor dem Mittelpunkt des Schnurkreuzes wird die Platte angesetzt und in die richtige Lage geschoben.

107 Solch sauberen Randabschluß erhält, wer eine Platte, wie hier ersichtlich, anlegt und mit dem Bleistift auf der Plattenrückseite den Abstand markiert.

108 Nach dem Kleberauftrag wird dieses Randstück angesetzt und angedrückt. Es paßt wie angegossen.

Plattenrückseite aufgetragen werden. Auch das punktförmige Auftragen des Klebers wird von Fachleuten nicht für falsch gehalten.

Am Deckenrand müssen die Abschlüsse zugeschnitten werden. An der Bleistiftmarkierung auf der Rückseite der Platte wird mit einem scharfen Messer das Randstück abgetrennt. Je nach der Stärke und Dichte des Materials kann man aber auch die Platte auf der Vorderseite einschneiden und sie dann nach hinten abbrechen. Leichte Unsauberkeiten gleicht man mit Schleifpapier aus. Vor dem Klebeauftrag kontrolliert man die Paßgenauigkeit des Randstückes.

Je nach den Gestaltungsabsichten oder einer besonders dekorativen Aufteilung der Deckenfläche sollte eine maßgerechte Skizze angefertigt werden. Als sichere Arbeitshilfe dient hier Millimeterpapier.

Zierprofile

Altbekannt sind Zierleisten aus Holz als Gestaltungsmittel für Wand- beziehungsweise Deckenabschlüsse. Inzwischen hat sich Hartschaum als leichtes und formbares Material bewährt. Winkelrosetten, Viertelbögen, Agraffen und andere Formen sind im Handel erhältlich, sie bieten Möglichkeiten für eigenwillige und stil-

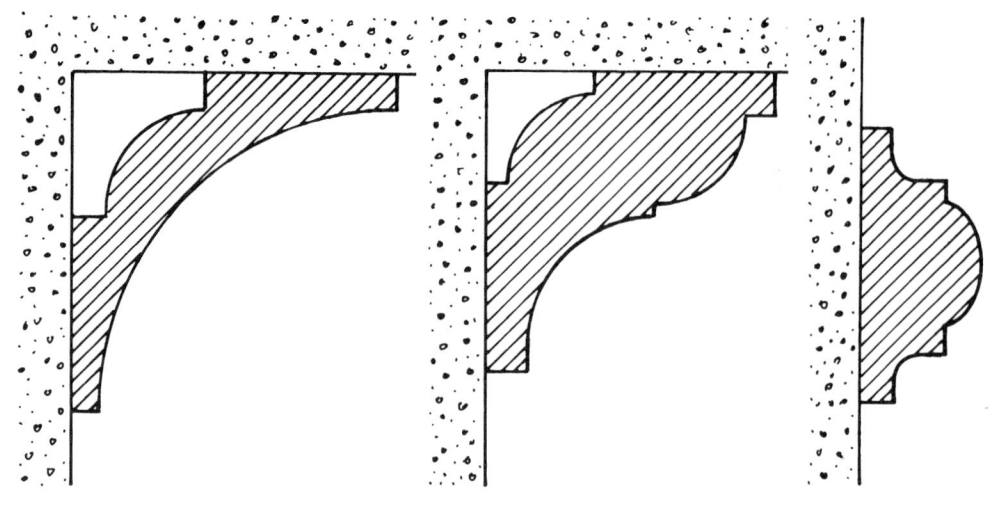

109 Zierprofile für Deckensichtplatten.

volle Dekorationen. Bei den Zierprofilen gibt es zwei Gruppen: Profilleisten aus extrudiertem Polystyrol, die eine glatte Oberfläche haben, und Stukkaturleisten aus dem gleichen Material, die als Formteile angeboten werden.
Die Styropor-Profile sind mit einer Folie aus PVC in Holzmaser-Dekor ummantelt. Sie dienen als Übergang zwischen Deckensichtplatten und Wandfläche. Doch eignen sie sich auch dafür, die Flächen aufzuteilen und damit zu gestalten. Einziger Nachteil: Die Zierprofile sind druckempfindlich und sollten daher dort eingesetzt werden, wo sie unberührt bleiben.
Neben diesen Zierleisten gibt es – wie schon erwähnt – Formteile aus Styropor, die so glatt an der Oberfläche und fein profiliert sind, daß man sie von alten Stuck-Ornamenten kaum unterscheiden kann.
Nach wie vor findet sich im Angebot von Holzleisten etwas für jeden Geschmack, bis hin zu Zierleisten, die zu Stiltapeten passen und dazu beitragen, daß man sich eine geradezu historische Umgebung schaffen kann.
Holzleisten werden sicher keine Probleme bei der Verwendung machen. Nicht viel

anders sieht es bei den Styropor-Profilen der verschiedenen Sorten aus: Mit einer sehr fein gezahnten Leistensäge lassen sie sich auf Länge oder Gehrung schneiden. Kleine Beschädigungen können mit Spachtelmasse ausgebessert werden. Die Hartschaumprofile werden mit einem Dispersionskleber wie Assil P befestigt. Mit dem herausquellenden Kleber sollten sofort die Stöße ausgefugt und Überreste mit einem feuchten Tuch abgewischt werden.

Wandplatten aus Mauerstein-Material

Für alle, die einen rustikalen Stil mögen, gibt es seit vielen Jahren Wandplatten, die auf einer flexiblen Trägerschicht echtes Mauerstein-Material aufweisen. Ob innen oder außen – das Material unterscheidet sich nur durch den Träger. Es bietet sich wegen der einfachen Verarbeitung ohne Schmutz zur modernen Raumgestaltung an. Der in vielen Landesteilen beliebte »Klinker-Look« kann mit diesen Wandplatten verwirklicht werden. Sie besitzen einen Träger aus Spezial-Wollfilz, auf dem echtes Mauerstein-Material, drei Millime-

111 Mit einer rostfreien Glättkelle wird der Kunstharzputz aufgetragen und auf Kornstärke abgerieben. Das Ergebnis ist eine rustikale, stoß- und kratzfeste Reibeputzbeschichtung.

ter stark, den beabsichtigten Klinker-Effekt erzielt. Wegen der dichten Filz-Struktur des Trägermaterials bieten diese Platten sogar noch einen Wärmeschutz.

Verarbeitung. Ein ebener Untergrund, der eine vollflächige Verklebung ohne Hohlräume ermöglicht, wird vorausgesetzt. Unebene Wandflächen sind mit einem Trockenspachtel zu egalisieren. Kreidende Anstriche oder absandende Putze werden mit einem Tiefgrund verfestigt. Die Platten in der Größe von 50 mal 75 Zentimetern werden waagerecht und nebeneinander angesetzt, entweder von links nach rechts oder umgekehrt und von oben nach unten. Der empfohlene Innenkleber besteht aus einer wässerigen Kunststoffdispersion. Dieses pastöse und gut spachtelfähige Material ist in seiner Eigenfarbe auf die Fugenfarbe der Platten gestimmt.

Mit einem feinen Zahnspachtel wird der Kleber für eine Fläche von zwei bis drei Platten aufgetragen. Sofort werden die Platten angelegt und mit einem Tuch fest angedrückt. Korrekturen sind innerhalb weniger Minuten möglich. Dabei ist herausquellender Kleber sofort mit klarem Wasser zu entfernen. An den Ecken werden die Platten gestoßen und vorher so geschnitten, daß die Plattenteile einen fachgerechten Verband ergeben. Die Stoßfugen können mit einer Streichmasse im Farbton der Steine geschlossen werden. Auch für die Verkleidung in Naßräumen kann dieses Mauerstein-Material verwendet werden. Doch empfiehlt es sich, die für Außenwände gedachte Platte zu verwenden, die gegen Feuchtigkeit, Fäulnis, Temperaturwechsel und Feuer beständig ist.

Kunstharzputze

Quarzhaltige Kunststoffdispersionen bieten dem erfahrenen und geübten Heimwerker weitere Möglichkeiten zur eigenen Wandbeschichtung. Unter der Bezeichnung Rollputz oder Rollplastik bieten verschiedene Firmen wetterbeständige Reibeputze für den Innenbereich an. Die Musterstruktur ergibt sich aus der Zusammensetzung des Materials. Bestimmte Werkzeuge können diesen Kunstharzputz in besonderer Weise strukturieren. Noch vor wenigen Jahren als eine schnell vergängliche Mode abgetan, haben sich Kunstharzputze ihren Platz unter den verschiedenen Formen effektvoller Wandgestaltung geschaffen. Sie sind weiter entwickelte Dispersionsfarben von hohem Nutzwert, also Farbe und Putz in einem. Der Auftrag ist mit etwas Erfahrung nicht schwierig.

Grob gesehen, läßt sich das Marktangebot dieses Materials nach der Auftragsart und damit ihrem Schwierigkeitsgrad in zwei Gruppen einteilen. Die schon angesprochene quarzhaltige Rollplastik kann gerollt, gespachtelt oder gestrichen werden.

Für den Auftrag eignen sich sogenannte Erbsloch-Schaumstoffwalzen. Eine weitere Strukturierung erfolgt mit Kunststoffspachteln, Kellen und weitzahnigen Zahnspachteln.

Der andere Kunstharzputz verdient auch wegen seiner festen Konsistenz und der Beschichtungsart die Bezeichnung Putz. Mit einer Kunststoffkelle, auch Traufel genannt, wird der Kunstharzputz aufgespachtelt. Die aufgetragene Masse wird danach bis auf die Quarzkornstärke abgezogen und gleichzeitig geglättet. Nach dem Auftrocknen entsteht eine kratzputzähnliche Struktur. Doch kann nach dem Abziehen und Glätten mit der Kunststoffkelle auch eine strukturelle Gestaltung vorgenommen werden. Durch entsprechende Bewegung, die stets in gleicher Art wiederholt wird, entstehen durch das Verteilen der Quarzkörner musterbildende Vertiefungen.

Untergrundvorbereitung. Der Untergrund muß sauber, trocken und tragfähig sein und nach den Erfordernissen für scheuer- und wetterbeständige Dispersionsfarbenanstriche vorbereitet werden. Wie mehrfach beschrieben, erfolgt die Verfestigung des Untergrundes mit einem Tiefgrundanstrich. Der Rollputz kann mit einer Walze satt aufgetragen werden. Der Kunstharzputz dagegen benötigt einen Grundanstrich, der für den nachfolgenden Putzauftrag als Haftbrücke dient.

Fliesen als Wandbelag

Der praktische Nutzen des keramischen Wandbelages, besonders in Feuchträumen wie Küche, Bad, Dusche und WC, ist allgemein bekannt. Dank der modernen Herstellungsverfahren können durch die Verbindung mit anderen Materialien wie Holz, Tapeten und Stoffen auch viele raumgestalterische Absichten verwirklicht werden. Auch durch die Kombination der Formen, Größen und Farben lassen sich besondere Effekte erzielen. Da heute Fliesen meist nicht mehr im dicken Verlegemörtelbett verlegt werden müssen, entfällt für den Heimwerker das umständliche Anmischen von Verlegemörtel aus Sand, Zement und Wasser. Mit gebrauchsfertigen Dispersions-Fliesenklebern oder trocken vorgemischten Dünnbettmörteln können sie im sogenannten Dünnbettverfahren geklebt werden. Dadurch ist das Ansetzen von Fliesen wesentlich einfacher geworden. Da auch jeder Untergrund nach einer entsprechenden Vorbereitung und mit dem richtigen Kleber geeignet ist, bietet sich ein weites Betätigungsfeld.

Es empfiehlt sich, von der Untergrund-Vorbehandlung bis zur elastischen Fugenabdichtung nur die Produkte eines Herstellers zu verwenden. Denn diese Werkstoffe sind aufeinander abgestimmt. So vermeidet man Verarbeitungsprobleme oder Schäden wegen Unverträglichkeit der Werkstoffe. Mehrere Hersteller bieten ein solches umfassendes Programm an. Am Beispiel der Produktpalette eines Herstellers werden hier Arbeitsablauf und Materialeinsatz beschrieben. Das Beispiel läßt sich ebensogut mit den Fabrikaten anderer Firmen darstellen.

Der Untergrund. Fliesen lassen sich auf jeden Untergrund kleben, der fest, tragfähig, sauber und trocken ist: Gipskartonplatten, Gipsdielen, Gipsfaser- und Holzspanplatten, Beton, Gasbeton, Gips- und Zementputz, Keramik- oder Natursteinbeläge. Mürbe Putze, Tapeten sowie Farbenanstriche sollten entfernt werden. Fest haftende Ölfarbenanstriche werden mit den üblichen Haushaltsreinigern gründlich gereinigt und mit Schleifpapier aufgerauht. Gipsdielen, Gipsputz, Gipskarton-, Gipsfaser- und Holzspanplatten erhalten vorher eine Schutzgrundierung. Unebene Putz- oder Betonflächen sind mit einem Betonspachtel auszugleichen.

Fliesen auf Fliesen kleben. Steigende Komfortbedürfnisse und auch der technische Fortschritt in Bad- und Küchenausstattung können den Wunsch nach neuen Fliesen wecken. Dabei sollte überlegt werden, daß eine zusätzliche Belagsstärke wohl kaum hinderlich ist. Der alte Flie-

112 Ist die Fliesenverlegung auf dem alten Keramikbelag nicht auszuführen, werden die alten Fliesen abgeschlagen, während das Mörtelbett stehenbleiben

113 In den noch feuchten Kleber wird die Fliese schiebend eingelegt und angedrückt.

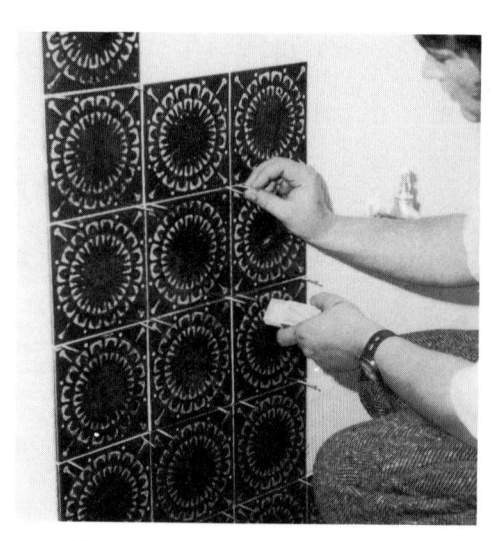

114 Um einen gleichmäßigen Fugenabstand zu erhalten, können Streichhölzer als Abstandshalter dienen.

senbelag muß allerdings auf feste Haftung geprüft werden. Er muß entfernt werden, wenn größere Partien nur unzureichend haften. Sind nur einzelne Platten locker, so können sie mit Klebemörtel neu befestigt werden. Bei fehlenden Platten kann man die leeren Stellen mit einem Betonspachtel auffüllen. Nach einer gründlichen Reinigung des Fliesenbelages sollte eine quarzhaltige Dispersionsgrundierung als Haftbrücke aufgebracht werden.

Wenn eine Verlegung auf dem alten Keramikbelag nicht möglich ist, so sind die alten Fliesen zu entfernen. Gewöhnlich lassen sich mit einem Stemmeisen die alten Fliesen leicht vom Verlegemörtel abtrennen. Dieses Mörtelbett kann man stehen lassen und mit einem Betonspachtel plan abspachteln. Nach einer entsprechenden Trockenzeit kann mit der Neuverlegung begonnen werden.

Das Werkzeug. Man kommt mit nur verhältnismäßig wenigen Grundwerkzeugen aus. Notwendig sind ein Meterstab, eine Wasserwaage, eine Fliesenbrechzange als universelles Arbeitsmittel (ersatzweise genügt auch ein Glasschneider), eine Kombizange, eine Bohrmaschine mit einem sechs oder acht Millimeter starken Vidia-Bohrer, ein Kellenspachtel und eine Zahntraufel. Für das Verfugen braucht man einen Gummispachtel, einen Schwamm und ein Tuch – alles keine unerschwinglichen Sachen.

Die Zahnung der Zahntraufel für das Auftragen des Klebers richtet sich nach dem Format des Keramikmaterials und dem Fliesenkleber. Bei den normal großen Fliesen genügt eine Zahntiefe von vier oder sechs Millimetern.

Fliesen ansetzen. Nachdem alle Vorarbeiten beendet sind und die Trockenzeiten beachtet wurden, kann das Fliesenkleben beginnen. Der richtige Kleber wird je nach Untergrund und weiteren besonderen Erfordernissen wie Wasserdichtigkeit, Verformbarkeit oder schnelle Aushärtung ausgewählt. Die Firma PCI Polychemie, deren Produktangebot hier als Beispiel dient, bietet sieben verschiedene Fliesenkleber an.

Zunächst wird für die erste Fliesenreihe mit der Wasserwaage eine waagerechte und senkrechte Linie ermittelt und mit einem Bleistift markiert. Bei unebenem oder abfallendem Fußboden geht man vom höchsten Punkt der Bodenfläche aus. Man beginnt mit einer ganzen Fliese neben der Türbekleidung, an Mauervorsprüngen mit der ganzen Fliese an der Ecke. Nach dem Anbringen der Hilfslinien wird mit dem gezahnten Spachtel die Klebemasse auf der Wand verteilt. Die Größe der vom Kleber bedeckten Wandfläche richtet sich nach der Arbeitsleistung. Sie sollte höchstens so groß sein, daß 10 bis 15 Fliesen nacheinander angebracht werden können. In den feuchten Kleber legt man die Fliesen schiebend ein und drückt sie an. Die durch den gezahnten Spachtel entstandenen Furchen wirken beim Andrücken wie Saugnäpfe. Die Fliesen haften sofort, lassen sich aber in ihrer Lage korrigieren. Herausquellender Kleber sollte sofort entfernt werden. Zwei Kanten der Fliesen sind gewöhnlich glasiert. Man setzt die Fliesen so, daß die Sichtkante der Abschlußreihe glasiert ist.

Je nach der Temperatur und dem Klebewerkstoff bleibt der aufgekämmte Fliesenkleber nur eine bestimmte Zeit »klebeoffen«. Es bildet sich eine Haut, welche die Klebefähigkeit des aufgezogenen Klebers stoppt. Bleibt bei einer Prüfung mit den Fingern kein Kleber haften, so ist die klebeoffene Zeit überschritten und es können keine Fliesen mehr angesetzt werden. Dieser Kleber muß entfernt, ein frischer wieder aufgetragen werden.

Einen gleichmäßigen Fugenabstand erhält man mit Hilfe von abgebrochenen Streichhölzern. Nach dem Abtrocknen des Klebers — etwa 30 Minuten später — werden sie entfernt. Zweckmäßiger und damit sicherer sind Fugenkreuze aus Kunststoff. Diese Abstandshalter garantieren nicht nur gleichmäßig breite Fugen, sondern auch das waagerechte und senkrechte Anbringen der Fliesen.

Fliesen zuschneiden. Die Ecken, an denen die Kacheln geschnitten werden müssen, bleiben bis zum Schluß offen. Erst wenn die Wand mit ganzen Fliesen belegt ist, beginnt das Zuschneiden der Streifen. Zunächst wird eine beschädigte Fliese zum Üben benutzt. An einem Lineal wird der Glasschneider oder die Fliesenbrechzange senkrecht auf die Oberfläche der Fliese gesetzt. Dann wird das Stahlrädchen mit gleichmäßig kräftigem Druck über die Fläche geführt. Mit einem zischenden, knirschenden Geräusch ritzt der Glasschneider die Glasur an. Danach läßt sich die Keramikfliese an einer Tischkante brechen. Mit der Fliesenbrechzange lassen sich sogar bis zu 15 Millimeter schmale Streifen sauber abtrennen. Schon nach dem ersten Versuch wird man feststellen, ob der Schnitt geglückt ist. Nie sollte ein weiterer Schnitt in der alten Spur vorgenommen werden. Das empfindliche Stahlrädchen des Schneiders wird schnell stumpf. Ein maßgenauer Zuschnitt läßt sich erreichen, wenn das Lineal 2,5 Millimeter neben der beabsichtigten Schnittlinie liegt. Erst nach dem Zuschneiden aller benötigten Streifen wird die Klebemasse auf die Wand gebracht und die Fliesen verklebt.

Um Verspannungen zu vermeiden, sollte an Bodenanschlüssen und in den Ecken ein Mindestabstand von fünf Millimetern eingehalten werden. Erst ganz zum Schluß werden diese Eckfugen mit einer elastischen Dichtungsmasse abgedichtet. Aussparungen werden auf der glasierten Seite angezeichnet und mit der Zange millimeterweise ausgebrochen. Dabei darf man nur kleine Stücke abzwicken, weil sonst die Fliese bricht. Bei Rohrleitungen, die aus der Wand herausragen, kann die Fliese in Streifen geschnitten werden. Die erforderlichen Rundungen werden mit der Zange herausgearbeitet. Noch genauer können diese Rohrdurchführungen mit einem Lochschneider oder mit der Bohrmaschine ausgeführt werden. Entlang der Markierung, die auf der Rückseite der

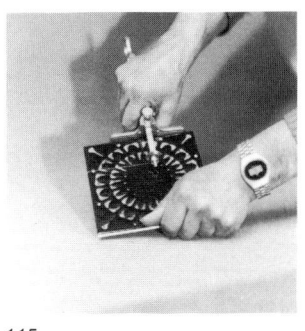

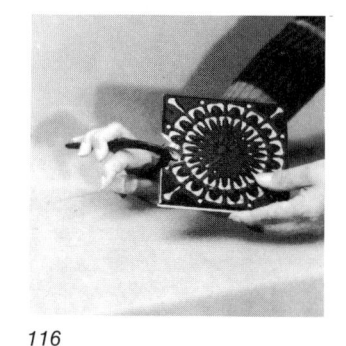

115

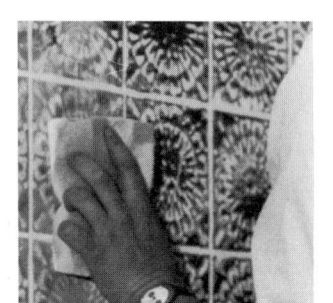

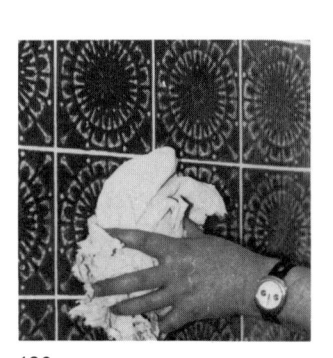

116

117

118

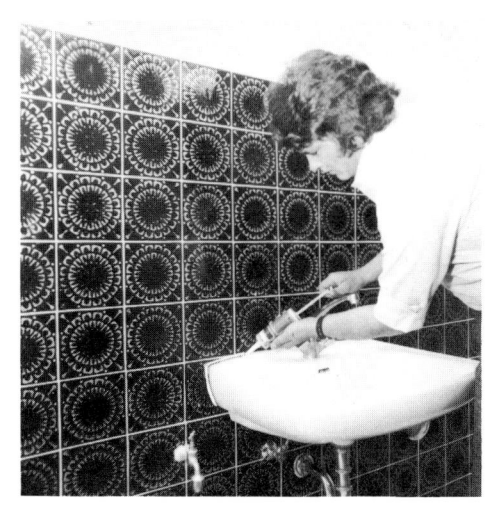

119

120

121 Die Anschlußfugen zwischen Fliesenbelag und Waschbecken, Badewanne, Brausetasse, Tür- und Fensterrahmen sowie die Eckfugen werden mit einer elastischen Masse abgedichtet.

115 Mit dem Glas- oder Fliesenschneider werden Randfliesen zugeschnitten. Dabei wird die Glasur angeritzt und über einen Nageldraht oder eine Holzleiste auseinandergebrochen.

116 Aussparungen werden auf der glasierten Seite angezeichnet und mit der Zange millimeterweise ausgebrochen.

117 Rohrdurchführungen können auf der Rückseite der Fliese mit dem Lochschneider ausgeschnitten werden. Mit einem Sechs- bis Achtmillimeterbohrer kann man aber auch entlang der markierten Linie Löcher bohren und die verbliebenen Stege durchstoßen. Die Fliese liegt dabei auf einer festen und sauberen Unterlage.

118 Mit dem Gummispachtel schlämmt man Fugenfüllmasse in die Fugen.

119 Mit dem feuchten Tuch oder einem Schwamm verfeinert man den optischen Eindruck der Fugen.

120 Der trockene Mörtelschleier wird mit einem Tuch abgewischt.

Fliese angebracht wurde, können mit einem Bohrer von sechs bis acht Millimeter Stärke Löcher gebohrt werden. Die verbleibenden Stege zwischen diesen Bohrlöchern werden durchstoßen. Die Fliese liegt dabei auf einer festen, sauberen Holzunterlage.

Verfugen. Die Trockenzeit richtet sich nach dem verwendeten Fliesenkleber, dem Fliesenformat und dem Untergrund. Im Sortiment des Fachhandels findet sich die weiße Fugenmasse als Pulver. Dieses Pulver wird in Wasser zu einem Brei angerührt. Nach einer kurzen Topfzeit versteift sich der Brei zu einer festen, geschmeidigen Paste. Farbige Massen gibt es gebrauchsfertig. Mit einem Gummispachtel oder einem Kunststoffschaber wird die Paste in die Fugen gedrückt. Um diesen Fugenfüller satt einzubringen, setzt man den Spachtel quer zur Fuge an. Die überschüssige Masse wird von den Fliesen mit dem Gummispachtel abgenommen. Mit einem feuchten Tuch oder Schwamm verfeinert man den optischen Eindruck der Fugen. Der zurückbleibende leichte weiße Schleier wird mit einem Lappen abgewischt. Die Anschlußfugen zwischen Fliesenbelag und Badewanne, Waschbecken, Tür- und Fensterrahmen sowie die Eckfugen werden mit einer elastischen Dichtungsmasse abgedichtet. Sobald Fugenfüller und Dichtungsmasse ausgehärtet sind, kann der Fliesenbelag dem Wasser ausgesetzt werden.

Wer sich mit solchen natürlichen Materialien vertraut gemacht und die kleinen Frustrationen des Anfangs hinter sich gelassen hat, wird spüren, wie sich weitere Gestaltungsmöglichkeiten eröffnen, beispielsweise mit der Verwendung von handgeformten Klinkern und Verblendern aus gebranntem Ton, mit denen besondere Akzente gesetzt werden können.

Innenverkleidungen aus Holz

Decken- oder Wandverkleidungen gehören heute mit zu den wichtigsten Elementen der Bautechnik und der Raumgestaltung. Verschiedene variable Systeme, moderne Baustoffe, Formen und Konstruktionen wurden entwickelt. Die folgenden Hinweise sollen helfen, Anregungen für die Decken- oder Wandgestaltung zu geben. Die einfache, nur der Dekoration dienende Kombination verträgt sich nicht mit den heute notwendigen Energiesparmaßnahmen. Es lassen sich bei entsprechendem Arbeitseinsatz Konstruktionen verwirklichen, mit denen Akustik, Lüftung, Klimatisierung, Lichttechnik und Dekoration optimal aufeinander abgestimmt sind. Zwar bieten diese Maßnahmen nur wenig Schutz gegen den von draußen oder von benachbarten Räumen eindringenden Lärm, doch absorbieren sie und bewirken damit eine Lärmminderung, die deutlich spürbar ist. Es ist wegen des steigenden Energiebewußtseins zu hoffen, daß auch der Nachbar entsprechende Maßnahmen durchführen wird.

Die Renovierung einer Altbauwohnung ist mit den neuzeitlichen Bauelementen kein Problem mehr. Sie können für vielseitige Zwecke und in einfacher Montage funktionssicher verarbeitet werden. Man wünscht sich nicht nur moderne und gesunde Wohnungen. Jeder bemüht sich, auch die Raumeinteilung zu verbessern und den Lärm zu vermindern, um ein gutes Wohnniveau zu erreichen. Mit der Auswahl des natürlichen Baustoffes Holz wird deshalb eine gute Entscheidung getroffen. Auch hier gibt es Bauelemente, die bei richtiger Verwendung ohne umfangreiche bauliche Maßnahmen die Absichten optimal verwirklichen. Der Einsatz dieser Mittel nur um der Optik willen ist selten befriedigend. Es sollten deshalb Überlegungen angestellt werden, wie sich optische und dekorative Vorstellungen mit den beabsichtigten technischen Zielen vereinbaren lassen.

122 Stein und Holz, die natürlichen Baustoffe, bestimmen hier die Raumwirkung.

123 Eine gestalterische Alternative für rustikale Gemütlichkeit.

124

125

126

124 Die besonders ausdrucksstarke schwarzbraune Maserung des Palisanderholzes ist mitbestimmend für die Atmosphäre dieses Raumes.

125 Durchlaufende Fugen bei diesem Kassettensystem tragen zum ruhigen Raumbild bei.

126 Brüstungshohe Paneele mit Stilprofilen deuten auf alte handwerkliche Tradition hin.

127 Gestalten mit Profilholz: Wandbeherrschendes oder sich wiederholendes Motiv mit breiter Schattenfuge.

128 Waagerecht verlegte Profilholzabschnitte sind hier ornamentartig zusammengefügt.

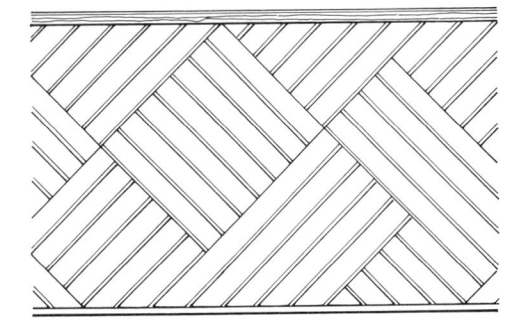

127

128

Profilholz und Paneele

Zur besseren Unterscheidung sind die im Handel befindlichen verarbeitungsfähigen Holzelemente in zwei Gruppen aufgeteilt: Profilholz und Paneele.

Profilholz ist das am häufigsten verarbeitete Material. Es läßt sich einfach handhaben und ist vom Hersteller sorgfältig oberflächenbehandelt und paßgenau gearbeitet. So lassen sich nicht nur ungünstige Raumproportionen verändern, sondern auch durch überlegte dekorative Montage ansprechende Blickpunkte her-

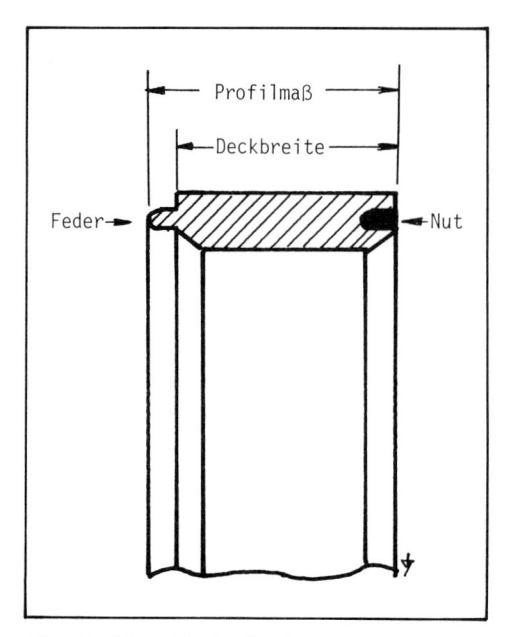

129 Fachbegriffe Profilholz.

stellen. Durch eine fachgerechte Unterkonstruktion und das Verlegen von Isoliermaterialien läßt sich der Wärme- und Schallschutz gleichzeitig verbessern.
Profile, Abmessungen und Gütebedingungen sind genormt. Auch unterliegt die Herstellung der Profilhölzer einer ständigen sorgfältigen Qualitätskontrolle.
Die gebräuchlichen Normdicken liegen zwischen 11,0 und 19,5 Millimeter. Zwischen 69 und 196 Millimetern liegen die gängigen Breiten von Profilbrettern. Diese Angaben beziehen sich auf das Profilmaß, die sogenannte Berechnungsbreite. Zur Ermittlung der Deckbreite ist davon die jeweilige Federbreite von 6,8 beziehungsweise 10 Millimetern abzuziehen. Die Profilbretter sind in Längen von 0,60 bis 6,10 Metern erhältlich. Dieses breite Marktangebot zwingt somit vor Auswahl und Einkauf zu einer sorgfältigen Bedarfsermittlung. Das geschieht durch gewissenhaftes Ausmessen der zu belegenden Fläche. Der errechneten Menge müssen für den immer auftretenden Schwund und Verschnitt mindestens 10 Prozent hinzugerechnet werden. Erst dann orientiert man sich im Fachhandel über die lieferbaren Abmessungen, die Holzarten sowie über deren Beschaffenheit und Aussehen. Sind besondere Gestaltungsvorhaben beabsichtigt, kann der Verschnitt größer sein, was beim Einkauf berücksichtigt werden muß.

Paneele und Tafeln. Zu dieser zweiten großen Gruppe einer vereinfachten Gliederung rechnen wir auch die furnierten Platten. Dadurch wird die Materialübersicht für mögliche Gestaltungsideen verbessert. Wie beim Profilholz ist die Verwendung von Paneelen in nahezu allen Räumen möglich. Die Formen, ihre Abmessungen und die Gütebedingungen sind auch hier genormt und unterliegen einer sorgfältigen Qualitätskontrolle.

Abmessungen. Die angebotenen Formate bringen die schöne, ausdrucksvolle Holzmaserung besonders zur Geltung. Diese Paneeltafeln findet man meistens mit einer Dicke von sechs bis 13 Millimetern im Angebot. Ihre Deckbreite reicht von 100 bis zu 1220 Millimetern. Die gebräuchliche Länge reicht von 0,40 bis 2,52 Metern. Neben diesen handelsüblichen Abmessungen findet man natürlich auch Angebote, die je nach Holzart dicker, breiter und länger sind.

Holzarten

Weil Holz ein Naturprodukt ist, gibt es Abweichungen und Unterschiede in Struktur, Farbe, Ästen und Härten. Je nach Licht- und Lufteinwirkung dunkeln die meisten Hölzer nach, wodurch die Farben kräftiger und intensiver werden. Nahezu 30 verschiedene Holzarten bietet der Fachhandel an. Ihr eigenes Aussehen und die Farbtönung bestimmen nachher den Charakter und die Atmosphäre des Raumes.

Fichte/Tanne. Ihre vielseitige Verwendungsmöglichkeit und auch der günstige Preis sorgten für eine marktbeherrschende Position. Beide Arten sind von hellem, gelblichweißem Aussehen mit zahlreichen kleinen Ästen. Sie stammen aus Europa und sind zum Beizen und Farbimprägnieren geeignet.

Kiefer. Das farbliche Aussehen dieses sehr harzreichen Holzes reicht von gelblichweiß bis zu rötlichbraun. Durch Lichteinwirkung dunkelt es sehr stark nach und neigt zur Bläue. Es sollte vor der Verwendung unbedingt mit einem Bläueschutz imprägniert werden.

Hemlock. Dieses aus dem Westen der USA und Kanada eingeführte Holz ist von gelblichgrauem bis hellgrauem Aussehen mit leicht rötlicher Tönung. Dieses völlig harzfreie Holz wird vereinzelt von braunen Streifen und Wirbeln durchzogen.

Redpine. Dieses hellgelblichbraune Holz ähnelt der europäischen Kiefer, ist jedoch astrein und stammt aus dem Südosten der USA. Es ist sehr lebhaft gemasert und harzreich und neigt zur Bläue.

Western Red Cedar. Von Alaska bis Kalifornien dehnt sich das Wuchsgebiet dieser Holzart. Dieses Holz ist völlig harzfrei und sehr leicht und weich. Die großen Farbunterschiede gleichen sich nach längerer Lichteinwirkung etwas aus und reichen von gelblichbraun bis dunkelbraun über lachs- und lilafarbig.

Weitere Holzarten. Neben allgemein bekannten Hölzern wie Eiche, Esche, Rüster, Lärche, Birke, Ahorn, Kirsche oder Nußbaum, die in Europa wachsen, bietet der Fachhandel Importe aus der ganzen Welt an. Alle Erdteile sind hier vertreten. Es begegnen einem Namen wie Mahagoni (Afrika), Bété (Afrika), Sipo (Afrika), Teak (Asien), Sen (Asien/Japan). Diese Aufzählung von Holzarten, die es auf dem Markt gibt, soll deutlich machen, daß es notwendig ist, sich vor der Anschaffung umfassend beim Fachhandel am Ort zu informieren. Es gibt genügend Auswahl, um die eigenen Ideen zu verwirklichen.

Furniere. Einige Edelhölzer – sie wurden zum Teil genannt – können wegen ihres geringen Vorkommens kaum als Massivholz beschafft und angeboten werden. Dadurch werden diese Hölzer wertvoll und teuer. Die Furniertechnik ermöglicht es jedem, daß auf diese seltenen Hölzer nicht verzichtet werden muß. Verschiedene Paneele oder Tafeln bestehen deshalb aus entsprechend behandelten Spanplatten als Träger. Darauf wurden die furnierten Edelhölzer aufgezogen.

Der Interessent sollte das Angebot an Edelholzpaneelen genau untersuchen. Denn es werden auch Spanplattenträger angeboten, die in der entsprechenden Edelholzart bedruckt und mit Kunststoff beschichtet wurden. Dieses Produkt muß deshalb weder in qualitativer noch in verarbeitungstechnischer Hinsicht als minderwertig angesehen werden. Auch ihr Aussehen ist absolut gleichwertig. Der Unterschied liegt nur in der Art der später notwendigen Oberflächenbehandlung.

Oberflächenstruktur. Die genormten Profilholzbretter und die Holzpaneele sind in verschiedenen Oberflächenstrukturen erhältlich. Die häufigste Handelsform besitzt eine schon vom Hersteller fertig behandelte Oberfläche. Daneben gibt es solche mit unbehandelter, roher Oberfläche, bei der die Oberflächenbehandlung vom Verarbeiter selbst vorgenommen werden kann. Diese Materialien unterscheiden sich in der Oberflächenart nach den Kriterien gehobelt, gebürstet, sägerauh und sandgestrahlt. Sie können natur, also roh, belassen oder farbig behandelt werden. Sie wirken mit dieser betont reliefartigen Oberflächenstruktur besonders materialspezifisch und rustikal, und sie können mit anderen Materialien kombiniert dem Raum eine interessante Note geben.

Oberflächenbehandlung

Die natürliche Farbe und Struktur des Holzes kann durch die Oberflächenbehandlung wirksam hervorgehoben werden. Die Oberfläche wird dadurch geschützt. Von der Art des Auftrags und seiner Dicke lassen sich vier Anstrichmittel unterscheiden:

Lasierende Farbanstriche (Lasuren). Das sind entweder farblose oder farbig-durchscheinende Mittel. Sie eignen sich für alle handelsüblichen Holzarten und können innen und außen eingesetzt werden. Sie lassen dem Holz seinen natürlichen Charakter, weil sie nur einen sehr dünnen Film auf der Oberfläche bilden. Diese Lasuren werden in vielen Farben angeboten und sind für die Außenverwendung zum Schutz vor UV-Strahlung leicht pigmentiert. Imprägnieranstriche enthalten Wirkstoffe gegen holzzerstörende Pilze, Insekten und Bläue und sind normalerweise farblos.

Wachsanstriche. Als Klar- und Farbwachse schützen und färben sie das Holz und werden in einem Arbeitsgang aufgebracht. Diese Wachse sind ausschließlich für die Innenanwendung gedacht. Sie bilden keinen Film auf der Oberfläche und blättern nicht ab.

Nicht filmbildende deckende Anstriche. Geeignet für die Innen- und Außenverwendung ist dieses Anstrichmittel in vielen Original-Farbtönen im Handel erhältlich. Der Holzcharakter bleibt bei den meisten dieser Farben noch erhalten. Die Anstriche reißen nicht, blättern nicht ab und sind leicht zu erneuern.

Filmbildende deckende Anstriche. Die als Lackfarben angebotenen Anstrichmittel eignen sich für Holzbekleidungen innen wie außen. Die Farbe wird in mehreren Arbeitsgängen aufgebracht. Auch die als »Dickschichtlasuren« oder »Lacklasuren« im Handel befindlichen Anstrichmittel sind darunter einzustufen, weil ihr Auftrag

130 Eine andere raumgestalterische Möglichkeit: Zur kräftig gemusterten Tapete bilden die ruhigen, gleichmäßig verlaufenden Stöße des Profilholzes einen Kontrast.

eine stärkere, filmbildende Deckschicht ergibt.

Farblose Lacke. Sie werden auch als Klarlacke oder transparente Lacke bezeichnet und bieten einen guten Schutz gegen Verschmutzung. Ihre Transparenz betont die Struktur und Maserung des Holzes. Ebenso filmbildend und farblos transparent wirken Mattierungen, die auf der Basis von Zellulose oder Kunstharz hergestellt sind. Sie sind nur für die Innenanwendung geeignet. Im Gegensatz zu den Lacken ist hier die Oberfläche matt bis seidenglänzend.

Gestaltung und Raumwirkung

Wie bei der Farbgebung oder der Verwendung von entsprechend gemusterten Tapeten lassen sich auch durch Holzverkleidungen unterschiedliche Raumwirkungen erreichen. So betonen senkrecht montierte Verkleidungen die Raumhöhe, waagerecht verlaufende verlängern optisch die Wand und lassen den Raum niedriger erscheinen. Eine Holzverkleidung mit beispielsweise diagonal angebrachten Profilhölzern an einer Wand wirkt als Blickfang. So lassen sich bei der Renovierung von Altbauwohnungen unterschiedliche Raumwirkungen durch die Anordnung von Profilbrettern erreichen. Da kann zum Beispiel ein schmaler, lang gezogener Flur optisch verbreitert werden, oder man kann einen hohen Wohnraum niedriger erscheinen lassen. Auch gibt es die Möglichkeit, nur einen Teil der Wand- oder Deckenfläche zu bekleiden. Dabei läßt sich durch entsprechende Holzartenauswahl und Oberflächenbehandlung eine harmonische Abstimmung der gesamten Einrichtung auf Tonvarianten einer Farbe erreichen. Mit unterschiedlichen Längen und Kürzungen können reizvolle optische Wirkungen erzielt werden.

131 Senkrecht angebrachte Unterkonstruktion für die waagerechte Verlegung von Profilholz. Sollen die Profilbretter senkrecht verlegt werden, liegt die Unterkonstruktion waagerecht.

Unterkonstruktion und Befestigung

Auch auf diesem Gebiet lassen sich die gebotenen Möglichkeiten schnell übersehen. Bei der Befestigung gibt es in optischer und verarbeitungstechnischer Hinsicht zwei Arten: Sichtbare und unsichtbare Befestigung. Weiter kann man sich zwischen Nägeln, Schrauben, Klammern und Klebstoff entscheiden.
Zu einem großen Teil wird diese Entscheidung dem Verarbeiter von den Herstellern der Paneele oder Profilbretter abgenommen. Sie entwickelten für die Montage ihrer Produkte spezielle Befestigungsmittel, die der Verpackung beigefügt sind. Zwar kann die zu verkleidende Wand, wenn sie glatt, trocken und eben ist, direkt mit Holz durch einen Spezialkleber verkleidet werden. Im allgemeinen wird die Holzverkleidung jedoch auf einer Lattenunterkonstruktion befestigt. Verwendet werden hierbei Dachlatten mit den Abmessungen 24 × 48 Millimeter sägerauh oder gehobelt. Unebenheiten des Untergrundes können dabei durch Hinterlegen

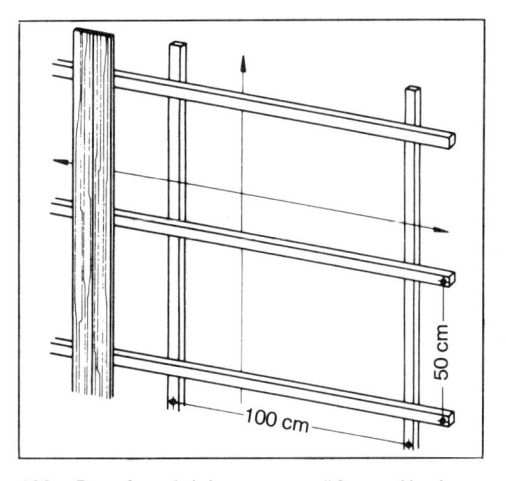

132 Das Ausgleichen von größeren Unebenheiten des Untergrundes oder das Aufbringen einer verbesserten Wärme- und Schalldämmung erleichtert die Konterlattung. Auch hier bestimmt die Anordnung der kreuzweise verlegten Holzlatten die Richtung der zu montierenden Profilbretter.

von Holzabschnitten ausgeglichen werden. Auch Rohre, Vorsprünge, Nischen und Leitungen lassen sich auf diese

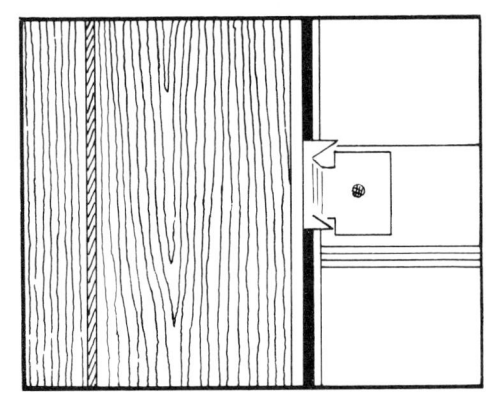

133 Die auf die Unterkonstruktion genagelten Haken halten das Profilbrett fest und bohren sich durch besonders ausgebildete Dornen in das nächstfolgende ein.

134 Die Platten werden zwischen den Latten fixiert.

Weise überbrücken. Der Abstand der Latten richtet sich nach der Brettdicke und der Befestigungsart.
Befestigt werden kann diese Unterkonstruktion durch einfaches Nageln. Ein erfahrener Heimwerker wird die Holzlatten jedoch verschrauben. Er bohrt dabei durch die Holzlatten hindurch in die Wand und setzt dann den Dübel mit den Schrauben ein. Durch Festziehen der Schrauben oder Lockern und Hinterlegen von Holzkeilen kann man zum Schluß kontrollieren, ob die Unterkonstruktion eben angebracht ist und sie notfalls mit wenigen Handgriffen schnell egalisieren.
Noch vorteilhafter ist die Konterlattung. Dabei werden die Holzlatten zunächst senkrecht in Richtung der späteren Verkleidung auf die Wand gebracht. Darauf wird ein quer laufendes Lattenrost montiert. Diese Konstruktion empfiehlt sich besonders dann, wenn eine Schall- und Wärmedämmung vorgenommen werden soll. Dabei können die Isoliermatten oder -Platten in den Zwischenräumen befestigt werden.

Ist die Unterkonstruktion fertig, kann das Profilholz montiert werden. Vor dem Anbringen sollten die Profilbretter durch eine mehrtägige Lagerung im temperierten Raum dem Raumklima angepaßt werden. Das Befestigen erfolgt mit Spezialklammern, -krallen, -haken oder -nägeln, die nach der Montage nicht mehr sichtbar sind. Für die sichtbare Befestigung verwendet man Linsenkopfschrauben oder Schrauben und Nägel mit besonders profilierten Zierköpfen. Bei senkrechtem Verlegen befestigt man das erste Profilbrett sorgfältig an der Wandecke. Dabei zeigt die Feder zur Ecke. Bei unsichtbarer Befestigung sollte man beim ersten Brett auf die Lattenunterkonstruktion etwas Weißleim auftragen. Anschließend wird der Spezialhaken in der Nut verankert. Das sichere Anbringen dieses Hakens wird durch einen Nagler erleichtert. Bei allen nachfolgenden Brettern wiederholt sich dieser Arbeitsablauf, so daß die Verkleidung Stück um Stück die Wand verdeckt. Dabei wird jedes Profil mit der Feder in die Nut des vorhergehenden Elements eingeschoben und befestigt. Das Weiterführen der Verkleidung an Raumecken ist problemlos. Das letzte Profilbrett wird mit Fuchsschwanz oder der Handkreissäge maßgenau getrennt und eingesetzt.

An Mauervorsprüngen oder Nischen bietet es sich bei senkrecht verlaufenden Profilbrettern an, Fugen stumpf zu verleimen. Es wird so eine geschlossene Außenecke erreicht. Eine mit seitlichem Abstand angebrachte Brettverkleidung läßt durch Nutenbildung die Außenecke plastischer erscheinen.

Bei waagerecht verlaufenden Verkleidungen bietet sich die klassische Gehrung an. Hierzu ist neben der notwendigen Werkzeugausrüstung einige Erfahrung und Geschicklichkeit erforderlich. Leichter ist es, die Bretter am Eck stumpf zusammenstoßen zu lassen und diese sichtbare Ecke anschließend mit einer Winkelleiste abzudecken.

Schalter, Steckdosen und Kabelführungen sollten vor der Verkleidung vom Fachmann verlegt werden. Das Aussägen erfolgt mit der Lochsäge. Meistens kann ohne zusätzliche Unterkonstruktion die Hohlwanddose eingebaut werden. Dabei pressen sich die seitlich angebrachten Krallen an das Profilbrett und garantieren einen guten Sitz.

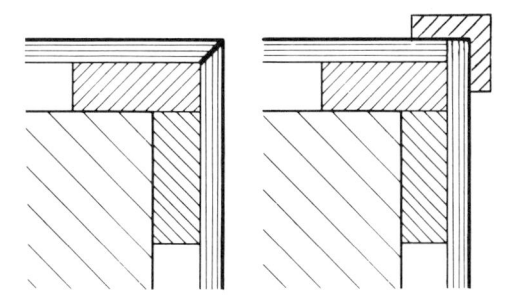

135 Bei der Verkleidung von Mauerecken bietet sich bei senkrecht angebrachten Profilhölzern die stumpf verleimte Fuge an, sofern eine geschlossene Außenecke gewünscht wird. Eine Nut, die auch farblich abgehoben werden kann, entsteht durch das mit seitlichem Abstand angebrachte Profilbrett.

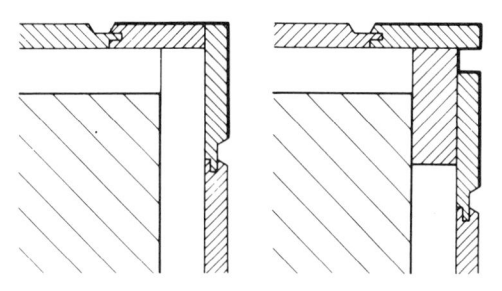

136 Bei waagerecht angebrachten Verkleidungen können die Bretter auf Gehrung gestoßen oder übereck stumpf verleimt und mit einer Eckwinkelleiste abgedeckt werden. Ferner sind profilierte Leisten mit einer Feder erhältlich, die in die Nut der beiden aneinanderstoßenden Profilbretter eingeleimt werden können.

Kleben mit oder ohne Unterkonstruktion

Eine seit vielen Jahren bewährte Klebemethode soll nicht unerwähnt bleiben: Auf jedem glatten und ebenen Untergrund, ob Putz oder Beton, kann ohne Bedenken Bostik-Pad angewendet werden. Hierbei handelt es sich um einen mit Klebstoff durchtränkten synthetischen Schaumstoffstreifen. Mit dem Pinsel wird der Kleber etwa drei Zentimeter breit und quer zur Faserrichtung aufgetragen. In dieses Kleberfeld legt man sofort die zugeschnittenen Pad-Streifen und drückt sie mit einer Walze fest. Das schützende Kreppapier bleibt noch auf dem Streifen. Während der notwendigen Wartezeit markiert man an der Wand oder der Unterkonstruktion die Stellen, an denen die Pad-Streifen aufliegen sollen.

Nach dieser Wartezeit entfernt man den Kreppstreifen und bestreicht die Oberfläche und die markierten Punkte an der Wand oder der Unterkonstruktion gleichmäßig mit dem Kleber. Nach einer erneuten Wartezeit von etwa fünf bis 20 Minuten wird das Holz angesetzt und angedrückt.

Außer der Zweikomponenten-Klebemethode gibt es auch Kleber, die dieses Verfahren stark vereinfachen.

137 Eine nicht nur für das Auge attraktive Deckenverkleidung wird hier mit Paneelkassetten erreicht.

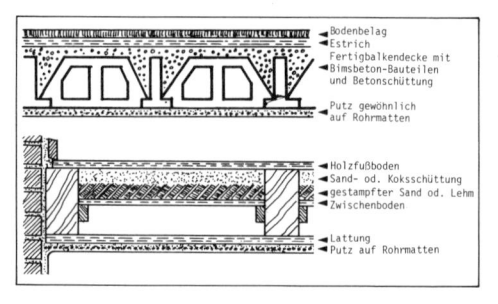

138 A Schnitt durch eine Betonbalkendecke, Bauweise ab 1950. B Schnitt durch eine Holzbalkendecke, konventionelle Bauweise bis etwa 1950.

Deckenvertäfelung

Die Deckengestaltung mit Holz wird wohl zweifellos die wirtschaftlichste sein, da das Nachbehandeln entfällt. Mit dieser Holzverkleidung kann die Richtung ebenso betont werden wie die Fläche.

Im allgemeinen werden die Unterkonstruktionen an Decken genauso angebracht wie an den Wänden. Um die Raumhöhe zu verringern, kann eine Zwischendecke eingezogen werden. Wenn es sich um Altbauten handelt, die aus der Zeit bis 1940 stammen, ist es notwendig, sich mit der damals üblichen Art der Deckenkonstruktionen zu befassen. Denn meistens wird man hier Holzbalkendecken vorfinden. Wegen bestimmter schalldämmender Maßnahmen, die auch damals schon versucht wurden, sind konstruktive Abweichungen möglich. Prinzipiell kann man sich jedoch bei diesen Altbauten darauf verlassen, daß man eine typische Grundkonstruktion vorfindet. Die Abbildung zeigt diese Konstruktion.

Zunächst sind deshalb 30 mal 50 Millimeter starke Latten in einem Abstand von 50 bis 60 Zentimetern quer zum Balkenlager zu befestigen. Erst daran sollten die Abstandshalter befestigt werden. Diese Abstandshalter können aus Holz bestehen, sie müssen je nach der Abhängehöhe exakt zugeschnitten sein. In einigen Details sind die handelsüblichen Abstandshalter aus Metall vorteilhafter. Sie lassen sich durch technische Raffinessen sehr genau justieren. Zum Befestigen der Decke dient ein einfaches Rahmenwerk aus Latten, das mit der Abhängevorrichtung waage- und fluchtrecht verschraubt wird. Ohne weiteres klar ist, daß eine solche Abhängkonstruktion auf Putz liegende Rohrleitungen oder vorspringende Ecken auszugleichen vermag. Bauchlampen, indirekte Beleuchtungen oder Entlüftungsanlagen können ohne Mühe verdeckt installiert werden.

Bei den nach dem Krieg gebauten Häusern kann man von einer Raumhöhe von 2,50 Metern ausgehen, die nur in Ausnahmefällen überschritten wurde. Diese Decken wurden entsprechend den besonderen Bedingungen der Zeit schalungs- und rüstungsfrei hergestellt. Dabei verwendete man als Träger Stahlleicht-, Stahlbeton- oder Spannbetonbalken. Zwischen diese Balken wurden Bimsbeton-Hohlkörper eingehängt und mit Ortbeton stabilisiert. Das im Grunde einfache Befestigen der Unterkonstruktion an diesen

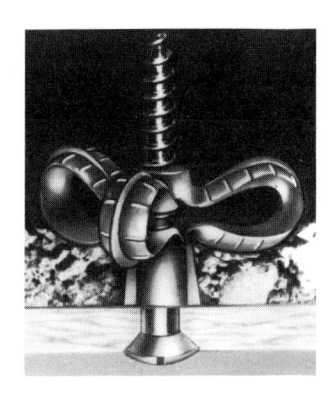

139 Durch die extreme Ausknickung der Spreizlamellen bietet dieser Dübel eine sichere Befestigung in Hohldecken unterschiedlicher Konstruktion.

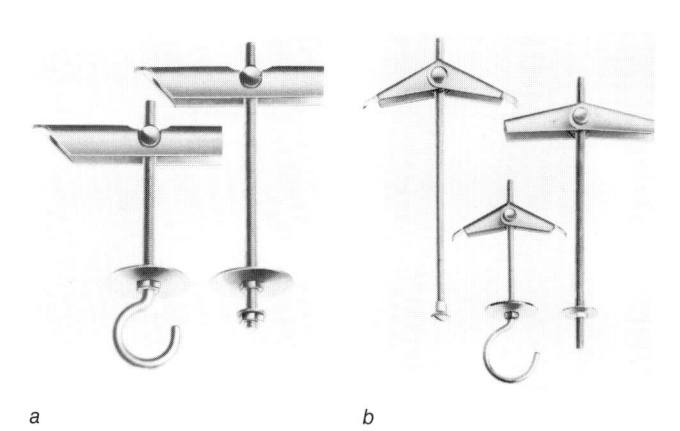

a   b
140 A Ein sogenannter Kippdübel zur direkten Befestigung in Hohlräumen. B Federklappdübel für Hohldecken. Durch die Bohrung geschoben, verspreizen sich die Stützschenkel im Hohlraum und ergeben eine formschlüssige Verbindung.

Decken steht und fällt mit dem Verwenden der richtigen Dübel. Nicht nur das Gefühl für den Untergrund, sondern das Wissen um die konstruktiven und bautechnischen Gegebenheiten sichern hier den Erfolg. Aus der Vielzahl und der Vielfalt der auf dem Markt angebotenen, arbeitsvereinfachenden Dübel verbleiben für diese Unterkonstruktion nur zwei. Trifft man beim Vorbohren auf einen Betonträger, ist ein Spreizdübel zu verwenden, der hohe Belastungswerte garantiert. Hier ist ein Messing-Spreizdübel mit metrischem Gewinde richtig. Kommt man beim Vorbohren jedoch in den Hohlraum der Bimsbetonkörper, so vermögen Federklapp- oder beispielsweise Tri-Allzweckdübel die Unterkonstruktion zu sichern. Erst nach solch einer Vorbereitung lassen sich Abhängevorrichtungen und Unterkonstruktionen montieren, die technisch wie handwerklich einwandfrei und dauerhaft sind.

Wärme- und schalldämmende Konstruktionen

Ein gewisser Wärmeschutz ist seit 1977 für alle Hochbauvorhaben vorgeschrieben. Dabei wird verlangt, daß die Mindestwerte, die nach DIN 4108 für den Wiederaufbau galten, jetzt übertroffen werden müssen. Auch an den Schallschutz werden Anforderungen gestellt, die DIN 4109 überschreiten. Nicht nur der Hauseigentümer, der Wohnungsbesitzer oder der Mieter, auch der Handwerker wird neuerdings mit mathematischen Formeln bedrängt, die ihm beweisen, daß bestimmte Maßnahmen soundsoviel an Heizkosten einsparen. Bei aller Anerkennung für derartige, fachlich wie rechne-

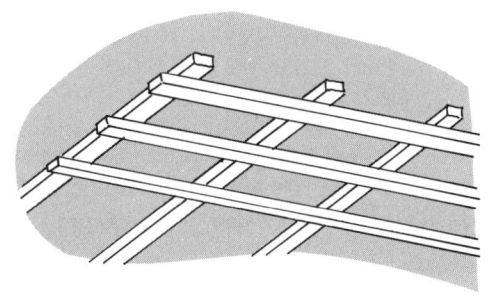

141 Darstellung einer Unterkonstruktion, die sowohl an einer Stahlbeton- oder Stahlbetonrippendecke als auch an einer Holzbalkendecke angebracht werden kann.

142 Arbeitsabläufe bei der Montage einer Kassettendecke: Andübeln der Lattenunterkonstruktion nach einem Verlegeplan (1), die Kassetten werden, von der Raummitte beginnend, aneinandergefügt (2), Anbringung mit Spezialklammern (3), mit optisch passenden Elementen werden die Deckenränder überbrückt (4).

risch einwandfreie Darstellungen wäre es wünschenswert, wenn mehr versucht würde, mit griffigen und zugleich korrekten Beispielen hier Klarheit zu schaffen. Begriffe wie Wärmedurchlaß, Wärmeübergangswiderstände, Wärmedurchgangswiderstände, Wärmedurchgangszahl und jährlicher Heizungswärmebedarf je Quadratmeter Wandfläche überfordern fast jeden Normalbürger. Trotzdem wird der Heimwerker mit Begriffen und Rechnungsbeispielen aus der Bauphysik überschüttet. Die technisch einwandfreie Antwort auf die Frage nach dem Wie wird dabei häufig vergessen.
Besonders in Mittelgebirgs- und Hochge-

birgslagen wurde seit jeher mit Holz gebaut. Besondere konstruktive Maßnahmen ermöglichten es dem Bauern im Schwarzwald wie in den Alpen, sich vor Unbilden der Witterung zu schützen. Dabei herrschen dort ganz andere Witterungsbedingungen als in der Stadt. Daraus kann man schließen, daß Holzbekleidungen bestimmte Anforderungen an den Wärmeschutz erfüllten. In Verbindung mit modernen Materialien für die Wärmedämmung kann hier noch eine Steigerung erreicht werden. An Materialien, die sich für diesen Zweck eignen, bietet der Handel neben Schaumstoffplatten in unterschiedlicher Dicke auch Mineralfasermatten an. Die besonderen Eigenschaften dieser Matten und Platten werden noch dadurch verstärkt, daß sie auf bestimmte Materialien aufkaschiert werden. Damit sind nicht nur wärme- und schalldämmende Maßnahmen durchzuführen, sondern auch der Feuchtigkeitsaustausch kann gesteuert werden.

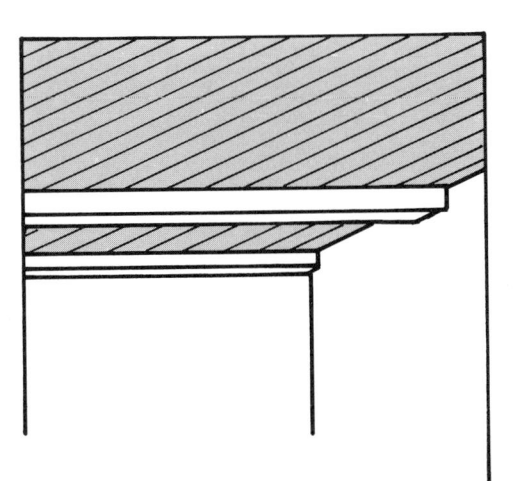

Deckenbalken. Behagliche Räume mit Echtholzverkleidung können durch Deckenbalken noch um einen dekorativen Effekt bereichert werden. Das jederzeit passende Ergänzungsprogramm eines namhaften Herstellers garantiert durch seine idealen Verarbeitungsmaße eine problemlose Montage. Um diesen rustikalen Eindruck zu erhalten, muß die Decke genau

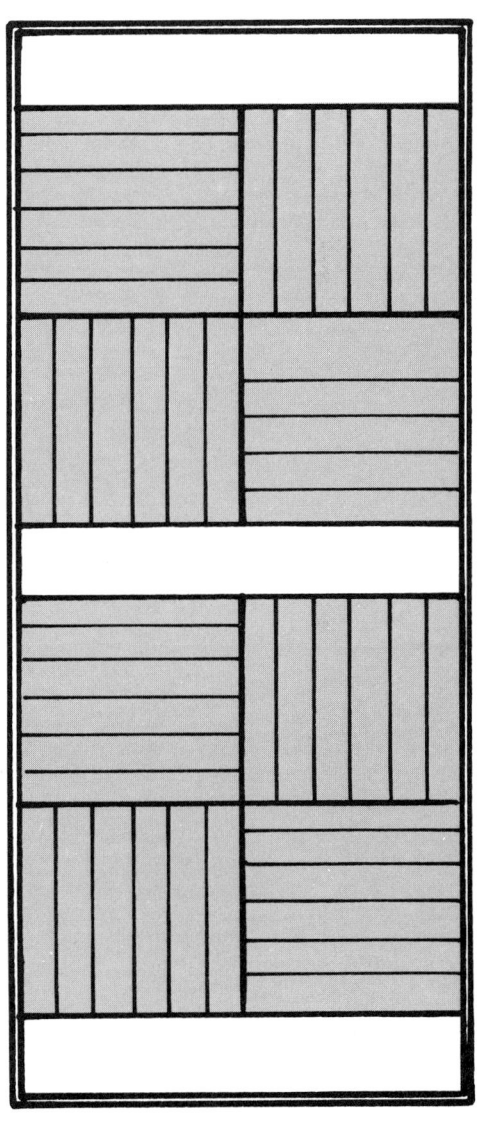

143 Vorschläge zur optischen Veränderung der Raumproportionen durch Deckenbalken: A Kürzen und Verbreitern des Raumes durch quer verlegte Deckenbalken. B Versetzte Anordnung von Profilbrettern zwischen Deckenbalken in einem langgestreckten Raum.

144 Rustikale Holzbalken geben jedem Raum eine besondere stilvoll-gemütliche Note. Als Beispiel für vielseitige, sehr individuelle Gestaltungsmöglichkeiten, je nach Größe und Charakter des Raumes, zeigen hier die Wandflächen eine Kombination von Naturgrastapeten zu waagerecht verlegten Holzprofilbrettern.

145 Deckenkassetten, mit Jute bezogen, in Verbindung mit Profilleisten aus Eiche.

ausgemessen werden, damit der Verlauf der Balken und Balkenfüllung eingeteilt werden kann. Mit einem Balkeneisen wird der Deckenbalken an der Decke befestigt. Bei abgehängten Decken verbindet man die Balken durch die Halteeisen mit dem bekannten Abhängesystem. Selbstverständlich wird nach jeder Balkenmontage der Abstand für die passende Balkenfüllung überprüft.

Die Balkenfüllungen bestehen aus Profilholz in verschiedenen Holzarten. Im allgemeinen sind sie 13 Millimeter stark und haben eine Deckbreite von 125 oder 210 Millimetern. Die Länge von 595 oder 695 Millimetern bestimmt den Balkenabstand. In eine besonders ausgearbeitete Seitennut des Balkens wird die Balkenfüllung eingelegt und dann durch einfaches Einschieben schnell und sicher befestigt. Außer diesen fertig zugeschnittenen Balkenfüllungen ist mit dem Standardprogramm von Profilbrettern eine wandbündige Deckenbelegung in jeder Abmessung möglich.

Mit diesen Mitteln eröffnen sich neue dekorative Dimensionen. Ganz persönliche Ausstattungsvarianten können durch die freie Wahl der Deckenfüllung aus dem Programm der Edelholzprofile oder durch den Kontrast mit tapezierten oder gestrichenen Flächen erreicht werden. Kassettenprofilstäbe erweitern die vielen Möglichkeiten einer repräsentativen Deckengestaltung.

Vorhangschienen und Beleuchtung

Die unbedingt notwendige, maßstabgenaue Zeichnung zwingt zu exakter Planung. Um späteren Ärger zu vermeiden, muß nicht nur der Einbau von Gardinen-Laufschinen bedacht werden, man muß auch Überlegungen anstellen, wie das Beleuchtungsproblem gelöst werden kann. Montagefertige Vorhangschienen aus Holz oder Kunststoff in vielen Farb- und Holztönen werden allen Bedürfnissen gerecht. Durch ihr besonderes Stecksystem lassen sich die Vorhangschienen leicht montieren. Über den Fachhandel bieten die Hersteller Kombinationen von Vorhangschienen mit eingebauten Beleuchtungskörpern an. Die verschiedenen Aus-

Tabelle 11: Einkaufsliste für Material:

Dachlatten, lfd. m _____
Dämmplatten, -Matten, m² _____
Profilbretter _____
Paneele _____
Kassettenplatten, m² _____
Raummaße _____
Balken _____
Eckstäbe, lfd. m _____
Fußbodenleisten, lfd. m _____
Abhänge-Konstruktion _____
Befestigungshaken mit Nägeln _____
Schrauben _____
Dübel _____
Anstrichmittel für Holzschutz und Oberflächenbehandlung _____

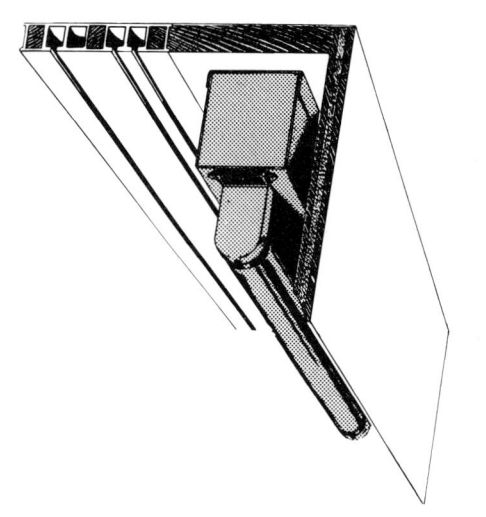

146 Gardinen-Laufschienen und indirekte Beleuchtung sind in die neu gestaltete Deckenverkleidung miteinzubeziehen.

führungen sind so konstruiert, daß das Licht entweder nur nach oben oder nach unten abgestrahlt wird. Ob mit Blenden oder ohne – Licht, Beleuchtung und Vorhänge sind ein stark prägendes Element der Raumgestaltung.

Bedarfsermittlung. Die meisten Profilbretter und Wandpaneele werden durch Nut und Feder miteinander verbunden. Durch diese konstruktive Gegebenheit verringert sich die Profilbreite meist um zehn Millimeter. Um den Bedarf zu ermitteln, geht man von diesem neuen Wert, der Deckbreite, aus. Die gemessene Wandbreite oder der Raumumfang werden nun durch die Deckbreite des ausgewählten Profilholzes geteilt. Man erhält so die Anzahl der benötigten Profilbretter. Die Raumhöhe bestimmt die Länge der Bretter und den Verschnitt, also den Abfall. Richtige Auswahl auf der Grundlage einer umfassenden Information über das Marktangebot kann hier wirtschaftlichen Nutzen bringen.

Feuchträume

Bei der Verarbeitung von Holz in Räumen mit zeitweilig hoher Luftfeuchtigkeit wie Küche oder Bad müssen die Materialeigenschaften und die Unterkonstruktion besonders bearbeitet werden. Zwar war man lange der Meinung, daß Holz hier einem zu hohen Verschleiß unterliegt und deshalb nicht eingesetzt werden sollte. Die bewährte Verwendung von Holz in Saunakabinen leitete hier ein Umdenken ein. Die neu entdeckten Möglichkeiten veranlaßten die Hersteller, entsprechend behandeltes Material für diesen Nutzungsbereich zu entwickeln. Die Altbaurenovierung wird damit erleichtert.

Tabelle 10: Bedarfsliste für Werkzeug

Schlagbohrmaschine	○
Widiabohrer	○
Schraubendreher	○
Hammer	○
Säge/Kreissäge	○
Wasserwaage	○
Bleistift	○
Senkstift/Nagler	○
Kreisschneider	○

147 Die natürlichen Farbkontraste der kanadischen Rotzeder wurden hier für die Wand- und Wannenverkleidung gestalterisch gut genutzt. Durch ihre holzeigenen Schutzöle ist dieses Profil auch für Feuchträume gut geeignet.

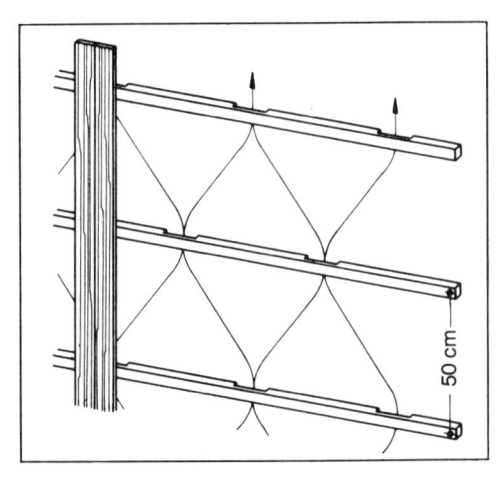

148 In Feuchträumen muß die Profilholz-Verkleidung immer senkrecht angebracht sein. In die waagerecht verlegte Unterkonstruktion werden zur Wandseite hin zehn Millimeter tiefe und 100 Millimeter breite Schlitze ausgesägt, die für Hinterlüftung sorgen.

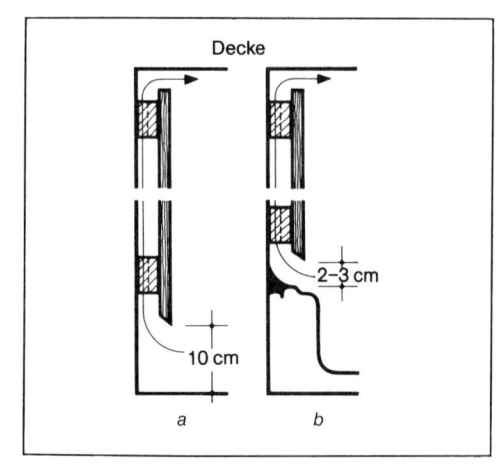

Heute bieten die Hersteller Produkte an, die besonders vorbehandelt und entsprechend gekennzeichnet sind. Wenn diese Profilbretter im Einzugsbereich des Heimwerkers nicht zu bekommen sind, so kann er auch Material verwenden, das roh, also ohne Oberflächenbehandlung, angeboten wird. Ebenso wie die Holzlatten für die Unterkonstruktion müssen diese Bretter allseitig mit einem chemischen Holzschutz imprägniert werden. Dieses Anstrichmittel muß an allen rohen Holzstellen aufgebracht werden, also auch dort, wo später bei der Montage durch Hobeln oder Sägen rohes Holz freigelegt wird.
Bei der Verlegung der Unterkonstruktion ist die richtige Hinterlüftung die wichtigste Voraussetzung. Um diese Luftzirkulation zu gewährleisten, werden die Latten an der Wandseite im Abstand von 60 bis 100 Zentimetern ausgeklinkt. Den gleichen Effekt erreicht man, wenn man Lattenabschnitte mit dem entsprechenden Abstand versetzt anordnet. Diese Unterkonstruktion wird mit nichtrostenden Schrauben (Messing) an der Wand befestigt.

149 Um die Hinterlüftung zu gewährleisten, ist der Lüftungsschlitz oben an der Decke mindestens zehn Millimeter breit und am Boden 100 Millimeter. Der Abstand vom Badewannenrand beträgt 20 bis 30 Millimeter, wobei jeweils die Enden, im 45-Grad-Winkel abgeschrägt, eine Tropfkante bilden.

Mit den im Handel erhältlichen nichtrostenden (verzinkten) Klammern und Nägeln wird das auf passende Länge geschnittene Profilholz auf dieser Unterkonstruktion befestigt. Um die einwandfreie Hinterlüftung zu sichern, darf die fertige Verkleidung nicht unmittelbar an der Decke, auf dem Boden, dem Badewannenrand oder einer Wandecke abschließen.
Eine sogenannte Schattenkante von zwei bis drei Zentimetern, die unten zu einer Tropfkante abgeschrägt ist, muß berücksichtigt werden. Die so ausgebildeten Schnittkanten sind grundsätzlich mit dem Imprägnieranstrich zu schützen. Aus natürlichen Gründen muß die Holzverkleidung, besonders im Badezimmer, immer senkrecht verlaufen. So kann die Feuchtigkeit ungehindert abtropfen, und es entstehen keine Wassernester.

Verwendet man für die Imprägnierung ein pigmentiertes Anstrichmittel, so bieten sich durch die Farbauswahl viele raumgestalterische Möglichkeiten und optische Effekte. So lassen sich reizvolle Akzente setzen.

Bodenbeläge

Jeder hat seine eigene Vorstellung vom »schöneren Wohnen«. Der eine sucht die Gemütlichkeit, der andere denkt an Repräsentation, an moderne Sachlichkeit oder Stil. Allen ist das Ziel gemeinsam, die ihnen gemäße Umgebung zu schaffen, um darin zu wohnen und zu arbeiten. Es soll ein Zuhause sein, in dem man sich wohlfühlt. Zu den vielen Möglichkeiten, die aufgezeigt wurden, kommt der Bodenbelag als Element der Raumgestaltung hinzu.

Teppichbodenbelag

Der Charakter eines Raumes wird von Farben entscheidend beeinflußt. Deshalb müssen die großen textilen Flächen wie Gardinen und Teppichboden gut aufeinander abgestimmt werden. Eine Architekten-Weisheit sagt, man soll den Raum vom Boden her harmonisieren. So berücksichtigt man zunächst die Bestimmung des Raumes – wer darin wohnt, wie die Lichtverhältnisse sind. Als Regel gilt: In einen hellen, großen Raum gehört ein dunkler Boden, ein dunkler und kleiner Raum soll einen hellen Boden erhalten. Zu starke Farben erschlagen andere, zuviel Farbe ist deshalb von Übel. Denn im eingerichteten Raum wird der Farbakkord durch Einrichtungsgegenstände wie auch Pflanzen und Bilder bestimmt.

Neben diesen gestalterischen Überlegungen beeinflussen die bautechnischen Vorteile des Teppichbodens die Entscheidung. So wird die Raumakustik verbessert, die Lautstärke eindringender Geräusche vermindert und die Lautstärke des Trittschalls im Raum und zum unteren Raum hin geringer.

Materialübersicht

In vielen Qualitäten mit verschiedenen Mustern und Farben, unterteilt als Bahnen- und Fliesenbelag, wird der textile Bodenbelag angeboten. Wobei Herstellungsart und Fasermaterial die Qualität bestimmen und somit die verschiedenen Einsatzbereiche abdecken. Im Marktangebot unterscheiden sich Teppichböden nach ihrer Herstellungsart. Geläufig sind dem Fachmann wie auch dem Fachverkäufer Begriffe wie gewebt, getuftet, genadelt, gewirkt, geflockt oder gepreßt. Das Wissen um den Materialaufbau, die Herstellungsweise und die dadurch vorgegebenen Gebrauchseigenschaften befähigen ihn zur Beratung bei der Auswahl und dem Kauf. Da aber der Käufer und zukünftige Benutzer auch ein solides Grundwissen haben sollte, um eine Vorauswahl und Vorentscheidung zu treffen, werden hier drei Hauptgruppen bestimmt: Gewebte und geknüpfte Teppiche bezie-

150 A Querschnitt glatte Schlingware. Die gleiche Polhöhe der Noppen bietet ein gutes Verhältnis zu den Gebrauchseigenschaften. B Durch unterschiedliche Noppenhöhen entsteht hier ein Hoch-Tief-Muster. C werden die Schlingen aufgeschnitten, so erhält man Schnittflorware.

hungsweise Teppichböden, Tuftingware und Nadelflies.

Gewebte Teppiche. Bei dieser altbekannten Herstellungsart werden in zwei kreuzweise miteinander zu einem Gewebe verbundenen Fadengruppe Garne oder Fäden verankert. Diese Beschreibung ist stark vereinfacht, wenn man die kunsthandwerklichen Techniken des Webens und Teppichknüpfens kennt.
Das sehr dicht in das Grundgewebe eingebundene Füllmaterial bildet Schlingen. Bleiben diese herausragenden Schlingen unverändert stehen, so wird der Teppich Bouclé genannt. Diese normale Schlinge gilt als besonders unempfindlich mit einem guten Wiedererholvermögen und gutem Abriebwiderstand. Schneidet man dagegen diese Schlingen auf, so entsteht Velours. Er ist durch die Stauchwirkung bei der Begehung empfindlicher als die Schlinge, wenn er aber dicht genug verarbeitet ist, auch sehr widerstandsfähig.
Neben der Verwendung verschiedenfarbiger Fäden können diese Schlingen auch abwechselnd hoch oder tief angeordnet werden. Diese strukturierte Musterung ist empfindlicher als Normalvelours, da die Hochschlingen leicht zusammengedrückt werden können. Diese Hoch-Tief-Struktur kann aufgeschnitten werden und gilt dann als Velours.

Softvelours. Gegenüber Normalvelours wird er aus sehr viel feineren Fasern hergestellt. Sie verleihen ihm eine angenehme Weichheit, aber auch eine entsprechend höhere Empfindlichkeit. Deshalb ist bei der Auswahl die Florhöhe und die Oberflächenstruktur gegen die Gebrauchstüchtigkeit abzuwägen.

Tuftingboden. Tuften (sprich: taften) nennt man das moderne Herstellungsverfahren eines Teppichs. Dabei werden die Florgarne mit einer Tuftingmaschine in ein vorgefertigtes Trägermaterial genadelt. Dieses Trägermaterial kann aus einem Gewebe aus Jute oder aus Kunststoffen wie Polypropylen oder Polyester oder aus synthetischem Material bestehen. Das Garn wird mit einer Nadel durch den Träger hindurch gestoßen. Beim Zurückgleiten entsteht eine Schlinge. Diese lose im Träger sitzenden Schlingen werden mit einem Zweitrücken aus Latex-PVA- oder PVC-Beschichtungen befestigt. Wie schon beschrieben, lassen sich maschinell Oberflächenstrukturen wie Schlingenflor ebenso herstellen wie Schnittflor (Velours). Durch dieses preisgünstige Verfahren wird bei der Verarbeitung ein nicht unerheblicher Vorteil geboten. Dieser Tuftingteppichboden läßt sich in jeder beliebigen Richtung zuschneiden, ohne daß er ausfranst. Ein weiterer Verarbeitungsvorteil ist der gewichtige Waffel-, Plan- oder Kompaktschaumrücken. Das Eigengewicht ermöglicht eine ebene und lose Verlegung.

Nadelvlies, Nadelfilz-Beläge. Bei der Herstellung durchlaufen Faserflocken Mischkammern, um einen gleichmäßigen Farbausfall zu erzielen. Danach wird das aufgelöste Vlies durch Nadelung mechanisch verdichtet. Seitliche Widerhaken an den Nadeln nehmen die ergriffenen Fasern beim Durchstich mit. Dadurch werden die Fasern verkreuzt. Mit chemischen Imprägniermitteln wird dieser Faserverbund fixiert. Das genadelte Vlies wird mit einer Kunstharzdispersion durchtränkt.
Der Bindemittelüberschuß wird abgequetscht und gleichzeitig in das innere Vlies hineingequetscht. In einem Trockner entsteht so eine ausreichende Verfestigung der Faserbindepunkte.

Qualität und Güterichtlinien

Die Qualität oder die Güte eines Teppichbodens ist optisch kaum erkennbar. Selbst Fachleute können nur in Laboruntersuchungen die Güte eines Teppichbodens bestimmen. Der Heimwerker ist damit völlig überfordert. Unsichtbare Mängel oder unzureichende Qualität zeigen

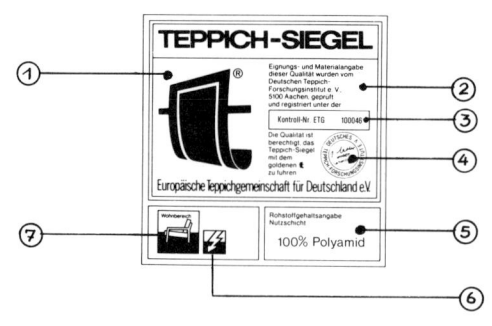

151 Das Markenzeichen für geprüfte Teppichqualität: 1 Das gesetzlich geschützte Markenzeichen der Europäischen Teppichgemeinschaft (ETG). 2 Das Deutsche Teppichforschungsinstitut als Prüfstelle. 3 Unter dieser ETG-Kontrollnummer ist die Prüfung registriert. 4 Die Bestätigung der Prüfungsaussage durch Unterschrift. 5 Angabe, aus welchem Material die Nutzschicht besteht. 6 Raum für Symbole der Zusatzeignungen. 7 Angabe des Eignungsbereichs.

152 Comfort-Teppich-Zeichen und Teppich-Siegel dienen dazu, den Verbraucher zu informieren und zu schützen.

sich erst beim Gebrauch und führen zu Enttäuschungen. Kein textiles Material wird so stark beansprucht, buchstäblich mit Füßen getreten, wie der Teppichboden. Deshalb sollte man gerade bei diesem Produkt Minderqualität ausschließen. In Verbindung mit der europäischen Teppichgemeinschaft hat das deutsche Tapeten-Forschungsinstitut Prüfmethoden entwickelt, durch die Teppichböden in Eignungsbereiche eingestuft werden. In DIN-genormten Testverfahren werden die Erfahrungen berücksichtigt, die bei der tatsächlichen Benutzung von Teppichböden in der Praxis gesammelt worden sind. Prüfergebnisse und das tatsächliche Verhalten der Teppichböden im praktischen Gebrauch stimmen überein. Ein Gütesiegel bietet dem Verbraucher die Sicherheit für qualitativ einwandfrei hergestellte Teppichböden mit vollen Gebrauchseigenschaften. Damit wird der Käufer nicht nur über die ästhetischen Gesichtspunkte wie Farbe und Musterung eines Teppichs oder Teppichbodens informiert, sondern

Eignungs-bereiche	Symbole	Beanspruchungen	Einsatzbeispiele
Ruhebereich	Ruhebereich	leicht/mittel	Schlafzimmer, Gästezimmer, Hotelzimmer
Wohnbereich	Wohnbereich	stark	Wohnzimmer, Eßzimmer, Kinderzimmer, Dielen, Konferenzräume, Gänge, Aufenthaltsräume Krankenhauszimmer, Sprechzimmer, Einzelbüros, Bibliotheken, Seniorenheime
Arbeitsbereich	Arbeitsbereich	sehr stark	Großraumbüros, Geschäftsräume, Schalterhallen, Hotelhallen, Restaurants, Wartezimmer, Zuschauerräume in Theatern, Versammlungsräume, Schulen, Kindergärten
Stuhlrollen			Räume mit Sitzmöbeln, bestückt mit Stuhlrollen
Treppen			Treppen in Wohnhäusern bzw. Treppen für Publikumsverkehr
Feuchtraum			Badezimmer, Kantinen, Hobbyräume, Partyräume
Antistatisch			In allen oben angegebenen Eignungsbereichen

153 Symbole für den Eignungsbereich des textilen Fußbodenbelags. Zusatzeignungen des textilen Bodenbelags je nach Benutzungshäufigkeit.

auch mit Angaben über das Fasermaterial und die speziellen Einsatzzwecke. Durch die Richtlinien der Gütesicherung wird nicht nur der Qualitätsverfall verhindert, sondern auch dem Verbraucher die Sicherheit gegeben, daß die Qualitätsmerkmale unter besonders hart gestellten Bedingungen geprüft wurden.
Den drei Eignungsbereichen, die festgelegt wurden, sind eindeutige Symbole zugeordnet. Zu den Eignungsbereichen gehören Beanspruchungsgrade, die damit den Einsatzbereich bestimmen. So sind zum Beispiel im Ruhebereich – dem Schlafzimmer oder Gästezimmer – nur leichte bis mittlere Beanspruchungen zu erwarten. Der Bodenbelag im Wohnbereich wird dagegen stärker beansprucht werden. Die Belastung im Arbeitsbereich ist sehr hoch. Setzt man an die Stelle des Begriffs Beanspruchungsgrad das Wort Benutzungshäufigkeit, so wird diese Klassifizierung allgemein verständlicher.
Beim Einsatz in den jeweiligen Eignungsbereichen – Ruhebereich, Wohnbereich, Arbeitsbereich – werden Zusatzeignungen erwartet. Diesen Forderungen der Praxis ist das deutsche Teppich-Forschungsinstitut mit eigenen Prüfmethoden nachgekommen. In besonderen Testverfahren wird die Elastizität, das Abnutzungsverhalten und die Oberseitenveränderung der Flor- beziehungsweise Nutzschicht beurteilt. Die so ermittelte Aussage wird durch vier zusätzliche Symbole gekennzeichnet. Diese Zeichensprache versteht sich als Einkaufshilfe und leistet so gute Dienste.

Untergrundvorbereitung

Textile Bodenbeläge kann man auf jedem Untergrund verlegen, der absolut trocken, eben, staubfrei, rißfrei und beständig ist. Durch das Alter und die häufige Benutzung genügen bei der Renovierung die Unterböden selten diesen Anforderungen. Deshalb muß eine einwandfreie Verlegearbeit mit der Vorbehandlung des Unter-

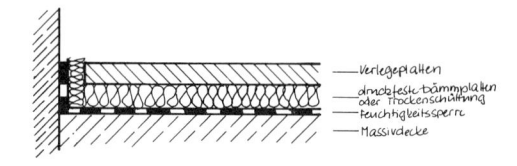

154 Abdecken und Ausgleichen alter Holzdielen mit Verlegeplatten.

grundes beginnen. Den Fachmann verpflichten die Richtlinien der Verdingungsordnung für das Bauwesen (kurz VOB genannt) und DIN-Normen, den Untergrund zu prüfen und vorzubereiten. Natürlich gilt auch für den Heimwerker die Regel, daß nur gewissenhafte und überlegte Vorarbeiten in jeder Beziehung einen Erfolg versprechen. Die nachfolgende Aufzählung möglicher Untergründe und ihrer Behandlung ist sorgfältig erarbeitet und beruht auf langjährigen Erfahrungen. Doch unterschiedliche bauliche Gegebenheiten können besondere Anforderungen stellen, die in diesem Rahmen nicht immer berücksichtigt werden konnten. Trotzdem wird sich der Heimwerker mit einigen Grundkenntnissen und Fertigkeiten auf Grund dieser Hinweise weiterhelfen können. Man sollte sich ruhig zutrauen, mit diesen Grundinformationen die Lösung des Problems zu finden und einen optimalen Untergrund zu schaffen.

Holzdielenböden. Diesen Untergrund findet man im Altbau am häufigsten. Er ist entweder auf einem Blindboden oder direkt auf das Balkenlager genagelt. Man findet zwar diesen Boden selten über einem nicht unterkellerten Raum, doch sollte das der Fall sein, so gibt es hier nur eine Radikalmaßnahme: Den alten Boden herausreißen und Gußasphalt oder Estrich aufbringen. Ein Unterboden über einem trockenen, belüfteten Keller kann jeden Bodenbelag aufnehmen.
Im Normalfall ist dieser Holzdielenboden unansehnlich geworden. Unebenheiten und lose Dielen, die knarren und federn, sind häufig ein Dauerproblem. Die fe-

dernden und knarrenden Dielen können allerdings mit kräftigen Schraubennägeln auf dem Balken befestigt werden, wobei auch die Bretter untereinander gewissenhaft zu verleimen und zu vernageln sind. Stark strapazierte, abgelaufene und verzogene Dielenböden können zur Not mit Spachtelmassen ausgeglichen und hergerichtet werden. Diese Möglichkeit hat sich jedoch auch auf Dauer nicht bewährt.

Holzspanplatten, sogenannte Verlegeplatten, die mit einem Nut- und Federprofil versehen sind und eine Dicke von mindestens zehn Millimeter haben, sind in der Lage, durch ihre Biegesteifigkeit die Unebenheiten des alten Unterbodens zu überbrücken und einen ebenen Untergrund für das Aufbringen der Gehbeläge zu schaffen. Voraussetzung ist, daß der alte Boden die statischen Belastungen übernehmen kann, damit die aufgelegten dünneren Holzspanplatten den planen, ebenen Untergrund für die Gehbeläge schaffen.

Mit dem Verlegen wird gegenüber der Tür in einer Raumecke begonnen. Dabei soll zwischen Spanplatte und Wand ein Abstand von mindestens 15 Millimetern eingehalten werden. Durch Schrauben im Abstand von etwa 20 Zentimetern im Bereich des Plattenrandes und im Abstand von etwa 40 Zentimetern von der Plattenmitte werden die Platten auf der alten Dielung befestigt. Die Plattenstöße sind versetzt anzuordnen, damit keinesfalls eine Kreuzfuge entsteht. Ein zusätzliches Verleimen der Plattenstöße verbessert die Verhältnisse im Stoßbereich.

Wenn Schäden durch Feuchtigkeit festzustellen sind, müssen die Dielen (und eventuell auch die Balken) ausgewechselt werden. Man verwendet dazu Spanplatten mit einer Dicke von wenigstens 19 Millimetern. Vor der Befestigung ist das statische Moment zu berücksichtigen. Das bedeutet, daß der Abstand von Balkenlage zu Balkenlage oftmals zu verkürzen ist, um ein Durchbiegen der aufgelegten Platten zu vermeiden. Durch die übermäßige Durchbiegung würden sonst Knarrgeräusche verursacht. Ein weiterer Nachteil in schalltechnischer Hinsicht kann sich durch das direkte Auflegen der Platten auf die vorhandene Balkenlage ergeben. Deshalb sollten auf die Balken zunächst Dämmplattenstreifen gelegt werden und darauf ein Kantholz zur Aufnahme der Schrauben. Diese Schrauben zur Befestigung der Platten dürfen nicht durch Kantholz und Dämmstreifen in den Balken dringen. Um die Schalldämmung, besonders aber die Wärmedämmung zu verbessern, füllt man den Hohlraum zwischen den Langhölzern mit mineralischen Dämmstoffen aus.

Das Eindrehen der vielen Schrauben erleichtert man sich durch Vorbohren. Dabei muß der Durchmesser des Bohrers zwei Millimeter dünner sein als der Schaft der Holzschraube. Die Bohrtiefe soll zweieinhalb mal länger sein als das Material, das zu halten ist. Damit der Kopf der Schraube in die Spanplatte versenkt werden kann, wird mit dem Krauskopf das Bohrloch oben aufgeweitet. Wenn die Beschaffenheit des Unterboden zufriedenstellend ist, kann man die Spanplatten auch kleben. Mit dem zeitsparenden Montagekleber können sogar kleine Unebenheiten ausgeglichen werden.

Können aus bestimmten Gründen, weil beispielsweise ein Gefälle beseitigt oder ein Höhenunterschied ausgeglichen werden muß oder neu verlegte Rohrleitungen verschwinden sollen, Spanplatten nicht in der beschriebenen Weise befestigt werden, so bietet sich eine Trockenschüttung an. Mit dieser Dämm- und Ausgleichsschicht, die pulvertrocken auf den alten Fußboden aufgebracht und oberflächenglatt abgezogen wird, lassen sich Mängel auf wirtschaftliche Weise beseitigen. Durch die Dicke der Dämmschicht kann ein Wärme- und Schallschutz erreicht werden, der in der Regel über den Anforderungen der entsprechenden Norm liegt. Diese Trockenschüttung besteht aus einem körnigen Dämmstoff von anorganischem, vulkanischem Ursprung. Sie ist unbegrenzt haltbar und bietet durch Struktur und Bitumierung einen fugenlosen und tragfähigen Untergrund. Sie wird mit Spezialplatten abgedeckt, auf die dann Spanplatten als Untergrund und druckverteilende Schicht für Teppichböden aufgebracht werden. Die Mindestdicke der Trockenschüttung beträgt einen Zentimeter.

Beton, Zementböden, Natur- oder Kunststeinplatten, Steinholz-Gußasphaltböden.
Die erste Kontrollmaßnahme gilt dem Zustand des Bodens. Oft haben sich Risse gebildet, oder einzelne Belagteile federn oder lösten sich vom Untergrund. Mit handelsüblichen Reparaturmassen auf Zweikomponentenbasis können die Risse ausgebessert und auch die losen Platten befestigt werden. Diese Masse wird schnell hart und hält hervorragend. Zudem werden gebrauchsfertige Dispersions-Spachtelmassen angeboten, die hier verwendet werden können.

Vor der weiteren Bearbeitung müssen die alten Böden gereinigt werden, um sie von Wachs und sonstigem öligen, fettigen Schmutz zu befreien. Anschließend kann ein Voranstrich mit verdünntem Neoprene-Kleber einen guten Haftgrund für die Ausgleichsmasse bilden. Neu auf dem Markt ist eine Bodenausgleichsmasse, die Betonflächen und Estriche einfach und mühelos ausgleichen kann. Es handelt sich hierbei um eine Zement-Kunststoffmischung in Pulverform. Sie wird mit Wasser angemischt und einfach auf den Fußboden gegossen und grob verteilt. Diese Masse verläuft, verdichtet und glättet sich von selbst zu einer waagerechten Oberfäche und bietet für Bodenbeläge den idealen Untergrund.

Auf nicht unterkellerten Böden sollte durch eine bitumenhaltige Ausgleichsmasse oder durch Beschichten mit Epoxydharzmasse eine Feuchtigkeitssperre aufgebracht werden. Muß wegen starker Schäden der vorhandene Untergrund entfernt werden, so empfiehlt sich das Einbringen eines feuchtigkeitssperrenden Gußasphalt-Estrichs. Im allgemeinen genügt es als Feuchtigkeitssperre, wenn die besenreine Oberfäche des Unterbodens mit einer mindestens 0,2 Millimeter dicken Polyäthylen-Folie bedeckt wird. Zwar sind diese Folien in großen Breiten erhältlich, doch wenn trotzdem ein Stoß notwendig ist, so sollte eine Überlappung von wenigstens 30 Zentimetern erfolgen.

In renovierungsbedürftigen Altbauten trifft man auf verschiedene Estrich-Konstruktionen. Diese auch vom erfahrenen Heimwerker nicht immer eindeutig zu bestimmenden Materialzusammensetzungen sind kein Hinderungsgrund für das Herrichten oder Verbessern des alten Zustandes. Grundsätzlich kann der Aufbau, wie er für Holzdielenböden beschrieben wurde, in leicht abgewandelter Weise hier wiederholt werden. Dieser Aufbau sieht nach dem Ausbessern des alten Bodens so aus:

○ Die besenreine Oberfläche des vorhandenen Unterbodens erhält eine feuchte Sperre.
○ Lagerhölzer werden lose aufgelegt.
○ Zur Verbesserung des Schallschutzes und der Wärmedämmung füllt man die Hohlräume zwischen den Lagerhölzern mit Mineralwollematten aus.
○ Dämmplattenstreifen werden lose auf die Lagerhölzer aufgelegt.
○ Zugeschnittene Holzlatten werden auf die Dämmplattenstreifen gelegt.
○ Nun können die Spanplatten aufgelegt und mit Schrauben an den Holzlatten befestigt werden.

Vollflächige, schwimmende Verlegung.
Fachleute nennen diese Spannplattenverwendung für Unterböden »die hohe Schule«. Hinzu kommt, daß diese Arbeitsweise lange genug erprobt ist und sich ausgezeichnet bewährt hat. Die sonst übliche Trockenzeit entfällt. Die große Wirtschaftlichkeit bei der Ausführung und die außerordentlich günstigen Werte der

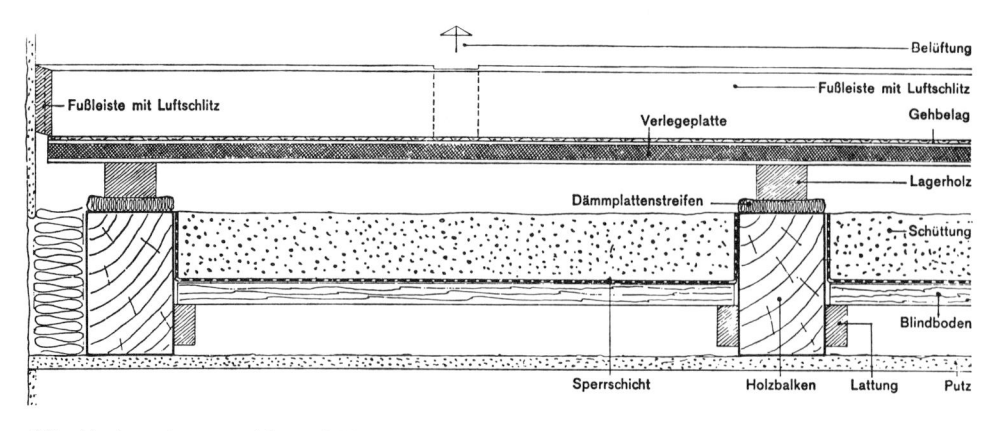

155 Verlegeplatten auf Lagerhölzern über einer Holzbalkendecke.

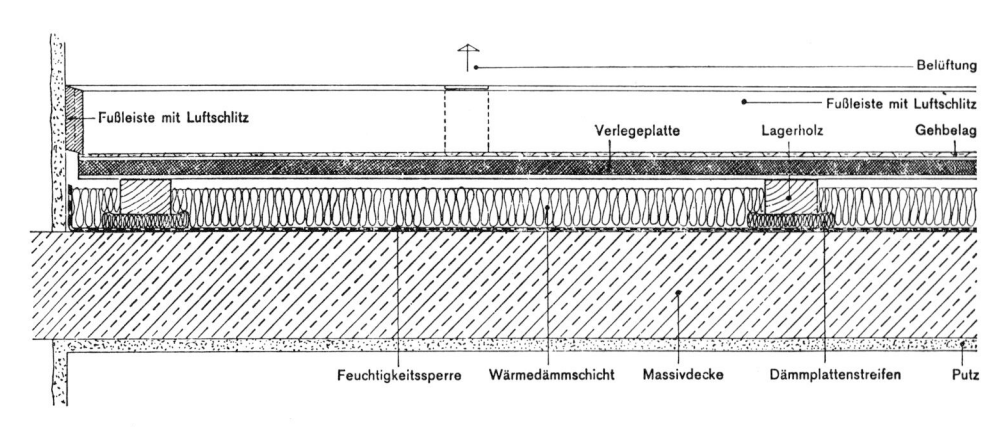

156 Verlegeplatten auf Lagerhölzern über einer Betondecke.

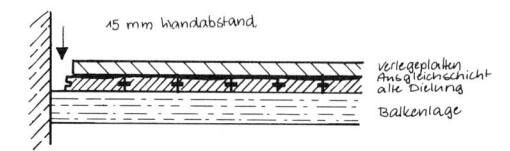

157 Verlegeplatten, »schwimmend« verlegt.

Schall- und Wärmedämmung, die sich hierbei erreichen lassen, sind entscheidende Gründe, diese Technik auch bei der Altbaurenovierung einzusetzen.
Der plane Untergrund erhält zunächst die beschriebene Feuchtigkeitssperre. Darauf werden mineralische Trittschalldämmplatten mit versetzten Stößen gelegt. Oder man verwendet Schüttgüter. Diese schon angesprochenen bitumierten Materialien sind rieselfähig und lassen sich relativ einfach abziehen. So können unebene Böden und solche mit Niveau-Unterschieden ausgeglichen werden.
Verlegeplatten mit hervorragenden bauphysikalischen Eigenschaften gibt es in Formaten, die für Transport und Verlegung handlich sind. Sie sind durch eine Spezialverleimung besonders widerstandsfähig gegen Feuchtigkeit. Der Aufbau dieser Holzspanplatten besteht aus fünf Schichten, die durch ihre hohe Ei-

158 Lose sitzende, alte, knarrende Teile des Dielenbodens werden nachgeschraubt.

159 Die verleimten und zusammengefügten Spanplatten werden in Abständen von etwa 30 Zentimetern verschraubt.

gensteifigkeit und Biegefestigkeit eine optimale Lastverteilung gewährleisten. So besitzen beispielsweise die Phenapan-Verlegeplatten ein paßgenaues Nut- und Federprofil und werden in den Abmessungen 205 × 92,5 Zentimeter im Handel angeboten. Sie sind in den Dicken 10, 13, 16, 19, 22, 25 und 28 Millimeter erhältlich. Um eine größere Punktlastverteilung zu erreichen, muß das Verleimen im Bereich des Nut- und Federprofils sorgfältig geschehen. Wie bei allen Verlegearten sollten die Platten mit versetzten Stößen verlegt werden. Besonders beim schwimmenden Verlegen sind die Stöße so weit zu versetzen, daß Kreuzfugen vermieden werden. Dadurch erhöht sich die Steifigkeit, und Kreuzfugen können sich später nicht im Gehbelag abzeichnen. Die Plattenoberseiten ergeben beim Zusammenschieben eine bündige und geschlossene Fläche. Um Verwechslungen auszuschließen, ist die Unterseite mit einem Produktstempel versehen. Nach dem Trocknen des verwendeten Kunstharzleimes kann am folgenden Tag nach leichtem Überschleifen der Plattenstöße der Gehbelag aufgebracht werden.

Neben dem beschriebenem Produkt gibt es für die Herstellung von Trockenunterböden andere Fußboden-Bauelemente, beispielsweise Gips-Unterboden-Verlegeplatten oder Ziegel-Unterboden-Bauelemente. Die eigenen Be- und Verarbeitungsvorschriften dieser Trockenunterboden-Werkstoffe müssen hinsichtlich ihres Einsatzbereiches besonders beachtet werden.

Gummibeläge, Linoleum. Gewöhnlich kann auf diesem Belag ohne weitere Vorarbeiten ein Teppichboden verlegt werden. Doch wenn es die Besitzverhältnisse und die finanziellen Möglichkeiten erlauben, sollte man schall- und wärmedämmende Maßnahmen vornehmen. Wirtschaftliche und zeitsparende Gesichtspunkte werden jeden Interessenten veranlassen, eine der beschriebenen Methoden für die Plattenverlegung anzuwenden.

Holz-, Beton- oder Steintreppen. Bei noch gut erhaltenen Stufen, die fest und eben sind und deren Vorderkante noch nicht abgelaufen ist, entstehen kaum Probleme. Hier ist zunächst der Untergrund von alten Wachsschichten freizumachen. Je nach der Stärke des aufzubringenden Belags wird ein Treppenkantenprofil angebracht. Die auf der Trittstufe liegende Zunge des Kantenprofils wird mit der Ausgleichsmasse angespachtelt, damit sie sich nicht durch den Belag abzeichnet. Treppen, deren Stufenkanten schon stark abgetreten sind, repariert man mit Stahl-

sägt und durch eine angeleimte und angeschraubte Hartholzleiste ersetzt werden. Die verbleibende ausgetretene Mulde füllt man mit Ausgleichsmasse.
Beim Zuschneiden der Beläge muß man die Richtung des Musters beachten. Bei allen geraden Treppen, Stoßbrettern und Auftritten schneidet man vom Belagsmaterial entsprechend breite Streifen ab. Für die verschieden großen Stufen bei gewendelten Treppen fertigt man sich eine Schablone aus Pappe oder Karton an. Mit diesem einfachen Hilfsmittel können die Maße genau und ohne Verlust übertragen werden.

Werkzeug. Um den alten Fußboden zu einem tragfähigen Untergrund für die Aufnahme des neuen Bodenbelags herzurichten, benötigt man vielseitig einsetzbares Werkzeug. Eine Bohrmaschine wird in jedem Haushalt vorhanden sein, ebenso wie Hammer, Spachtel und Schraubendreher. Spiralbohrer und Krauskopf sind ebenso notwendig wie eine Fußbodenkelle oder -traufel und ein Zahnspachtel.

Material. Spanplatten mit Nut und Feder, Holzschutzmittel sowie lösungsmittelfreier oder lösungshaltiger Reiniger, Wachsentferner, Schleifpapier und Spachtelmasse oder Ausgleichsmasse müssen beschafft werden und sind in jedem Fachhandelsgeschäft erhältlich.

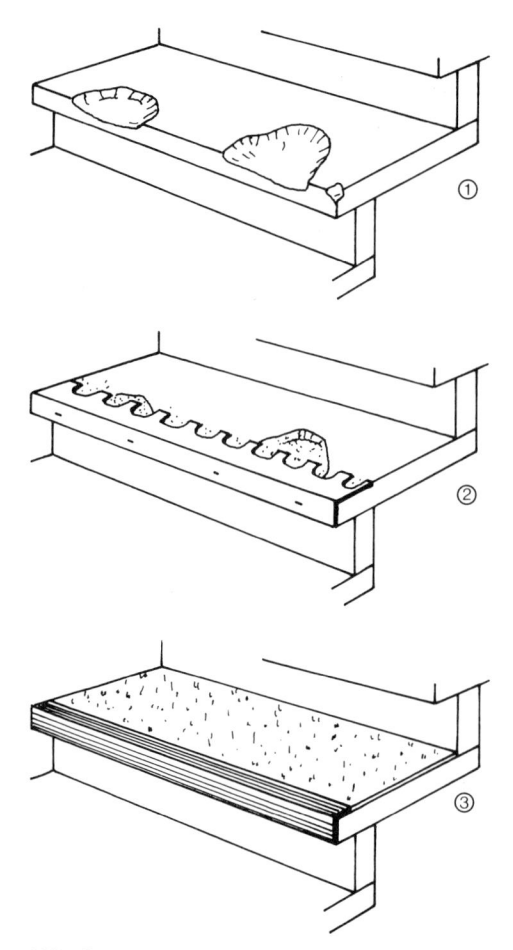

160 *Reparaturwinkel für Holz-, Stein- und Betontreppenstufen. 1 Alter Belag beziehungsweise abgetretene Trittstufe. 2 Ausgelegter, befestigter Reparatur-Winkel. 3 Belag mit Treppenkanten-Profil.*

Verlegung von Teppichböden

Der Fachmann hat bei der Verlegung von Teppichböden die Richtlinien der VOB (Verdingungsordnung für das Bauwesen) zu beachten. Nach der Prüfung und Vorbereitung des Untergrundes ist vorgeschrieben, daß beim Verlegen alle Bahnen so anzuordnen sind, daß sie auf die Hauptfensterwand zulaufen. Nur in Fluren und anderen langgestreckten Räumen kann in Längsrichtung verlegt werden.
Beim Kauf des textilen Bodenbelages leistet eine genaue Maßskizze gute Dienste. Dieser Grundriß muß präzise Angaben

blechwinkeln. Befestigt werden sie auf Holztreppen mit Nägeln, auf Steintreppen entweder mit Dübeln oder mit einem Spezialkitt auf Epoxydharzbasis. Alle Hohlstellen füllt man mit einer Ausgleichsmasse auf. Um eine ebene Fläche zu erhalten, werden auch die übrigen Teile überspachtelt.
Bei Holztreppen kann auch die abgetretene oder abgerundete Stufennase abge-

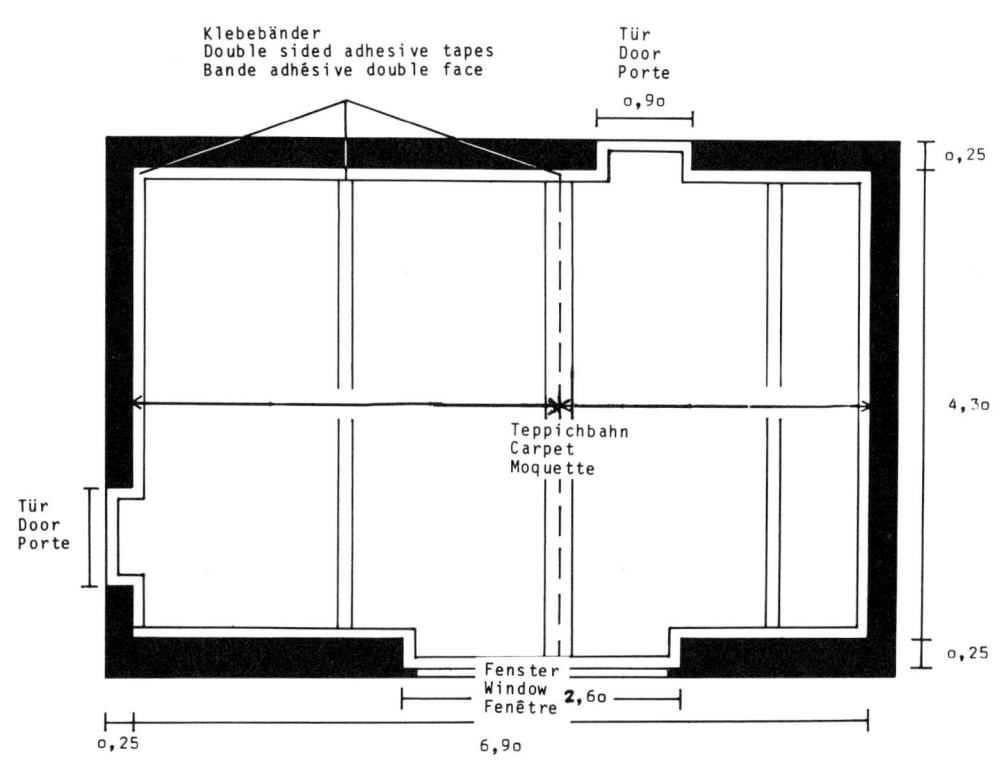

161 Anhand einer Maßskizze wird der Teppichboden bestellt. Die Verlegung des Teppichbodens in Richtung Hauptlichtquelle. Bei Flächen mit gemusterter Ware ist der Rapport zu beachten.

über Heizungs-, Fenster- und Türnischen enthalten. Die Bahnen werden so bemessen, daß sie die Bodenflächen in diesen Nischen überdecken. Es sollen hier keine Streifen angesetzt werden. Die verschiedenen Breiten des Teppichbodenbelags reichen bis zu vier Metern. Die auf Rollen präsentierte Ware wird vom Verkäufer nach der vorgelegten Maßskizze zugeschnitten. Bei der Auswahl des Teppichbodens bestimmt meistens der Rücken des Belags die Verlegeart. Teppichböden mit Waffelrücken sind zum Loseverlegen mit Klebeband geeignet. Hat der Teppich einen Kompaktschaumrücken, kann man ihn lose verlegen oder vollflächig verkleben. Ein Teppichboden mit doppeltem Juterücken kann vollflächig verklebt oder verspannt werden.

Lose verlegen. Mindestens eine Nacht lang sollte der Teppichboden vor dem Verlegen in dem Zimmer ausgerollt werden, um sich zu akklimatisieren. Der vorhandene Drall entspannt sich dabei.
Jeder Heimwerker wird als erstes Teppichfliesen verlegt haben. Er hat dabei die richtige Vorbereitung und das Zuschneiden gelernt und vermag die Laufrichtung, den Strich des Belages, zu erkennen. Bei mehreren Teppichbodenbahnen muß der Flor immer in die gleiche Richtung zeigen. Wird dies nicht beachtet, so zeigt der Bodenbelag später unerwünschte Schattenbilder.

Verkleben. Vor dem Verkleben müssen die Bahnen zugeschnitten werden. Je nach dem Material geht man verschieden vor:

162 Wenn zwei Teppichbahnen zusammenstoßen, erzielt man eine besonders gute Paßgenauigkeit dadurch, daß die Bahnen etwa fünf Zentimeter übereinandergelegt und an einer Eisenschiene auf einmal durchgeschnitten werden.

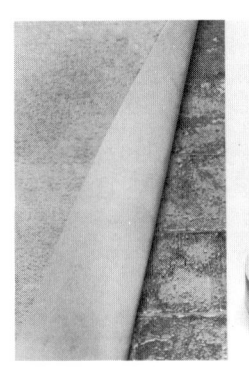

163 Nachdem die beiden Teppichstoßkanten zurückgeschlagen wurden, kann man auf den Unterboden direkt an der Nahtstelle ein doppelseitiges Klebeband aufbringen. Nach dem Abziehen der Schutzfolie werden die Teppichkanten zusammengefügt und mit dem Hammer angedrückt.

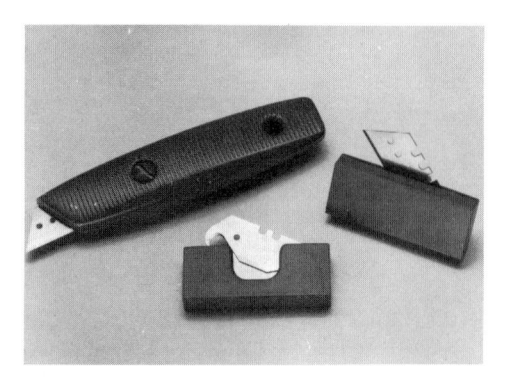

164 Zum Trennen der Teppichbahnen werden Verlegemesser mit Trapez- oder Hakenklingen angeboten.

○ bei Velours öffnet man die Florgasse und schneidet zwischen zwei Florreihen.
○ Schlingenware wird von hinten beschnitten. Aus der Rückseite des Grundgewebes zieht man einen Längsfaden. An dieser gut sichtbaren Fadengasse kann mit einem Hakenklingenmesser entlang geschnitten werden.

Um den hellen Kunststoffkleber aufzutragen, werden die zugeschnittenen Bahnen von den Enden oder von der Naht her zurückgeschlagen. Mit einem Zahnspachtel wird der Kleber bogenförmig auf den Untergrund aufgetragen. Während der »offenen« Zeit des Klebers legt man den Bodenbelag ins Klebebett ein, reibt ihn fest an und drückt die eingeschlossene Luft heraus.

Sogenannte Aufnahmekleber verwendet man, wenn textile Bodenbeläge auf Nutzböden verklebt werden sollen. Nach Entfernen des Belags ist der alte Nutzboden wieder gebrauchstüchtig. Vorteilhaft ist, daß an dem abgenommenen Belag kein Bruch der Rückenkonstruktion entsteht. Mit einem nicht aggressiven Reinigungsmittel können eventuell verbliebene Kleberreste leicht entfernt werden. Dadurch ist der Mieter einer Wohnung in diesem Punkt nicht mehr vom Einverständnis des Eigentümers abhängig. Die Wohnung kann so ausgelegt werden, wie es sich der Benutzer vorstellt.

Eine besondere Verlegehilfe hat die Industrie für den Handwerker ebenso wie für den Heimwerker entwickelt. Ein engmaschiges Netz aus Spezialmaterial — »Lok-

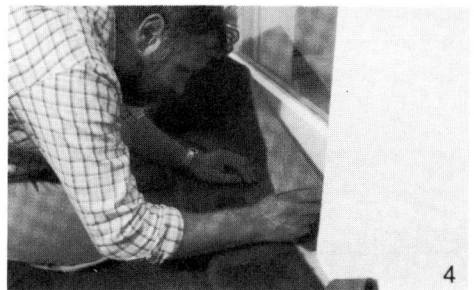

165 Wiederaufnahme-Verlegetechnik mit dem klebstoffbeschichteten Verlegevlies »Quick-Lift«.
1 Quer zur Belagsrichtung der textilen Bahnenware wird dieses Verlegevlies in einer Raumecke genau eingepaßt und fest angerieben. 2 Sitzt alles maßgerecht, so kann man die Bahn ausrollen. Beim Anreiben keine Luft einschließen und Faltenbildung vermeiden. Bahn für Bahn kann nun auf Stoß verlegt werden. 3 Der textile Bodenbelag wird vollflächig ausgelegt und grob zugeschnitten. Den Bodenbelag schlägt man zur Hälfte zurück und zieht die Trennfolie vom Verlegevlies ab. In diese klebkräftige Unterlage wird der Bodenbelag Stück um Stück zurückgeschlagen und sorgfältig angerieben. Die andere Hälfte des Bodenbelags wird genauso befestigt. 4 Im Randbereich muß der Bodenbelag perfekt eingepaßt und angerieben werden. Der Rand- und Nahtbereich kann mit einem Teppichverlegeband als Hafthilfe zusätzlich gesichert werden.

Lift« –, das durchgehend mit einem auf Druck reagierenden Klebstoff getränkt ist, wird auf dem Unterboden ausgelegt. Diese Lok-Lift-Bahnen werden mit der Folie nach oben Stoß an Stoß nebeneinander ausgerollt. Nun wird der Teppichboden mit der Abdeckfolie ausgerollt und zugeschnitten. Wie beim Kleben wird nach diesen Einpaßarbeiten der Teppichboden bis zur Hälfte zurückgeschlagen. Auf dieser nun freiliegenden Seite wird die Schutzfolie vom Klebernetz abgezogen und die zurückgeschlagene Hälfte des Teppichbodens Stück für Stück aufgelegt und angedrückt. In gleicher Weise wird auch die andere Hälfte des Teppichbodens geklebt. Trotz der starken Klebkraft läßt sich der so verlegte Bodenbelag ohne Rückstände und ohne jegliche Beeinträchtigung des Unterbodens wieder aufnehmen.

Verspannen. Bei dieser Verlegeart werden Teppichbahnen auf vorher angebrachten Nadelleisten verspannt. Durch diese Technik schwebt in gewisser Weise der textile Bodenbelag über einer Zwischenlage aus Filz oder Schaumstoff und bringt dadurch eine höhere Trittelastizität. Auch Schalldämmung und Fußwärme werden erheblich verbessert. Zwar ist das notwendige Zubehör – Werkzeug wie Material – im gut sortierten Fachhandel erhältlich, doch sollten Heimwerker diese Verlegeart erst dann wählen, wenn sie über mehrere Jahre Praxis verfügen. Denn die Nadelleisten, in die der Bodenbelag eingehängt wird, müssen sorgfältig befestigt werden. In bekannter Weise verlegen, also spannen und aufhaken, kann man nur vollflächige Beläge. Da gewöhnlich die Fläche nur mit mehreren Bahnen zu bedecken ist, müssen diese unsichtbar zusammengenäht werden. Diese Naht muß so hochwertig sein, daß sie der vorgesehenen und notwendigen Spannung auf Dauer standhält.

Kunststoffbeläge

Dank des farbenprächtigen Äußeren und des Vorteils, daß sie pflegeleicht sind und ohne große Vorkenntnisse selbst verlegt werden können, haben Bodenbeläge aus strapazierfähigem Kunststoff wieder erhebliche Marktanteile gewonnen. Cushioned-Vinyls haben eine Laufschicht aus klarem PVC, die den darunter liegenden Musterdruck klar erkennen läßt. Sie sind druckelastisch und schalldämmend und haben meist einen Rücken aus Polypropylen, Jutefilz oder Jutegewebe. Ihr rutschhemmender Noppenbelag ist gut geeignet für stark strapazierte Fußböden. Beläge aus synthetischem Kautschuk oder Kunststoff sind bewährt und preisgünstig, sie werden auch in Fliesen geliefert.

Zwar stellt die Verarbeitung bei ebenen und trockenen Untergründen keine besonderen Ansprüche. In den mit einem Zahnspachtel aufgetragenen Kleber werden die Kunststoffbeläge gelegt und angedrückt. Doch sollte der Anfänger möglichst keine Kunststoffbahnenware verlegen. Das sollte man erst versuchen, wenn man gründliche Erfahrungen beim Fliesenverlegen gesammelt hat. Besonders wichtig ist auch hier, daß vor dem Auslegen das Material so lange bei Zimmertemperatur gelagert wird, bis es gut durchwärmt ist. Bei bestimmten Produkten ist eine lose Verlegung bis zu Raumgrößen von etwa 25 Quadratmetern möglich. Allerdings muß im Nahtbereich und an Türübergängen der Belag mit einem weichmacherbeständigen Doppelkleberband fixiert werden.

Parkett

Das aus dem natürlichen Material Holz bestehende Parkett hat von allen heutigen Fußbodenarten die längste Bewährungszeit aufzuweisen. Es ist durch fortlaufende technische und qualitative Weiterentwicklung unverändert modern und wird allen Ansprüchen gerecht. Verschiedenfarbige Hölzer von unterschiedlicher Struktur, kombiniert mit besonderen Parkettarten, ermöglichen zahlreiche Verlegemuster, die jedem Geschmack, Stil und Gebrauchszweck entsprechen. Der Parkettfußboden ermöglicht es, mit Möbeln, Stoffen, Teppichen und Läufern den persönlichen Wohnstil zu finden.
In Neubauten oder bei der Renovierung von Althäusern kann Parkett oft unmittelbar auf dem alten Boden verlegt werden.

Doch sollten neben den allgemeinen DIN-Anforderungen an den Untergrund mögliche Verbesserungen wie Wärme- und Schallschutz sowie die Trittelastizität bei der Untergrundvorbereitung berücksichtigt werden.
Die lange Lebensdauer des Parkettfußbodens erhöht den Verkehrswert der Wohnung. Denn als einziger Oberbelag kann Parkett nach vielen Jahren der Nutzung mit geringem Aufwand abgeschliffen, versiegelt und damit wieder in einen neuwertigen Zustand versetzt werden. Auch die Reinigung und Pflege ist ebenso praktisch wie wirtschaftlich und dabei nicht aufwendiger als bei anderen Bodenbelägen. Dank des zeitgemäßen Oberflächenschutzes der Versiegelung genügt einfa-

166 Verschiedene Verlegearten von Fertigparkett.

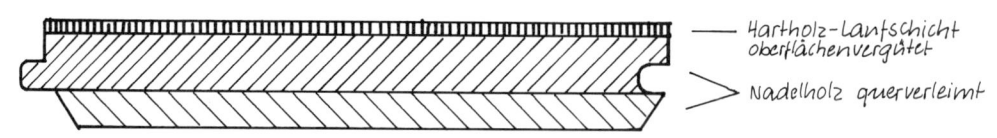

167 Querschnitt durch ein Fertigparkettelement mit Nut und Feder. (Hartholz-Laufschicht oberflächenvergütet; Nadelholz querverleimt)

ches Wischen und Einwachsen in längeren Zeitabständen.

Fertigparkett. Die rationale Herstellungsmethode dieser Ausführungsform garantiert ein Höchstmaß an Formbeständigkeit. Die in den DIN-Vorschriften und Regeln geforderten Eigenschaften sind gewährleistet. Dadurch ergeben sich kurze Montagezeiten und ein geringerer Arbeitsaufwand.
Konstruktiv bestehen die Fertigparkett-Elemente aus drei Schichten. Sie sind kreuzweise verleimt und damit nach allen Richtungen formstabil. Für die untere und mittlere Schicht wird gewöhnlich Nadelholz – meist Fichte – verwendet. Die Deckschicht, auch als Hartholz-Laufschicht bezeichnet, wird vom Hersteller oberflächenversiegelt. Rundum sind Nut und Feder angefräst, die den exakten Fugenanschluß garantieren.
Im Marktangebot kann man grundsätzlich zwei Formate unterscheiden: quadratische und langformatige Elemente. Die quadratischen werden mit einer Dicke von 13 bis zu 26 Millimetern angeboten. Die Seitenlänge dieser Tafeln bewegt sich je nach Fabrikat zwischen 200 und 650 Millimetern. Die langformatigen Elemente mit einer Dicke von zehn bis 24 Millimetern und einer Breite von 130 bis 200 Millimetern erweitern die Möglichkeiten der Raumgestaltung. Die marktgängigen Längen reichen von 1460 bis zu 3640 Millimetern. Alle Fertigparkett-Elemente werden vom Hersteller in handlichen transportgerechten Einheiten zusammengestellt und mit schützenden Folien sicher verpackt.

Vorbereitung der Unterböden
Grundsätzlich ist jeder ebene, trockene und saubere Untergrund geeignet. Trotzdem muß die Beschaffenheit des Unterbodens bekannt und die Qualität untersucht sein. Denn alle nachfolgenden Vorbereitungsarbeiten richten sich nach dem vorhandenen Zustand.

Estrichboden. Wenn die Oberfläche nur geringe Unebenheiten aufweist, vermag eine zwei bis drei Millimeter dicke Dämmunterlage einen Ausgleich zu schaffen. Sie wird quer zur späteren Verlegerichtung des Fertigparketts auf Stoß ausgelegt. Korkschrotpappe, Bitumenfilzpappe oder ähnliches Material verbessert die Trittelastizität des Fußbodens. Bei größeren Unebenheiten verwendet man die Trockenschüttung und gleicht sie mit der Richtlatte aus. In Kellerräumen sind Abdichtungsmaßnahmen vorzunehmen. Neben dem Estrich, den man dem Fachmann überlassen muß, gibt es verschiedene trocken einzubauende Unterbodenkonstruktionen.

PVC, Linoleum, Steinholz, Fliesenböden. Diese in älteren Gebäuden vorhandenen Unterböden erhalten die beschriebene Dämmunterlage. Dabei kann die Wärme- und Schalldämmung verbessert werden, wenn man Weichfaserdämmplatten oder Hartschaumplatten verwendet.

Teppichböden. Alte oder unansehnlich gewordene Teppichböden können liegen bleiben. Sie wirken als Dämmunterlage. Diese Dämmung kann noch verbessert werden, und zwar durch eine Dämmzwischenlage, bestehend aus Filzpappe oder Hartschaum.

Holzböden. Bei alten Dielenböden sollte zunächst der Zustand der Konstruktion untersucht werden. Der Boden muß trocken und von Pilzbefall frei sein. Schadhafte Dielen oder Lagerhölzer müssen ausgewechselt werden. Knarrende Dielen sind festzuschrauben, hervorstehende Nägel werden eingeschlagen und versenkt. Starke Unebenheiten des alten Bodens sind durch Überschleifen und Abhobeln auszugleichen. Bei noch verbleibenden leichten Unebenheiten wird auf den Dielen eine Dämmunterlage aus Filzpappe oder Bitumenfaserplatte befestigt. Diese vorbereitenden Arbeiten können schnell und problemlos durchgeführt werden.

Bei stark ausgetretenen alten Dielenfußböden oder solchen mit größeren Höhenunterschieden muß der alte Boden nicht herausgerissen werden, wenn er gesund ist. Mit einer Bituperl-Trockenschüttung kann hier eine ebene Oberfläche hergestellt werden. Gleichzeitig erreicht man eine Verbesserung der Schall- und Wärmedämmwerte. Auf der Trockenschüttung wird wahlweise Folie oder Wellpappe ausgerollt. Es kann auch eine bitumierte Abdeckplatte oder Holzfaser-Dämmplatte aufgelegt werden. Es gibt zudem mit Nut- und Federprofil versehene spezialverleimte großflächige Verlegeplatten. Sie werden schwimmend verlegt und verleimt und bilden einen dauerhaft ebenen Unterboden. Neben dieser speziellen Holzspanplatte ist auch ein Trockenestrichverbundelement verwendbar. Die Stärke dieses Materials sorgt für ein eigenes Druckverteilungsvermögen. So genügt über der Trockenschüttung die Abdeckung mit Polyäthylenfolie.

Lagerhölzer als Unterkonstruktion. Eine Verbesserung der Schall- und Wärmedämmung wird besonders bei alten Linoleum- oder PVC-Unterböden erreicht, die direkt auf dem Estrich beziehungsweise

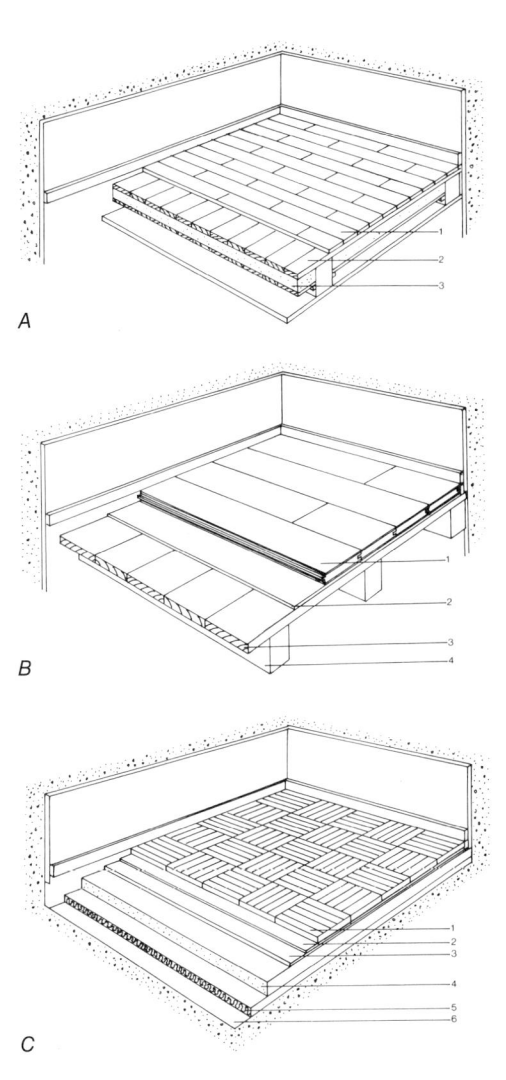

168 Vorbereiten der Unterböden und Belegen mit Fertigparkett.

A: 1 Stabparkett – Parkettriemen, 2 Dielenboden, 3 Holzbalkendecke

B: 1 Fertigparkett-Elemente Schiffsbodenmuster, 2 Dämmschicht, 3 Alter Dielenboden, 4 Alte Holzbalken

C: 1 Mosaikparkett parallel zur Wand verlegt, 2 Kleber, 3 Vorbehandelter Spachtelboden, 4 Schwimmender Estrich, 5 Dämmung, 6 Rohdecke

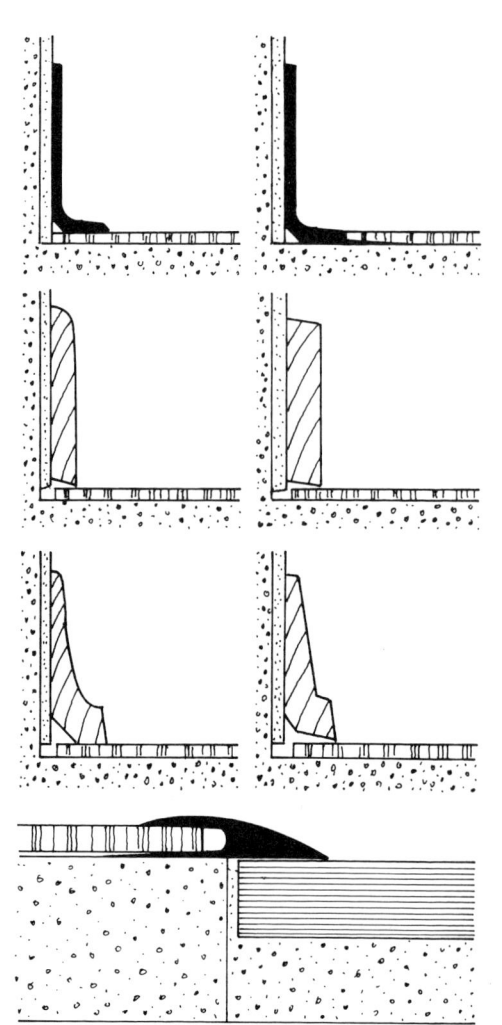

169 Verschiedenartige Sockelleisten.

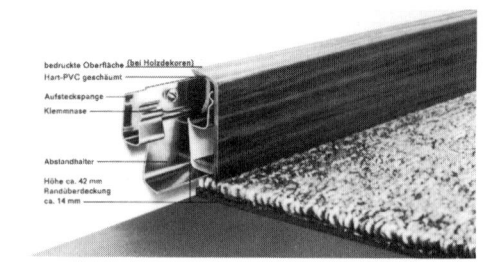

170 Rohre und Kabel können durch besonders geformte Fußleisten verdeckt werden.

Dämmstreifen auch zwischen Lagerholz und Wand hoch. So wird auch der Trittschallschutz verbessert. Die Lagerhölzer liegen in einem Abstand von etwa 30 bis 40 Zentimetern. Sie liegen »schwimmend«, das heißt ohne Befestigung auf den Dämmstreifen. Der Raum zwischen den Lagerhölzern wird mit Mineral- oder Glaswollematten oder einer Trockenschüttung gefüllt. Auf dieser Unterkonstruktion können nun die freitragenden Fertigparkett-Elemente verlegt werden.

Verlegung. Gewöhnlich werden Fertigparkett-Elemente schwimmend verlegt. Mit »schwimmend« bezeichnet der Fachmann eine Verlegung ohne feste Verbindung zum Boden und den Wänden. Diese Verlegeart dämpft die Übertragung von Trittschall, weil zwischen Fußboden einerseits und Wänden sowie Unterboden andererseits keine starre Verbindung besteht. Die Parkettelemente werden dabei in Nut und Feder verleimt. Nur die freitragenden Fertigparkett-Dielen von 22 Millimetern Dicke aufwärts werden auf die Lagerhölzer genagelt. Die Nagelung erfolgt schräg von oben durch die Feder. Dadurch sind die Nägel später unsichtbar.

Bei beiden Verlegearten wird die erste Reihe der Parkettelemente mit der Nutseite an die Wand gelegt. Eine an der Wand umlaufende Dehnungsfuge von zehn bis 15 Millimetern ist zu berücksichtigen. Sie wird mit Holzkeilen fixiert. Beim

einer Rohbetondecke liegen. Zunächst wird eine 0,2 Millimeter dicke Folie ausgelegt, die man an den Wänden hochzieht. Jede Bahn überlappt die andere um mindestens zehn Zentimeter. Unter die gehobelten Fichten- oder Kiefernhölzer (60 mal 40 oder 60 mal 60 Millimeter), die als Lagerhölzer dienen, werden Dämmstreifen aus Mineralwolle gelegt. Um Schallbrücken zu vermeiden, zieht man diese

Zusammenfügen der einzelnen Elemente verwendet man einen Gummihammer und einen Schlagklotz aus Holz, damit die Kanten nicht beschädigt werden. Nachdem das letzte Element passend zugesägt, angefügt und mit Abstandskeilen fixiert wurde, kann der Parkettboden begangen und belastet werden. Nach einigen Stunden, wenn der Leim getrocknet ist, werden die Abstandskeile entfernt und die Fuge zwischen Boden und Wand mit einer Fußleiste abgedeckt.

Fußleisten. Das vielfältige Marktangebot deckt den gesamten Bedarf ab. Es beginnt bei einfachsten Ausführungen aus Holz oder Kunststoffen, die geklebt oder genagelt werden können, und endet bei besonders funktionsgerechten Produkten. So gleicht beispielsweise eine unten angesetzte weiche Dichtlippe Bodenunebenheiten aus. Eine rückseitig angebrachte Plastikschiene überbrückt Unebenheiten der Wand und ermöglicht eine Leitungsverlegung hinter der Sockelleiste. Bei anderen Ausführungen bieten die auf der Rückseite vorhandenen Profile Unterbringungsmöglichkeiten für Rohre und Rohrleitungen aller Art. Die Sichtseite zeigt verschiedene Farben oder Holzmaserungen. Auch wird eine Teppichboden-Einklebeleiste angeboten, die eine ideale Verbindung von Wand und Boden bildet. Sie ist gewöhnlich mit einem Dop-

Tabelle 12: Bodenbeläge

	Eigenschaften	Bodenbelag			
		PVC	Teppich	Parkett	Fliesen
Wohnzimmer	schalldämmend				
	rutschhemmend				
	fußwarm				
	druckfest				
	dekorativ				
Schlaf- oder Kinderzimmer	schalldämmend				
	rutschhemmend				
	fußwarm				
	leichte Staubentfernung				
Flure und Treppen	schalldämmend				
	rutschhemmend				
	einfache Reinigung und Pflege				
Küche, Bad, WC	fußwarm				
	elastisch				
	rutschhemmend				
	wasserundurchlässig				
	wasserunempfindlich				
	einfache Reinigung und Pflege				

171 Anlegen, einbetten und leicht schiebend andrücken – so wird die neue Bodenfliese verlegt.

pelklebeband versehen, so daß eine einfache Anbringung des Teppichbodens möglich ist.

Auswahlkriterien. Jedesmal, wenn man sich Wünsche erfüllen will, stehen verschiedene Möglichkeiten zur Wahl. Der Preis spielt zwar meistens eine wesentliche Rolle und kann wahlbestimmend sein, doch sollte die Antwort auf die Frage: »Welcher Fußbodenbelag ist der beste?« von dem Verwendungszweck und den deshalb notwendigen Eigenschaften bestimmt werden. In der nachfolgenden Übersicht sind den Nutzräumen bestimmte Eigenschaften zugeordnet. Bei den Kaufgesprächen kann man mit den Zeichen plus oder minus in der Spalte der Bodenbelagsarten kennzeichnen, welcher Belag den größten Nutzen bietet.

Bodenfliesen

Auch hier wird die Qualität der fertigen Arbeit vom Untergrund und seiner richtigen Vorbereitung stark beeinflußt. Die verschiedenen Möglichkeiten, den Unterboden herzurichten, sind schon ausführlich beschrieben worden. So bleibt nur noch der Hinweis, daß auch hier die Probleme des Trittschalls und der Wärmedämmung wirkungsvoll gelöst werden können. Auf den Verlegeplatten und den Trockenestrich-Verbundelementen lassen sich ohne Probleme Fliesen mit Dispersionsklebern oder Klebern auf Epoxyd- oder PU-Basis verlegen. Der aus zwei Komponenten bestehende Polyurethan-Kleber (PU) bildet eine Feuchtigkeitssperre. Er wird also besonders dort eingesetzt, wo diese Eigenschaft gefordert ist.

Wenn bei der Altbaurenovierung aus zeitlichen, praktischen oder sonstigen Gründen eine umfangreiche Herrichtung des Unterbodens nicht erwünscht oder zweckmäßig ist, so dürfte hier das neue Fußbodensystem geeignet sein, das nachfolgend beschrieben wird. Hohe Flexibilität und Wasserfestigkeit sind gegeben, so daß es überall, auch in Küche, Bad oder Kellerräumen angewandt werden kann. Die besondere Kombination der Klebemörtelbestandteile ist so flexibel, daß Bodenunebenheiten ausgeglichen werden können. Zugleich ist der neue Belag elastisch.

Der Unterboden muß sauber, fettfrei und fest sein. Lockere oder beschädigte Bretter sind festzunageln oder zu ersetzen. Am Boden-Wand-Übergang werden Schaumstoffrandstreifen angebracht. Eine vier Millimeter starke Schaumstoff- oder eine Bitumenpappe wird quer zur Richtung der Dielenbretter auf den sauberen Untergrund geheftet. Nach dem Anrühren des Klebemörtels werden Vierkanteisen als Maß für die Höhe ausgelegt. Nun kann der Klebemörtel verteilt und abgezogen werden. Nach Entfernen der Eisen werden die Schlitze ausgefüllt. Innerhalb von zehn Minuten nach Verteilen des Mörtels sind die Keramikplatten einzulegen und leicht anzuklopfen. Vor der Verlegung ist zu kontrollieren, ob die Fliesen Feuchtigkeit aufnehmen. Dringt die

Feuchtigkeit sofort in die Fliesen ein, so werden sie zehn Minuten lang in eine mit Wasser gefüllte Wanne gelegt. Bevor die Fliesen nun verarbeitet werden, läßt man sie einige Zeit abtropfen. In regelmäßigen Abständen ist zu kontrollieren, ob der Mörtel die Innenseite der Fliesen überall berührt. Kommen Mörtelflecken auf die Oberseite der Fliesen, müssen sie sofort entfernt werden. Nach dem Verlegen darf der Fußboden vor Ablauf von 24 Stunden nicht begangen werden.

Zum Füllen der Fugen wird der speziell angebotene Fugenmörtel nach Gebrauchsanleitung angerührt. Nur in Teilabschnitten wird der Fußboden verfugt. Sobald der geschlämmte Fugenmörtel etwas erhärtet ist, kann der auf den Fliesen sichtbare Zementschleier mit feuchten Tüchern oder Schwämmen entfernt werden. Auch nach dem Fugen und Säubern sollte der Fußboden mindestens 24 Stunden lang nicht begangen werden. Durch mehrmaliges Überwischen mit einem nassen Lappen erhalten die Fugen ihre optimale Härte.

Reinigung und Pflege

Teppichböden. Viele Firmen haben Reinigungs- und Pflegemittel entwickelt, mit denen man die Schwerstarbeit an der Teppichklopfstange vergessen kann. Neben der Teppichkehrmaschine für die tägliche Teppichreinigung gibt es wohl in jedem Haushalt einen Staubsauger für die wöchentliche Reinigung. Dieser sollte eine glatte Düse ohne scharfe Kanten haben, die auch Haare und Fäden gut aufnimmt. An viele moderne Staubsauger kann ein Klopfsauger als Vorsatzgerät angeschlossen werden. Zudem ist ein Klopfsauger auf dem Markt, also ein Gerät, das in einem Arbeitsgang Teppiche klopft, bürstet und saugt. Es läßt sich auf jede Teppichhöhe einstellen. Mit einem Griff kann der Klopfsauger in einen leistungsfähigen Nur-Staubsauger verwandelt werden. Diese Verwandlungsmöglichkeit ist deshalb wichtig, weil bei fest verklebten Teppichböden ein Gerät mit Bürsten zu verwenden ist. Denn der Klopfeffekt kann hier nicht genutzt werden, und zwar auch deshalb, weil die Klebeschicht nicht beschädigt werden darf. Neben diesen bekannten Modellen werden Teppichreinigungsgeräte angeboten, die eine Reinigungsflüssigkeit oder einen Reinigungsschaum leicht und gleichmäßig auf den Teppich auftragen.

Mindestens einmal im Jahr sollte man textile Beläge gründlich reinigen. Denn mit der Zeit setzt jeder Teppichboden einen Fettfilm an und bildet so schmierig-klebrige Schmutzstellen. Durch chemisches Reinigen werden diese Verschmutzungen entfernt, und die Teppiche erhalten ihre ursprüngliche Schönheit und Leuchtkraft zurück. Diese Arbeit kann jeder selbst ausführen. Man benötigt dazu ein Shampooniergerät, das einige Firmen auch ausleihen. Daneben gibt es Firmen, die sich ausschließlich der fachgerechten Reinigung und Pflege von Teppichen aller Art annehmen. Beim Shampoonieren wird ein spezieller Trockenschaum in den Teppichboden eingerieben. Der sehr feinblasige Schaum löst den Schmutz aus dem Gewebe heraus und bindet ihn. Nach dem Abtrocknen bildet sich ein springharter Rückstand, der dann mühelos abgesaugt werden kann. Selbstverständlich können nur farbechte Teppiche oder Teppichböden gereinigt werden. Deshalb ist vorher an einer unauffälligen Stelle das Shampoonierungsmittel auf dem Teppichboden auszuprobieren.

Zur Entfernung von Flecken bietet der Handel Reinigungsstifte und Spray an. Beide Mittel können nur bei farbechten Teppichen und Teppichböden verwendet werden. Sie reinigen und pflegen fasertief und sind bequem anzuwenden. Vor der Verwendung des Sprays zunächst den Teppich absaugen, die Dose schütteln, dann mit vorgestreckter Hand nach unten halten und eine dünne Schicht aufsprühen. Mit gut feuchtem Schaumstoffwischer kreuz und quer in den Teppich verreiben. Nach etwa zwei Stunden kann der nun trockene Teppich abgesaugt werden. Der hier beschriebene Ablauf ist im Prinzip bei fast allen Markenprodukten gleich.

Kunststoffbeläge. Bestimmte Seifenkombinationsreiniger enthalten reinigungsaktive und filmbildende Substanzen, die eine direkte Schmutzhaftung auf dem Belag verhindern. Sie werden dem Wischwasser nach Gebrauchsanweisung beigegeben. Für den ersten Schutz gibt es kristallklare Bodenpfleger auf Acrylbasis. Dieses Konzentrat bildet einen widerstandsfähigen, dauerhaften Schutzfilm, glänzt von selbst und stößt Schmutz und Wasser ab.

Parkett. Daß sich versiegelter Parkettboden nicht reinigen und pflegen läßt, ist bekannt. Das gilt auch für das oberflächenbehandelte Fertigparkett. Damit die wertvolle und schützende Versiegelung nicht zerstört wird, darf hier auf keinen Fall wie früher mit Stahlwolle abgespänt werden. Ebenso ist die Reinigung mit Mop und Besen nicht sehr wirkungsvoll, da meist der Staub nicht gründlich genug entfernt werden kann. So ist es besser, unter den Mop ein staubbindend präpariertes Tuch zu legen, das den Staub gut aufnimmt und sich leicht ausschütteln läßt. Für das feuchte Reinigen empfiehlt sich ein Schrubbtuch aus Vliesstoff mit dem Vorteil, daß es sich handfeucht auswringen läßt. Damit bindet man den Staub und entfernt leicht feuchte Verschmutzungen. Daneben gibt es für das bequeme Feuchtreinigen den sogenannten Flaumer. Dieses Gerät hat am unteren Ende des Stiels einen Stahlrahmen, über den ein auswechselbarer Baumwollbezug gezogen werden kann. Zum Auftragen der Pflegemittel auf den Fußboden gibt es geeignete Geräte, die Zeit und Kraft sparen.

Die beste Pflege für den Parkettboden ist ein hauchdünner Überzug mit flüssigem, lösungsmittelhaltigem Bohnerwachs. Wasserhaltige Pflegemittel, wie zum Beispiel die Wischwachs-Emulsionen, sind für die Pflege versiegelter Böden nicht geeignet. Zusätzliche Arbeitserleichterung bietet der Markt mit dem Parkett-Polish oder Finish. Diese Mittel werden nach Anweisung hauchdünn aufgetragen. Sie verbessern den Schutz und erleichtern die Reinigung.

Sollte der Parkettboden nach jahrelanger Strapazierung stellenweise abgetreten sein, so läßt sich der Boden abschleifen und wieder neu versiegeln. Darauf spezialisierte Firmen erledigen das im Handumdrehen.

Türen

Eines der unentbehrlichen und dabei sichtbaren Bauteile im Haus ist die Tür. Sie soll schön aussehen und das Auge erfreuen. Aber die Tür ist der bewegliche Verschluß einer Öffnung in einer Mauer. Sie muß also die Mauer an dieser Stelle ersetzen können, und zwar in puncto Sicherheit, Wärmedämmung und Schallschutz. Sie darf nicht klemmen, klappern oder quietschen, kurz: keinen Grund zum Ärger geben. Das sind Forderungen, die zusammen nicht erfüllbar scheinen. Die Probleme lassen sich jedoch heutzutage lösen.

Fachbegriffe. Eine Tür besteht hauptsächlich aus zwei Teilen: dem Türblatt als beweglichem Teil und der Türzarge als festsitzendem Teil. Der Begriff Türzarge wird heute allgemein verwendet, er hat die früher üblichen Bezeichnungen wie Türfutter mit Bekleidung, Türrahmen oder – wie in Süddeutschland – Türstock ersetzt. Die Verbindung zwischen Türblatt und Türzarge bilden die Bänder (Scharniere), an denen das Türblatt drehbar aufgehängt ist. Im Türblatt sitzt das Schloß mit den dazugehörigen Griffen und den Abdeckungen. In die Türzarge ist das Schließblech eingesetzt. Als weiteres Zubehör gibt es die Türfeststeller, die Falzdichtung, die Schwellenabdichtung und die im Fußboden eingelassenen Anschlagschienen.

Je nach Zweckbestimmung unterscheidet sich die Konstruktion. So kann das Türblatt als Latten- oder Brettertür für untergeordnete Räume hergestellt werden. Weiter unterscheidet man Füllungstüren, die früher einzeln von Hand gefertigt wurden, und das glatte Türblatt. Die Liste der Konstruktionsarten umfaßt Haustüren, Glastüren, Ganzglastüren, Schiebetüren sowie Falttüren aus Holz und Kunststoffen, und schließlich Feuerhemmende Türen.

172 Stiltür, Eiche, furniert.

Bei den Türzargen unterscheidet man den einfachen Blockrahmen für die Latten- oder Brettertür, meist auch für die Haustür, das Futter und die Bekleidung aus Holz und Kunststoffen für die Wohnräume, und die Zarge aus Metall und Kunststoffen für alle Verwendungsbereiche. Unter Futter und Bekleidung versteht man den Holz- oder Kunststoffrahmen, der die Maueröffnung ganz umfaßt. Dabei deckt das Futter die Mauertiefe ab, während die innere und äußere Bekleidung die Putzkanten des Mauerwerks schützt und für einen sauberen Anschluß an den Wandputz sorgt. Die aus Stahl oder Kunststoff bestehende Zarge kann wie ein Blockrahmen ausgebildet sein oder ähnlich wie

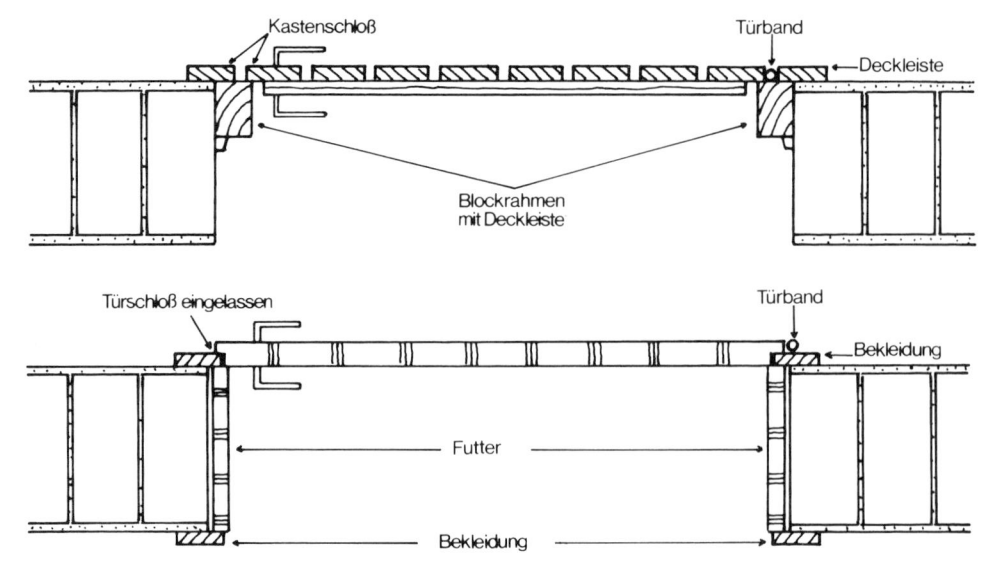

173 Die häufigsten Türrahmen-Konstruktionen. Blockrahmen »Futter und Bekleidung«, vereinfachte Darstellung.

Futter und Bekleidung die Maueröffnung umfassen.
Beim Einbau von neuen Fertigtüren sollte der Heimwerker nichts an der Maueröffnung verändern. Denn Mauern sind Konstruktionselemente des Hauses, die nur unter Aufsicht eines Architekten oder Statikers verändert werden dürfen. In den meisten Fällen wird man Fertigtüren problemlos einbauen können, weil die Maße der Maueröffnungen nach DIN 18100 genormt sind. Auch die Wanddicke (Mauer und Putz) ist allgemein mit zulässigen Toleranzen nach DIN 18202 festgelegt. In der Umgangssprache sind Begriffe wie Maueröffnungsmaß, Rohbaurichtmaß und Rohbaubreite geläufig. Diese Benennungen beziehen sich vereinfacht gesagt auf die Maße von Unterkante (UK) Rohbausturz bis Oberkante (OK) Estrich beziehungsweise Unterboden sowie auf die Breite der Maueröffnung. Zu berücksichtigen ist bei der Renovierung im Altbau die Konstruktionshöhe des Fußbodenaufbaus. Bei der Bestellung der Fertigtüren muß angegeben werden, nach welchen Seiten die Türen geöffnet werden sollen. Bei falsch angeschlagenen Zimmertüren kann der Fall eintreten, daß man um die ganze Tür herumlaufen muß und so Raum verliert.

Einbau von Türzargen. Zu den stark beanspruchten Konstruktionselementen einer Wohnung gehören die Türzargen. Deshalb müssen Türzargen aus einem Material sein, das diesen Anforderungen standhält. Das hier angesprochene Produkt eines Herstellers soll als Beispiel da-

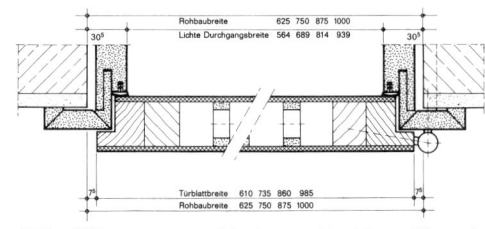

176 Klärung verschiedener Fachbegriffe mit Maßangaben.

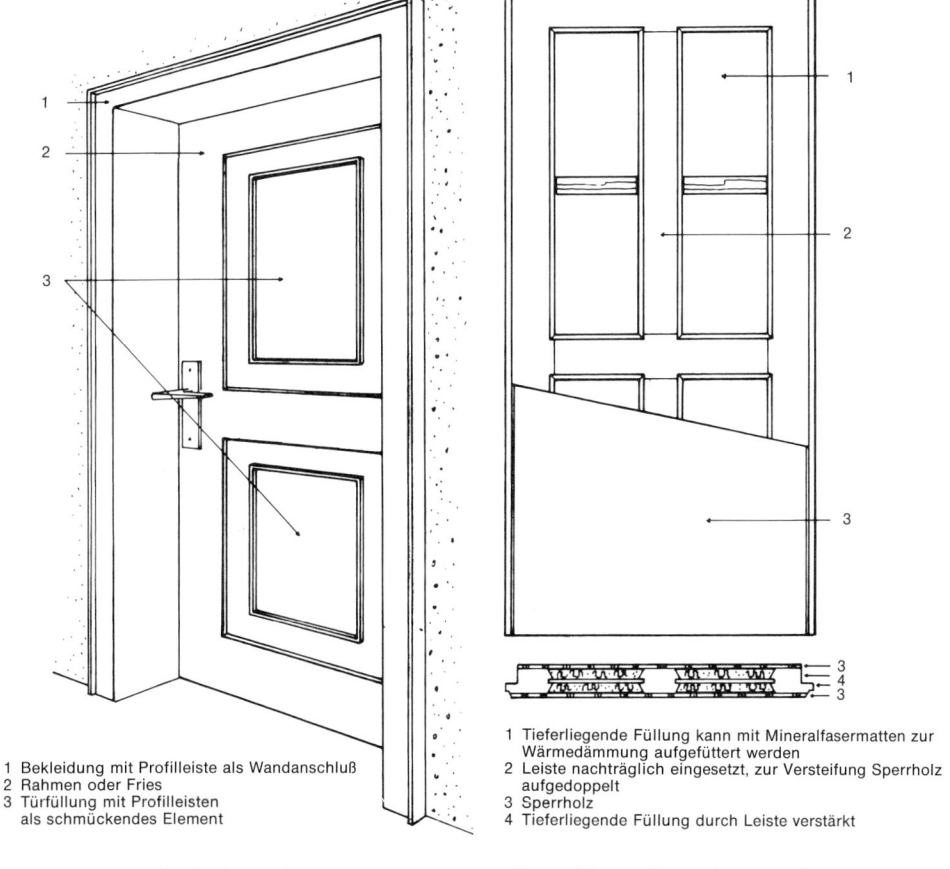

1 Bekleidung mit Profilleiste als Wandanschluß
2 Rahmen oder Fries
3 Türfüllung mit Profilleisten
　als schmückendes Element

174 Fachbegriffe Füllungstür.

1 Tieferliegende Füllung kann mit Mineralfasermatten zur
　Wärmedämmung aufgefüttert werden
2 Leiste nachträglich eingesetzt, zur Versteifung Sperrholz
　aufgedoppelt
3 Sperrholz
4 Tieferliegende Füllung durch Leiste verstärkt

175 Füllungstür, aufgedoppelt.

für dienen, daß die Entwicklung es heute ermöglicht, Türzargen selbst einzubauen. Natürlich sind bestimmte Grunderfahrungen und Fertigkeiten notwendig, dennoch zeigt sich, daß diese Zarge überall problemlos eingesetzt werden kann. Diese Türzargen sind aus gleichmäßig weißdurchgefärbtem PVC hart. Sie sind schlagzäh, pflegeleicht und feuchtigkeitsbeständig. In diese Zargen lassen sich alle in Handel erhältlichen gefälzten Türblätter einhängen, die der DIN-Norm 18101 entsprechen. Fünf lieferbare Typen decken alle Wandstärken ab. Denn jeder Typ ist zwischen 30 und 35 Millimeter stufenlos verstellbar.

Die Zarge besteht aus einem Türanschlags- und einem Gegenprofil sowie einem elastischen Dämpfungsprofil. Das beigefügte Befestigungsmaterial sorgt für eine stabile Verankerung und ist außen nicht sichtbar. Jede komplette Zarge ist in einem Karton verpackt.
Beim Einbau von Türzargen, auch aus Holz, sollte die Wärmedämmung berücksichtigt werden. Die Zwischenräume zwischen Mauerwerk und Zarge bilden in dieser Hinsicht Schwachstellen. Mit Polyurethanschaum in der Sprühdose können die beim Einbau noch übrigbleibenden Hohlräume ausgeschäumt werden. PU-Schaum klebt stark und verbindet das

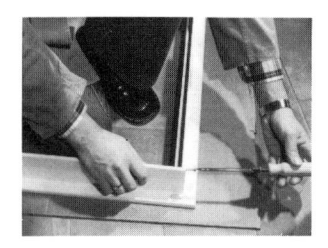

177 Die einzelnen Teile werden zusammengesetzt und wie hier zur Stabilisierung verschraubt.

178 Nach Einsetzen des Gegenprofilrahmens in die Öffnung sind die Zwischenräume mit Hartfaserstreifen auszufüllen. Dübel und Schraube werden durch das Bohrloch gesteckt und festgeschraubt.

179 Die Dämpfungsschnur wird eingedrückt.

Türfutter sicher mit dem Mauerwerk. Wärmeverluste, Feuchtigkeit und Schall werden gebremst.

Einbau neuer Türen

In hervorragender handwerklicher Qualität und komplett mit Schloß und Bandoberteilen ausgestattet, bieten sich dem Heimwerker oberflächenbehandelte Fertigtürblätter im Sortiment des Handels an. Zwar kann der Einbau nicht als einfach und problemlos bezeichnet werden. Doch jeder gewissenhafte, überlegt vorgehende Heimwerker wird damit fertig. Eine gut funktionierende und gut schließende Tür ist der Lohn der Mühe.

Falttüren

Es kann vorkommen, daß der Grundriß einer Wohnung keine Türblätter zuläßt, weil durch den Schwingbereich der Tür zu viel Platz verlorengeht oder die geöffnete Tür den Weg versperrt. Für solche Gelegenheiten sind Falttüren die ideale Lösung. Sie lassen sich zu einem schmalen Paket zusammenschieben und haben keinen Schwenkbereich. So kann durch Falttüren die Wohnung größer gemacht werden.

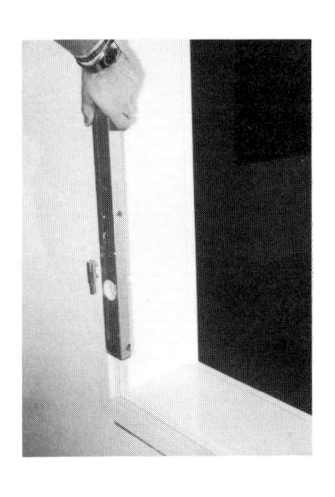

180 Einsetzen des Türanschlagrahmens. Der Rahmen wird ausgelotet, justiert und festgeschraubt.

181 Ausfüllen der zwischen Mauerwerk und Türzarge befindlichen Zwischenräume mit PU-Schaum zur Wärmedämmung.

182a+b Verschiedene Einsatzmöglichkeiten für Falttüren in Normgrößen.

183 Die ausführliche Anleitung ermöglicht einen schnellen und problemlosen Einbau.

Die 88 beziehungsweise 98 Zentimeter breiten Falttüren passen in jede Türöffnung. Bei größeren Türöffnungen können sie auch als zweiflüglige Tür eingebaut werden. Eine Scherenmechanik sorgt für ein gleimäßiges Faltenbild. Die Tür ist abschließbar und kann in der Höhe mühelos bis zu zehn Zentimeter gekürzt werden. Ihre Oberfläche besitzt bei den Kunststoffausführungen eine Ledernarbung oder verschiedene Holzmaserungen. Sie harmoniert so mit jeder Wohnungseinrichtung. Andere Ausführungen besitzen einen Kern aus Spanholz, dessen Oberfläche mit einer dekorativen PVC-Folie beschichtet ist. Auch doppelrandige, schlagzähe PVC-Hohlkammerprofile als Kern mit entsprechenden lackgeschützten Dekors verbreitern das Angebot. Außergewöhnliche raumgestalterische Lösungen lassen sich finden, weil man durch Falttüren viel Nutzfläche dazugewinnen kann.

Dabei ist das Anbringen beziehungsweise der Einbau von Falttüren wirklich kein Kunststück. Denn ausführliche Montageanleitungen liegen jeder Packung bei. An Werkzeug wird eine Feinsäge benötigt, um die Profile zu kürzen, ein Bohrer, um Schraubenlöcher im Türfutter vorzubohren, ein Schraubendreher, um die Schienen festzuschrauben, und ein Zollstock.

Alte Türen modernisieren

Zunächst sei darauf hingewiesen, daß alte Türen nicht immer Wegwerfobjekte sind. Viele dieser Türen wurden vom Tischler in Handarbeit gefertigt. Wegen der meist qualitativ hervorragenden Einzelfertigung besitzen diese aus Massivholz bestehenden Türen besondere Eigenschaften. Nicht nur ihre zeitlose Eleganz, sondern auch ihre handwerklich hochwertige Qualität ist Anlaß, diesem Stück eher Respekt entgegenzubringen und alle anstrichtechnischen und chemischen Möglichkeiten zu nutzen, um die Tür zu erhalten. Die weniger gut gearbeiteten und in Serien hergestellten Türen dagegen sollten mit allen technischen Mitteln und Maßnahmen modernisiert werden.

Eine der einfachsten Möglichkeiten der Modernisierung ist das Aufbringen von etwa fünf bis sechs Millimeter starkem Sperrholz. Bei diesem Aufdoppeln werden die tiefer liegenden Füllungen mit Leisten so aufgefüttert, daß die Verkleidung eben aufliegt. Der entstehende Hohlraum kann zur Schall- und Wärmedämmung mit einer Dämmschicht aus Mineralfasermatten ausgefüllt werden. Die neue Oberfläche des Türblattes kann auf die übliche Weise gestaltet werden. Eine Tür, die vorher durch dicke Farbschichten auffiel, kann sich jetzt nach entsprechender Oberflächenbehandlung in natürlicher Schönheit der Holzmaserung zeigen. Dieses Aufdoppeln wird besonders bei Füllungstüren angewendet.

Tapeten und andere Wandbeläge müssen nicht unbedingt nur auf Wand- und Deckenflächen tapeziert werden. Verbleibende Tapetenreste können auch auf Zimmertüren angebracht werden. Einer alten glatten Zimmertür mit gerissener Lackfläche kann schnell und ohne langwierige Anstricharbeiten wieder zu einem neuen Aussehen verholfen werden. Zum Bekleben von glatten, lackierten Türflächen eignen sich besonders PVC-Folien mit Gewebrückseite oder Textiltapeten. Nicht nur der Zeit-, sondern auch der Materialaufwand hält sich in Grenzen. Türblätter, die mit Textiltapeten verschönert werden, erfordern keine langwierigen Vorarbeiten und sind schnell wieder funktionsfähig. Bei Neubeschaffungen müssen nicht die teuersten Türen gekauft werden, wenn man sich von vornherein für das Tapezieren entscheidet.

Da Textiltapeten im Gegensatz zu normalen Papiertapeten eine Breite von meist über 90 Zentimetern haben, eignen sie sich besonders. Denn auf der gesamten Fläche entsteht keine störende Stoßnaht. Dank ihrer Musterung bietet die Textiltapete weitere interessante Gestaltungsmöglichkeiten, die mit den Wandflächen abgestimmt werden.

Nach dem Abwaschen, das heißt, nach dem Entfetten der alten lackierten Fläche, kann der Kleber, zum Beispiel Ovalit T, mit einem Streichroller unverdünnt und gleichmäßig auf die Türfläche aufgetragen werden. In den Kleber wird die zugeschnittene Textiltapete eingebettet. Die Tapetenbahn sollte nach allen Seiten mindestens zwei Zentimeter überstehen, weil sie beim Trocknen schrumpfen kann. Diese Seitenkanten können und müssen besonders geschützt werden. Es bieten sich drei Möglichkeiten an:

○ Die Textiltapete kann mit der Kante bündig abgeschnitten werden. Dabei müssen vorher die Kanten oder die Falze im passenden Farbton gestrichen werden.
○ Die Kanten und Falze können bei entsprechender Zugabe nach dem Trocknen der Fläche mit der Tapete umklebt werden. Als Kleber kann hier beispielsweise PATTEX compact verwendet werden.
○ Kunststoff-Winkelleisten in weiß, braun und schwarz können die Kanten der glatten Türen ebenfalls schützen. Auch Holzwinkelleisten können verwendet werden.

Mit Resten von Textiltapeten, die entsprechend zugeschnitten werden, lassen sich auch ornamentale Gestaltungen erreichen. Es kann so zum Beispiel ein glattes Türblatt eine Füllungs-Imitation erhalten. Dabei sollte an allen Seiten eine gestrichene und lackierte Randfläche frei bleiben. Die Ecken können jeweils nach außen oder innen abgerundet oder durch Zierleisten abgedeckt werden. Gleichfalls lassen sich auf diese Weise Möbel wie Schränke oder Schranktüren verschönern.
Eine weitere Möglichkeit zur Modernisierung alter Türen bieten die »Bügelfolien«. Dabei handelt es sich um Flächenfolien, die auf der Rückseite mit einem Schmelzkleber beschichtet sind. Angeboten werden sie in Weiß und verschiedenen Farben, außerdem mit Holzstrukturen. Die Folie läßt sich auf allen glatten Materialien ohne Vorbehandlung verarbeiten. Doch sollte auf eine fettfreie Oberfläche geachtet werden. Dieses Flächendekor gibt es in drei verschiedenen Breiten von 400 über 600 bis zu 900 Millimetern mit unterschiedlichen Längen. Regelböden können ebenso wie Möbelfronten und Türen beschichtet werden.
Vor der Verarbeitung wird zunächst die Tür ausgehängt und flach hingelegt, der Beschlag wird abgeschraubt. Die Flä-

184 So kann ein serienmäßig hergestelltes Türblatt gestaltet werden.

185 Weitere überlieferte Motive aus dem Allgäu für Türfüllungen.

chenfolie wird nun ausgelegt und ausgerichtet. Mit einem normalen Haushaltsbügeleisen bei der Einstellung Wolle/Seide – zwischen 140 und 150 Grad Celsius – bügelt man die Folie mit leichtem bis mittlerem Druck auf. Die Andruckdauer liegt zwischen fünf bis sieben Sekunden. Mit dem Bügeleisen gleitet man von innen nach außen. Um ein Blasenbilden zu vermeiden, muß hier sehr sorgfältig vorgegangen werden. Der Schmelzkleber wird durch die Bügelwärme aktiviert, so daß sich die Folie mit dem Werkstück fest und gleichmäßig verbindet. Die überlappende Folie wird von der Fläche aus zur Kante umgelegt und aufgebügelt. Noch verblei-

129

186 Die praktische Bügelfolie.

bende Überstände werden mit einem scharfen Messer abgeschnitten. Nun kann der Türbeschlag wieder angeschraubt und die Tür eingehängt werden. Es ist verblüffend, wie schnell, sauber und einfach die Tür ein völlig neues und schönes Aussehen bekommen hat.

Das Problem Zugluft. Jeder weiß, daß auch neue Türen nicht luftdicht abschließen. Wissenschaftliche Institute haben genau errechnet, wieviel Prozent Wärmeverlust allein durch undichte Türen entstehen. Seit etwa zwei Jahrzehnten bieten namhafte Firmen Produkte an, um die Unvollkommenheit dieses Bauteils auszugleichen. Seit vielen Jahren sind Schaumstoff-Streifen mit selbstklebender Rückseite als einfachste Falzdichtung bekannt. Diese dauerelastischen Dichtungsbänder mit Moosgummi-Profilen haben inzwischen eine verstärkte, selbstklebende Rückseite erhalten und sind altersbeständiger geworden. Das Aufkleben dieser Dichtungen auf dem gut gereinigten Falz ist eine Arbeit, die jeder selbst machen kann.

Dichtungsleisten aus Kunststoffprofilen sind eine Weiterentwicklung. Sie werden auf den Rahmen geklebt, genagelt oder geschraubt. Sie sind gut dichtend, leicht zu verarbeiten, aber sichtbar. Türabdichtbürsten bestehen aus einer Kunststoffleiste, in die Borsten eingelassen sind. Der dichte Besatz läßt keine Zugluft durch, ist aber so flexibel, daß die Borsten über den Bodenbelag streifen, ohne Spuren zu hinterlassen. Für den gleichen Fall gibt es ein weiteres wirkungsvolles Produkt. Es handelt sich um eine elastische Schwellendichtung, die auf den Boden aufgeschraubt wird. Beim Schließen der Tür wird diese Dichtung zusammengepreßt und schließt so jede Öffnung. Ähnlich wirkt ein Dichtungshohlprofil, das in den ringsum laufenden Falz der Türzarge eingebaut werden kann. Durch die sinnvolle Ausbildung dieses Profils ist ein hoher Dichtungseffekt gewährleistet. Auch die Geräusche beim Schließen der Tür werden stark gemindert.

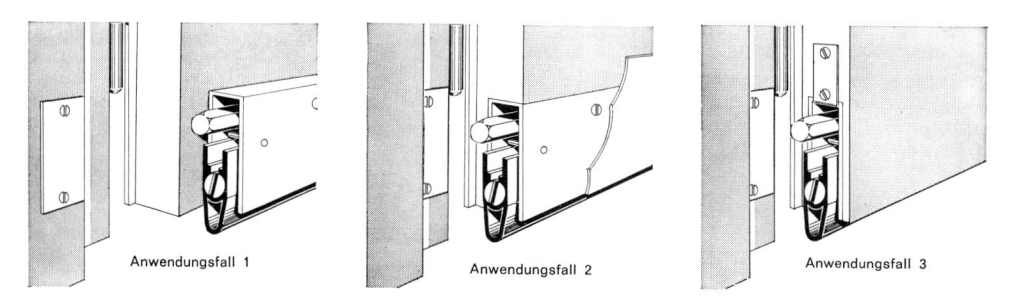

Anwendungsfall 1   Anwendungsfall 2   Anwendungsfall 3

187 Mit diesen Vorrichtungen kann die Zugluft verringert werden.

Fenster

Das vollständige Auswechseln alter Fenster gegen neue macht sich selten aus den Einsparungen an Heizkosten bezahlt. Nur wenn die Fenster ohnehin alt, schadhaft, undicht und zudem einfach verglast sind, ist ein Auswechseln zu empfehlen. Diese Aussage wird durch die Ergebnisse eines Forschungsprogramms des Bundesministers für Raumordnung, Wohnungs- und Städtebau erhärtet. Bei den betriebswirtschaftlichen Berechnungen wurde der jährliche Wärmeverlust pro Quadratmeter Fensterfläche auf den Heizölverbrauch umgerechnet. Die ermittelten Werte sagen aus, daß bei einfach verglasten Fenstern rund 40 Liter Heizöl, bei doppelt verglasten Fenstern etwa 20 Liter und bei dreifach verglasten Fenstern nur noch 10 Liter pro Jahr und Quadratmeter Fensterfläche verbraucht werden. Daraus läßt sich leicht errechnen, wieviel Liter und wieviel Geld mehr verbraucht werden, wenn die Fenster nur eine Glasscheibe haben. Was ein isolierverglastes Fenster aus Holz, Kunststoff oder Aluminium kostet, läßt sich leicht durch Nachfragen bei Fensterfabriken, Baumärkten oder Baustoffhändlern feststellen. Rechnet man diese Kosten auf die Quadratmeter Fensterfläche um, so wird man feststellen, daß ein Jahrzehnt vergehen muß, bis sich die Aufwendungen für ein neues Fenster durch die eingesparten Heizkosten amortisiert haben. Mehrkosten für Montage, Anstrich und Nebenarbeiten sind dabei noch nicht berücksichtigt. Es lohnt sich also, nach Möglichkeiten zu suchen, die bei gleichem Ziel billiger sind.

Neue Fenster im alten Rahmen. Eine Lösung besteht darin, neue Fenster auf den alten Rahmen zu montieren. Der bisherige Rahmen bleibt im Mauerwerk und wird als Unterkonstruktion für das neue Fenster benutzt. Deshalb muß der alte Rahmen fest verankert, fäulnisfrei und trocken sein. Zusätzlich muß die Konstruktion des neuen Fensters sicherstellen, daß der Rahmen auch später nicht faulen kann.
Bei der Montage des neuen Fensters auf dem alten Rahmen werden zunächst die alten Fensterflügel ausgehängt. Der alte Fensterrahmen bleibt in der Wand, nur die Beschläge werden abgeschraubt. Nun kann der Fensterrahmen des neuen Fensters auf den bisherigen Fensterrahmen montiert werden. Allerdings werden nur von spezialisierten Firmen solche Fenster aufgemessen, hergestellt, verglast, montiert und zum Mauerwerk beziehungsweise zum alten Rahmen hin abgedichtet. Diese Fenster sind mit Isolierscheiben verglast und aus Holz, Kunststoff oder Aluminium hergestellt. Vorteilhaft bei dieser Lösung ist der Einbau in wenigen Stunden durch eine einzige Firma, ohne zusätzliche Stemm-, Putz- und Malerarbeiten.
Wenn die neuen Fenster die Außenansicht des Hauses verändern, ist je nach Bundesland eine Baugenehmigung oder eine Bauanzeige erforderlich.

Einsatzscheiben. Für gut erhaltene, einfach verglaste Fensterflügel hat die Glasindustrie spezielle Isolierglasscheiben entwickelt, die in den Glasfalz passen. Voraussetzung ist, daß die Fensterflügel und Beschläge das zusätzliche Gewicht tragen können.
Zuerst wird die alte Scheibe ausgebaut und auf den Kittfalz ein Sonderprofil aus Metall oder Kunststoff aufgeschraubt. Die Isolierscheibe kann nun beidseitig eingekittet und abgedichtet werden. Eine andere Möglichkeit besteht darin, daß – nachdem die alte Scheibe ausgebaut ist – eine Isolierglasscheibe mit einem Stufen-

falz eingesetzt wird. Diese preiswerte Lösung bei Einfachfenstern spart nicht nur Energie, sondern auch Arbeit. Die Isoliergläser bleiben im Scheibeninnern beschlagfrei und beim Fensterputzen sind nur zwei Flächen zu reinigen.

Vorsatzflügel. Auf den Fensterflügel wird innen ein Vorsatzflügel aufgeschraubt, der mit einem Aluminiumprofil mit Dichtungslippe eingefaßt ist. Auch hier muß die zusätzliche Last auf Fensterrahmen und Beschlägen beachtet werden. Zustand und Belastbarkeit des Fensterflügels müssen ausreichen. In der Regel muß ein Glaserbetrieb mit dem Einbau beauftragt werden. Doch setzt sich in letzter Zeit eine Variante für den Heimwerker immer mehr durch: Vom Glaser zugeschnittene Scheiben werden mit einem Kunststoff-Spezialprofil und Kleber eingefaßt. An einer Seite dieses Profils befindet sich eine schlauchartige Dichtung, die beim Befestigen der eingerahmten Scheibe am Fensterrahmen zusammengedrückt wird. Die Befestigung erfolgt mit Spiegelklammern und Schrauben. Um das lästige Abnehmen des Vorsatzfensters zum Putzen zu erleichtern, wurde zusätzlich ein Kunststoffscharnier entwickelt. Es wird genauso auf die Scheibe geklebt und dichtet beim Schließen gleich gut ab.

Abdichten der Fensterfugen. Am einfachsten und preiswertesten sind die dauerelastischen Dichtungsbänder aus Moosgummi-Profilen mit verstärkter, selbstklebender Rückseite. Wegen ihrer rundum geschlossenen Fläche nehmen diese Profile kein Wasser auf. Sie werden auf den gut gereinigten inneren Falz des Fensterrahmens aufgeklebt. Hat der Fensterrahmen nur einen Falz, so wird die Dichtung am Fensterflügel angebracht. Neben diesem wohl bekanntesten Dichtungsband gibt es noch eine ganze Reihe dauerelastischer Dichtungsprofile, die selbstklebend sind und von jedermann leicht selbst angebracht werden können.

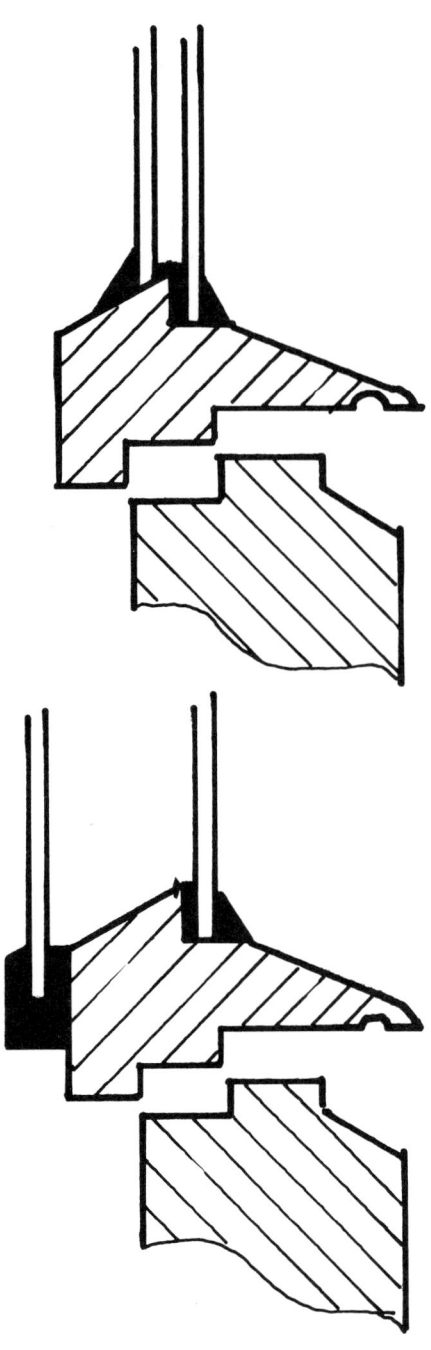

188 Nachträgliche Doppelverglasung: A Einsatzscheibe im Stufenfalz, B Vorsatzflügel in Kunststoff- oder Alurahmen.

110 Ein interessantes Beispiel mit Wandplatten aus Mauerstein-Material siehe Seite 78.

Dichtleisten. Sie bestehen aus einem flexiblen Kunststoffwulst, der an einer Kunststoffleiste befestigt ist. Bei schlagregengeschützten Fenstern werden sie außen auf den Fensterrahmen und sonst innen an den Fensterflügel geschraubt oder genagelt. Sie dichten gut ab, sind leicht zu verarbeiten, jedoch sichtbar.

Dichtmassen. Der Fachhandel bietet eine Vielzahl von dauerelastischen Dichtmassen für unterschiedliche Verwendungszwecke an. Die verschiedenen chemischen Zusammensetzungen zwingen zur gewissenhaften Beachtung des Einsatzbereichs. Die häufig verwendeten Begriffe wie Fugendichter oder Fugendichtungsmasse können den eiligen Käufer unaufmerksam machen. Auch ihre äußere Form, die Kartusche, die ganz auf die Anforderungen der Praxis abgestellt ist,

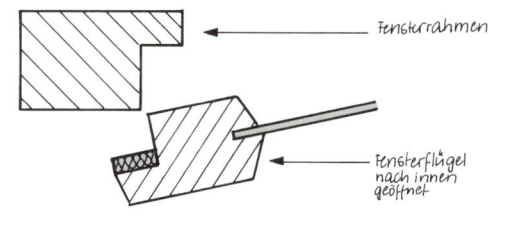

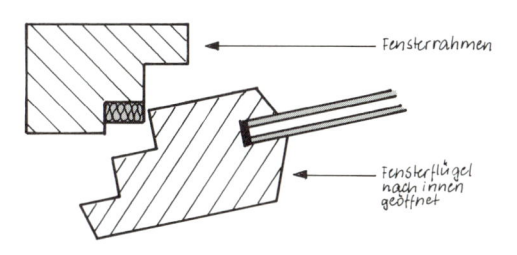

189 Anbringen der Dichtungsbänder.

133

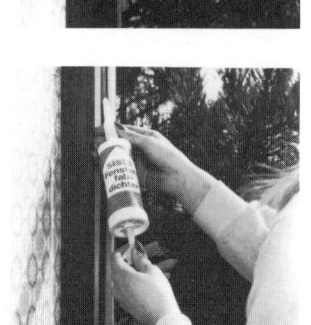

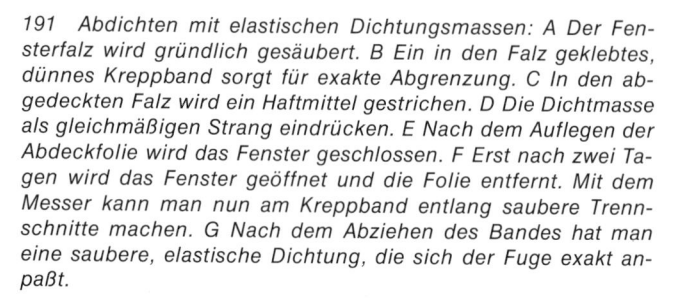

191 Abdichten mit elastischen Dichtungsmassen: A Der Fensterfalz wird gründlich gesäubert. B Ein in den Falz geklebtes, dünnes Kreppband sorgt für exakte Abgrenzung. C In den abgedeckten Falz wird ein Haftmittel gestrichen. D Die Dichtmasse als gleichmäßigen Strang eindrücken. E Nach dem Auflegen der Abdeckfolie wird das Fenster geschlossen. F Erst nach zwei Tagen wird das Fenster geöffnet und die Folie entfernt. Mit dem Messer kann man nun am Kreppband entlang saubere Trennschnitte machen. G Nach dem Abziehen des Bandes hat man eine saubere, elastische Dichtung, die sich der Fuge exakt anpaßt.

kann zu einem Mißgriff führen. Namhafte Hersteller betonen deshalb im Aufdruck die chemische Basis und das Anwendungsgebiet.

Für den Heimwerker interessant sind zwei Dichtmassen, die wegen ihrer unterschiedlichen chemischen Zusammensetzung bei der Anwendung nicht verwechselt werden dürfen. Zum Abdichten von Fenstern und Türen im Falzbereich gegen Zugluft, Staub, Lärm und auch Feuchtigkeit wird die einkomponentige Silikon-Fugendichtungsmasse eingesetzt. Sie härtet durch die Aufnahme von Luftfeuchtigkeit elastisch aus. Bei fünf Millimeter Dicke dauert die vollkommene Durchhärtung etwa zwei Tage. Silikone sind temperaturunempfindlich und außerordentlich widerstandsfähig gegen Witterungseinflüsse, UV-Licht und Industrieabgase. Sie sind die alterungsbeständigsten Dichtmassen mit einer Lebensdauer von etwa 30 Jahren. Sie können allerdings nicht mit Lacken oder Farben überstrichen werden.

192 Die Fugen zwischen Fensterrahmen und Mauerwerk werden mit PU-Schaum abgedichtet.

190 Dichtungen, Anwendungsbeispiel.

Die **Silikon-Fensterfalzmasse** paßt sich den unterschiedlich breiten Spalten zwischen Fensterflügel und Rahmen an. Der Fensterfalz wird gereinigt, staub- und fettfrei gemacht und dann mit einem Haftmittel (Fugenprimer) vorgestrichen. Nach 15 bis 30 Minuten wird der Fensterfalz ohne Unterbrechung mit der Dichtmasse ausgespritzt und mit einer Trennfolie abgedeckt. Diese Folie soll auf beiden Seiten überstehen. Danach wird das Fenster geschlossen und frühestens nach zwei Tagen vorsichtig geöffnet. Die Trennfolie wird abgezogen und herausgequollene Dichtungsmasse mit dem Messer abgeschnitten.
Am Mauerwerk, also zur Fugenabdichtung zwischen Fensterrahmen und Mauerwerk oder zwischen Fensterbank und Mauerwerk, verwendet man eine Dichtmasse aus Polyurethan. Dieser PU-Schaum härtet durch Aufnahme von Luftfeuchtigkeit elastisch aus. Die Durchhärtungszeit ist erheblich länger als bei der Silikon-Dichtmasse. Erst nach zehn bis 15 Stunden beginnt die Hautbildung. So lange ist die Masse vor Regen oder anderer Wassereinwirkung zu schützen. Sie ist fast schwundfrei und haftet auf nichtsaugenden Untergründen ohne Voranstrich. Bei saugenden Untergründen wie Beton, Putz oder Holz muß ein Vorstrichmittel eingesetzt werden. Beim Einkauf ist zu beachten, daß diese Massen nur begrenzt lagerfähig sind. Bei den Silikonen bis neun Monate, beim PU-Schaum drei bis sechs Monate. Auch das notwendige Zubehör wie Spritzpistole und Vorstreichmittel sollte gleich mit eingekauft werden.

Rolladenkasten. Eine der wenig beachteten Wärme-Verlustquellen ist der Rolladenkasten. Durch den Rolladenschlitz dringt kalte Außenluft in den Kasten ein und entzieht dem Raum die Wärme. Der Einbau moderner wärmegedämmter Rolladenkästen ist wegen der baulichen Gegebenheiten nicht immer möglich. Doch oft verbleibt auch bei aufgezogenem Roll-

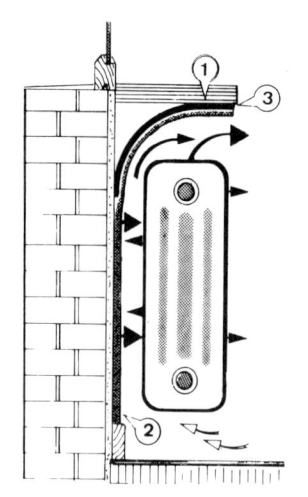

193 Eine vorgekrümmte Dämmstoffplatte schließt an der Vorderkante der Fensterbank ab. Eine anschließend aufgebrachte Alufolie wirkt als Reflektor und führt die warme Luft in den Raum.

laden genügend Platz, um Dämmplatten in den Rolladenkasten zu kleben. Der abgeschraubte Rolladendeckel erhält ebenfalls eine Schaumstoffplatte. Vor dem Anschrauben können die Ränder des Deckels mit einem Dichtungsband abgedichtet werden.

Heizkörpernische. Eine weitere schwache Stelle an der Fensterfront ist die Heizkörpernische. Sie hat meist nur eine dünne Außenwand, oft nur 11,5 Zentimeter Mauerwerk. Da hier in direkter Nähe des Heizkörpers die höchsten Lufttemperaturen herrschen, dringt besonders viel Wärme durch die Wand nach außen. Deshalb sollte an dieser Stelle der Wärmeschutz besser sein als an der übrigen Wand.

Weil die Arbeit sonst umständlich und zeitraubend ist, lohnt es sich, die Heizkörper abzunehmen. Dann ist es auch möglich, eine Gipskarton-Hartschaum-Verbundplatte anzubringen. Eine noch bessere Lösung bietet sich mit der Krümmerfolie. Diese vorgekrümmte Depronplatte reicht bis zur Vorderkante der Fensterbank. Nach dem Trocknen des Klebers wird eine selbstklebende Heizkörperfolie aufgebracht. Diese Folie wirkt als Reflektor für die Wärmestrahlung. Es lohnt sich, vor dem Wiederanbringen des Heizkörpers die Gelegenheit zu nutzen und die Heizkörperventile gegen solche mit Thermostat auszutauschen. Wird dieser Thermostat so angebracht, daß die Raumluft ungehindert am Ventil vorbeistreichen kann, so wird der Brennstoffverbrauch verringert.

Dachgeschoßausbau

Wärme- und schalldämmende Maßnahmen

Viele Dächer bieten keinen ausreichenden Wärmeschutz und sind daher ganz besonders den Temperaturschwankungen unterworfen. Der Dachraum wird ebenso schnell aufgeheizt wie abgekühlt. In dem schon erwähnten Forschungsbericht wird nachgewiesen, daß rund 20 Prozent der Raumwärme durch das Dach verloren geht. Das bedeutet, daß bei entsprechend gedämmter Dachfläche sich pro Jahr und Quadratmeter zwischen sechs und zehn Liter Heizöl einsparen lassen. So können die oft großen Dachflächen zu einer spürbaren Verringerung der Heizkosten führen.
Auch wenn der Dachboden nur als Abstellraum genutzt wird, sollte der Fußboden – also die Decke über dem obersten Geschoß – eine Wärmedämmung erhalten. Doch wenn man einmal mit den Baumaßnahmen begonnen hat, sollte der Mehraufwand nicht gescheut werden, um diesen freien Raum für Wohnzwecke nutzbar zu machen. Mit etwas Geschick und der entsprechenden Heimwerker-Erfahrung können die vorgeschlagenen Verbesserungen selbst ausgeführt werden.
Die oft extremen Temperaturschwankungen, denen die dünne Dachhaut unterworfen ist, erfordert die richtige Hinterlüftung. Es bilden sich sonst Hitzestaus oder Kondenswasser. Es muß also für Luftzirkulation gesorgt werden, was man am besten durch den Einbau von Entlüftungsziegeln erreicht. Diese werden am First und an der Traufe anstelle der normalen Dachziegel eingebaut. Dabei sollte zumindest der Rat des Dachdeckers eingeholt werden. Seine Fachkenntnis ist auch bei der Kontrolle der Dachkonstruktion und der Dachdeckung erforderlich. Denn das Dach muß dicht und die Dachkonstruktion gesund sein, also frei von Fäulnis und Schädlingsbefall sowie ausreichend tragfähig.
Durch die Ritzen zwischen den Dachziegeln kann Flugschnee oder Regen bei bestimmten Windrichtungen und -stärken eindringen. Mit einem Füllschaum, beispielsweise Assil HF, können diese Fugen ausgeschäumt werden. Eine Flasche ergibt etwa 25 Liter freigeschäumte Masse

194 So einladend kann ein bisher ungenutzter Dachraum aussehen und zum Wohnen genutzt werden.

A B C

195 A Abdichten der Fugen zwischen den Dachziegeln mit Füllschaum. B Befestigung von Latten an den Dachsparren. C Einpassen und Andrücken der Hartschaumplatte.

oder 80 Meter Schaumstrang mit zwei Zentimeter Durchmesser. Natürlich sollten vorher undichte, beschädigte oder gesprungene Dachziegel ausgewechselt werden.
Ist ein ausreichender Zugang zum Dachraum vorhanden, so sollte mit der Wärmedämmung auch eine begehbare Fußbodenfläche geschaffen werden. Alle möglichen Lösungen richten sich dabei nach dem schon vorhandenen Bodenbelag.

Holzdielen. Besitzt der Dachboden einen Holzdielenbelag, so sollte man – besonders wenn der Dachraum benutzt werden soll – ein Dielenbrett entfernen, um zu sehen, wie groß der Luftraum unter den Dielen ist. Da für den Dachausbau eine Baugenehmigung erforderlich ist, die eine Mindestgröße und eine Mindesthöhe von Dachräumen voraussetzt, können hier schon wichtige Zentimeter gewonnen werden. Ist also unter den Dielen der Luftraum mindestens sechs Zentimeter hoch, so können die Dämmstoffbahnen eingeschoben werden. Sie sollten dabei so zugeschnitten werden, daß sie etwas breiter sind als der Abstand zwischen den Balken. Die Abschnitte werden dann in die Hohlräume hineingepreßt. Zum Schluß nagelt man die abgenommenen Bodenbretter wieder auf. Sollte der Hohlraum unter den Holzdielen weniger als sechs Zentimeter hoch sein, so können bei nachfolgendem Ausbau des gesamten Dachraumes Trockenestrich-Verbundplatten oder wasserfest verleimte Spanplatten auf den Dielen verlegt werden.

Estrichboden. Für diesen Untergrund gibt es mehrere einfache und preiswerte Lösungen. Zunächst eine Abart der »schwimmenden« Verlegung: Mindestens sechs Zentimeter dicke Platten aus Hartschaum oder Mineralfaser werden fugendicht verlegt und punktweise auf den Boden geklebt. Darauf werden Holzspanplat-

196 Auf den befestigten Dielenunterboden werden Hartfaserplatten verlegt und verschraubt.

197 Verschiedene vorbereitende Maßnahmen werden auf diesem Bild deutlich. Zwischen den Dachsparren erkennt man die eingebrachte Mineralfasermatte und auf dem Boden die Verlegung von Spanplatten auf Lagerhölzern, deren Zwischenräume mit Dämmaterial ausgefüllt sind.

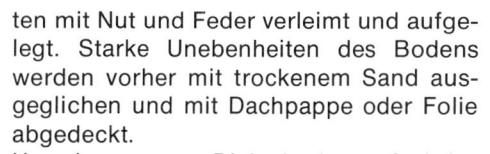

198 Notwendige leichte Trennwände können durch mit Nut und Feder versehene Spanplatten schnell und problemlos aufgebaut werden.

ten mit Nut und Feder verleimt und aufgelegt. Starke Unebenheiten des Bodens werden vorher mit trockenem Sand ausgeglichen und mit Dachpappe oder Folie abgedeckt.

Um einen neuen Dielenboden aufzubringen, werden Kanthölzer von sechs mal sechs Zentimetern im Abstand von 50 bis 60 Zentimetern ausgelegt. So kann man zwischen die Kanthölzer Hartschaumplatten oder Mineralfaserfilze kleben oder ausrollen. Mindestens 16 Millimeter dicke Dielen werden dann auf die Kanthölzer genagelt. Nut- und Feder-Spanplatten, die man untereinander verleimt, können natürlich ebenso verlegt werden. Sie bilden einen Unterboden, der ohne weitere Vorbereitungen für alle Beläge geeignet ist.

Dachschräge. Bevor man mit der Wärmedämmung zwischen oder unter den Dachsparren beginnt, sollte auch an die Wärmedämmung zwischen der Dachschräge und den Ziegeln gedacht werden, auch dann, wenn der Spitzboden über einer ausgebauten Dach- oder Mansardenwohnung zusätzlich hergerichtet werden soll. Für das Problem, den nicht zugänglichen Zwischenraum zu füllen, gibt es eine bewährte Lösung: die Schüttung mit Bituperl. Dabei werden auf passende Länge zugeschnittene und verschweißte, durch Stege stabilisierte Kunststoffsäcke zwischen die Sparren bis zum unteren Rand des Daches geführt. Diese Kunststoffsäcke werden dann – meist über ein Gebläse – mit dem Bituperl-Dämmstoff gefüllt. Durch entsprechende Profilierung und Höhe der Stege kann die Fülldicke festgelegt werden. Dadurch wird der notwendige Hohlraum für die Durchlüftung und unter den Dachziegeln berücksichtigt. Die obere Einfüllöffnung der Säcke bleibt offen und wird gefaltet, sie kann aber auch zugeschweißt werden.

Die gleiche Dämmtechnik eignet sich auch für einen Bretterboden. Der Aufwand ist noch geringer, oft muß nur ein Dielenbrett entfernt werden, um durch Einblasen des Materials den Hohlraum zwischen den Balken zu füllen. Diese Arbeit kann nur von Fachfirmen mit entsprechenden Maschinen ausgeführt werden. Doch hat die Methode den Vorteil, daß die Bretter nicht entfernt werden müssen. Und beim Dach brauchen die Ziegel nicht abgedeckt zu werden.

Nach der Abdichtung der Ritzen zwischen den Dachziegeln und dem Einbau von

Entlüftungsziegeln zwischen Traufe und First können unter den Dachsparren Mineralfaserfilze oder Hartschaumplatten angebracht werden. Dabei sollte zwischen den Dämmstoffen und der Dachdeckung ein Hohlraum von etwa vier Zentimetern für die Durchlüftung bleiben. Es empfiehlt sich, in die Dämmung das gesamte Dach einzubeziehen.

Für die Wärmedämmung der Giebelwände, die oft dünner sind als die übrigen Hauswände, bietet sich als einfachste Lösung die Verwendung von Gipskarton-Hartschaum-Verbundplatten an. Die Baustoffindustrie hat hier praxisgerechte, großflächige und auch raumhohe Verbundplatten entwickelt, die an die Innenseite der Außenwand geklebt werden. Verarbeitet werden sollten Verbundplatten aus vier bis sechs Zentimeter dickem Hartschaum und 12,5 Millimeter dicken Gipskartonplatten. Nach der schon beschriebenen weiteren Vorbereitung können auf der Oberfläche Tapeten oder auch Fliesen befestigt werden.

Aluminiumkaschierte Mineralfaserfilze sind für die Dämmung der Dachschräge zwischen den Sparren weit verbreitet. Für die Verarbeitung stehen Breiten von 60, 70, 80 und 100 Zentimetern beim Baustoffhandel zur Verfügung. Man wählt die Breite, die etwas größer ist als der Zwischenraum zwischen den Dachsparren. Die Dicke sollte mindestens zehn Zentimeter betragen. Von oben nach unten werden die Filzbahnen zwischen die Sparren gedrückt und an den Randstreifen mit Breitkopfnägeln oder mit einem Bauhefter an den Balken befestigt. Dabei liegt die aufkaschierte Aluminiumfolie zur Rauminnenseite. Sie dient als »Dampfbremse«. Auch bremst sie die Wärmestrahlung in beiden Richtungen. Die so vorgenommene Dämmung kann eine Verkleidung mit Gipskartonplatten oder mit Profilbrettern erhalten.

Ebenso gern werden auch Hartschaumplatten zur Dämmung der Dachschräge verwendet. Sie werden hauptsächlich in den Abmessungen von 50 mal 100 Zentimetern geliefert. Auf Dachlatten, die seitlich an den Dachsparren befestigt wurden, klebt man die Platten in zwei Lagen mit versetzten Stoßfugen, so daß eine Gesamtdicke von zehn Zentimetern entsteht. Nach Möglichkeit sollte, wie schon gesagt, geklebt werden, denn jeder Nagel bildet eine Kältebrücke. Es geht zwar nur eine geringe Wärmemenge verloren, aber ärgerlich ist die Wasserdampfkondensation an diesen Stellen. Das bedeutet, daß sich in der Raumluft enthaltene Feuchtigkeit auf den genagelten Stellen wesentlich stärker niederschlägt als sonst am Dämmstoff. Durch die Feuchtigkeit werden Staubteilchen gebunden, die dann häßliche Flecken bilden.

Im Handel erhältlich ist eine elastisch federnde Dachdämmplatte mit einem sogenannten Endlos-Stecksystem. Diese »Styrotect S« ist eine Ein-Mann-Dämmplatte für alle Sparrenabstände. Sie läßt sich schnell, leicht und sauber ohne Hilfskraft zu verlegen. Natürlich ist sie auch schwer entflammbar und für alle Sparrenabstände bei voller Plattennutzung praktisch verschnittfrei und selbsttätig festklemmend. Durch ihr Nut- und Federsystem erübrigt sich eine Doppelklebung, und an den Stoßfugen werden Kältebrücken vermieden. Sie hat geschlossene Zellen, ist wasserabweisend und winddicht, deshalb ist eine Unterspannfolie als Dampfsperre unnötig. Doch sollte auf diese Dampfsperre – 0,2 Millimeter dicke Kunststoff-Folie – bei der herkömmlichen Verwendung von Hartschaumplatten nicht verzichtet werden. Zur Innenverkleidung bieten sich Gipskartonplatten, Spanplatten oder Profilbretter an.

Bei sehr unregelmäßigen Sparrenabständen oder zu geringer Sparrenhöhe wird die Dämmung auf den Sparren quer angebracht. Für die Ausführung gelten ähnliche Überlegungen und Anbringungsarten.

Die schon angesprochene Dämmung von außen wird in bewohnten Dachgeschossen vorgenommen, bei denen nur eine ungenügende Wärmedämmung vorhanden ist. Besonders bei Neueindeckung des Daches oder einer größeren Reparatur sollte die Gelegenheit genutzt werden, eine zusätzliche Wärmedämmung vom Dachdecker von außen her einschieben zu lassen. Dabei werden Mineralfaserfilze von mindestens acht Zentimetern Dicke verwendet. Müssen bei einer Umdeckung des Daches auch die Dachlatten erneuert werden, so sollten schwer entflammbare Hartschaumplatten zwischen den Dachsparren eingebracht werden.

Ist der Dachraum nicht zugänglich, so kann man sich auch von unten gegen die eindringende Kälte wehren. Dazu verkleidet man die Decke. Holzlatten werden an der Decke mit Dübeln befestigt. Eine weitere Lattung wird quer zur Grundlattung aufgeschraubt, so daß man Dämmstoffe zwischen diese Konterlattung einschieben kann. Als Deckenverkleidung lassen sich Gipskartonplatten oder Profilholzbretter aufbringen.

Je nach Stärke können die Sparren in die raumgestalterischen Überlegungen mit einbezogen werden. Entweder werden die abschließenden Verkleidungselemente direkt auf den Sparren befestigt, so daß die Dachkonstuktion verdeckt wird, oder man montiert das Profilholz zwischen die Sparren. Der rustikale Effekt, der so entsteht, wird die Atmosphäre des neu gewonnenen Wohnraumes unter dem Dach bestimmen.

Kellerausbau

Kellerräume in Altbauten wurden entsprechend dem geplanten Verwendungszweck angelegt. Ein Raum diente als Waschküche. Bei entsprechendem Bauvolumen befand sich daneben der Trockenraum für die nasse Wäsche. Besaß das Kellergeschoß einen Zugang von außen, so diente ein kleiner Vorraum im Anschluß an den Eingang zur Aufbewahrung von Gartengeräten. Auch Transportmittel wie Schubkarren und Fahrräder oder im Freien benutztes größeres Spielzeug fanden hier ihren Abstellplatz. In einem weiteren Raum war die zentrale Heizanlage installiert. Leicht zugänglich lag daneben der Platz für das notwendige Heizmaterial. Für die Lagerung von Wintervorräten wie Kartoffeln, Obst, Eingemachtem oder sogar Räucherware wurden Bereiche geschaffen. So findet man in diesen Lagerräumen meist nur wenig natürliches Licht und oft einen gestampften Lehmboden.

In den letzten Jahren hat sich die Nutzung der Kellerräume erheblich verändert. Die Heizanlage wurde vielerorts auf Erdgas oder Heizöl umgestellt. Dadurch entfiel die Lagerung von Heizmaterialvorräten. Öltanks wurden zum Teil außerhalb des Hauses in die Erde gesetzt. Weil zu jeder Jahreszeit genügend Lebensmittel angeboten wurden, verkleinerte sich auch der notwendige Raum für den Lebensmittelvorrat. So ergaben sich nicht genutzte Flächen oder Räume, die oft mit abgelegten oder ausgedienten Gegenständen vollstehen.

Die Änderung der Lebensgewohnheiten und der Ansprüche sorgten also dafür, daß durch den Ausbau des Kellers mehr Quadratmeter Nutzfläche zur Verfügung stehen. Auch wenn Heizung, Waschmaschine, Geräte und Vorräte untergebracht werden müssen, läßt sich noch Platz schaffen für eine vielfältige Nutzung: Ob ein Raum für Hobby oder Hausarbeit, für Geselligkeit oder ein Fitness-Center eingerichtet werden soll – der Keller bietet oft den notwendigen Raum. Mit guter

A   B   C

199 Verbesserung der Wärmedämmung für Wohnräume über alten Kellerräumen: A Unebenheiten und auf Putz liegende Leitungen und Rohre müssen überbrückt werden. Zehn Zentimeter breite Hartschaumstoffstreifen werden zugeschnitten und mit einem Kleber eingestrichen. B Der Abstand der angeklebten Streifen wird nach der Plattenbreite ausgerichtet. An den Auflagestellen erhält die Deckenplatte einen Kleberauftrag. C Rechtwinklig und sauber werden die Platten angesetzt und angedrückt.

Planung und etwas handwerklichem Geschick kann aus dem Keller mehr werden als ein dunkler Abstellraum.

Kellerdecken

Die ersten Überlegungen werden wohl davon ausgehen, daß man die Wärmedämmung für Wohnräume über kalten Kellerräumen verbessern will. Man weiß nicht nur, sondern spürt auch durch die Fußkälte, daß nennenswerte Wärmeverluste durch nicht gedämmte Kellerräume entstehen. Um nun den Wärmeabfluß aus dem Erdgeschoß zu verringern und außerdem eine wärmere Fußbodenfläche zu erhalten, genügt eine zusätzliche Dämmung der Kellerdecke. Hierzu eignen sich besonders mindestens vier Zentimeter dicke Hartschaumplatten, die mit Spezialkleber an die Unterseite der Kellerdecke geklebt werden. Unebenheiten im Beton, auf Putz liegende Leitungen und Wasserrohre machen dabei allerdings Schwierigkeiten.

Durch eine einfache Überbrückung läßt sich Abhilfe schaffen: Man schneidet zunächst zehn Zentimeter breite Hartschaumstreifen zu und klebt sie beispielsweise mit Assil P an die Decke. Beim Anbringen dieser Streifen ist die Breite der Hartschaumplatten zu berücksichtigen. Denn Platte für Platte wird Stoß an Stoß auf diese Streifen geklebt. Auf diese Weise entsteht ein neuer Deckenbelag mit dämmenden Eigenschaften, dessen Oberfläche weiter behandelt werden kann. Nachdem Fugen und Stöße ausgespachtelt und mit einer eingebetteten Gaze gesichert wurden, kann die Fläche mit Dispersionsfarbe gestrichen oder aber tapeziert werden.

Feuchtigkeit – Entwässerung – Dämmung

Genauso können auch die Außenwände von beheizten Kellerräumen, die später zum Beispiel als Hobbyraum genutzt werden sollen, von der Raumseite her eine Wärmedämmung erhalten. Die Außenwände im Keller, die in der Regel aus Beton bestehen, entziehen dem Raum die Wärme. Das Anheizen dauert besonders lange, und das Raumklima ist wegen der kalten Wandoberflächen oft ungemütlich. Wird eine solche Innendämmung vorgenommen, so ist das Anbringen einer Dampfsperre unbedingt notwendig. Denn der Wasserdampf, der in der warmen Raumluft enthalten ist, schlägt sich an den kalten Flächen nieder. Er durchdringt die Bauteile und kondensiert in ihrem Inneren. So entstehen dort Probleme, weil die Austrocknung zu gering ist und sich deshalb immer mehr Feuchtigkeit ansammelt. Das Eindringen von Wasserdampf in die Konstruktion wird durch eine Alu- oder Kunststoffolie, die auf der warmen Seite der Dämmschicht angebracht wird, verhindert. Für diesen Zweck gibt es auch Gipskarton-Hartschaum-Verbundplatten mit eingebauter Alufolie.

Je endgültiger und dauerhafter die Maß-

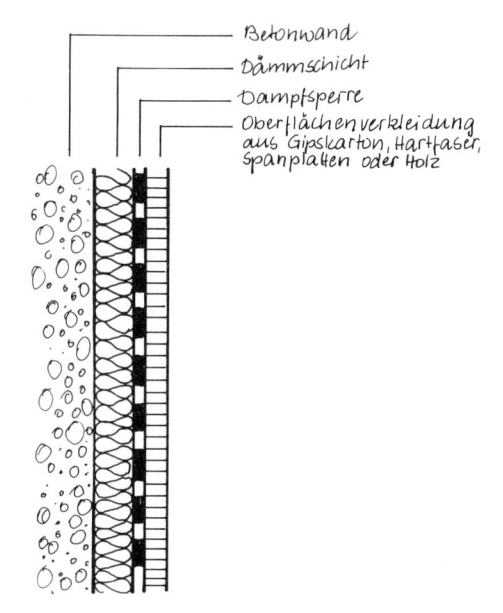

200 Eine Alu- oder Kunststoffolie wird auf der »warmen« Seite der Dämmschicht aufgebracht.

Beschriftung: Betonwand, Dämmschicht, Dampfsperre, Oberflächenverkleidung aus Gipskarton, Hartfaser, Spanplatten oder Holz

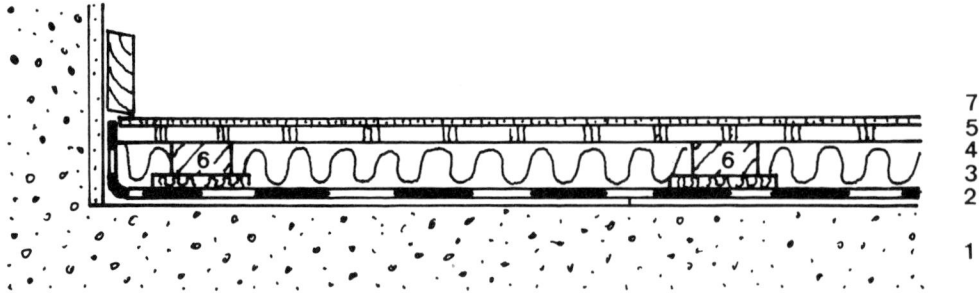

201 1 Alter Kellerboden, 2 Feuchtigkeitssperre, 3 bitumierte Filzstreifen, 4 Dämmung, 5 Spanplatte, 10 mm, phenolharzhaltig, 6 Lagerhölzer, 7 Oberbelag.

nahmen jedoch sein sollen, um so gründlicher müssen sie geplant und ausgeführt werden. Verlangt die zukünftige Raumnutzung Veränderungen an vorhandenen Zwischenwänden, so muß der Rat eines Architekten oder eines Statikers eingeholt werden. Denn je intensiver die Kellerräume genutzt werden sollen, die natürlich kein vollwertiges Wohnzimmer sein können, um so wichtiger sind die Vorüberlegungen. Will man aus jedem Quadratmeter das Beste herausholen, so benötigt man auch mehr Licht, Luft und Wärme. Der finanzielle Aufwand und das Ergebnis werden dann im besten Verhältnis stehen, wenn die eigenen Vorstellungen schriftlich und zeichnerisch fixiert sind. Man vermeidet späteren Ärger und meist erhebliche Kosten. Je nach Lebensalter, dem Zustand und der Lage des Gebäudes können Mängel vorhanden sein, die oft nur mit größerem finanziellen Aufwand behoben werden können. Deshalb sollten nicht nur die statischen und bauphysikalischen Eigenschaften überprüft werden, sondern auch der Baugrund, die allgemeine Beschaffenheit des Grundmauerwerks, die Art und Porösität der Steine. Für solche umfassenden Untersuchungen müssen die Pläne des alten Hauses bereitliegen. Die Schnittzeichnungen geben Aufschluß über die Dicke des Grundmauerwerks und seiner Fundamente. Auch die unterirdisch verlegte Entwässerung, die beim Bau vorgenommene Abdichtung des Grundmauerwerks und die Ableitung des Grundwassers werden erkennbar. Nicht immer ist die ursprüngliche Dämmung durchlässig geworden, wenn die Wände feucht sind. Feuchtigkeit kann mehrere Ursachen haben und zum Beispiel durch den Zusammenprall von kalter und warmer Luft entstehen. In diesen – vorsichtig gesagt – leichteren Fällen ist eine Innendämmung möglich. Für den Kellerboden ist das Aufbringen von Gußasphalt die sicherste, schnellste, aber auch teuerste Methode, die allerdings nur der Fachmann ausführen kann.

Ein anderer Weg kann schon vom bautechnisch erfahrenen Heimwerker begangen werden – durch das Aufbringen eines Zementestrichs. Auf eine überlappende, kräftige Kunststoffolie, die verschweißt und an den Wänden hochgezogen werden muß, wird der Estrich gegossen und über Richtlatten abgezogen. Auf diesem (oder einem vorhandenen) Estrichboden werden Schaumstoffplatten verlegt, die für eine zusätzliche Wärmedämmung sorgen. Spanplatten oder Holzdielen auf Lagerhölzern können die fertige Oberfläche oder aber den Untergrund für die Verlegung von anderen Bodenbelägen bilden.

Kellerwände. Erst wenn die eindringende Feuchtigkeit durch dämmende Maßnahmen gestoppt worden ist, können Wandbeläge aufgebracht werden. Doch nur selten wird es notwendig, die Isolierung an der Außenwand vorzunehmen. Denn es gibt sogenannte Bauwerksabdichtungen für innen, die jedes Gebäude auch gegen stark drückendes Wasser abdichten. Selbst große Flächen werden dauerhaft geschlossen. Eine Firma, die sich weltweit auf diesem Spezialgebiet durchsetzen konnte, bietet eine Anstrichkombination an, die fest und dauerhaft versiegelt. Vier Materialien und vier Schritte sind zu dieser perfekten Dichtung notwendig. So sorgt zunächst die HEY'DI Spezial-Dichtungsschlämme für die erste Abdichtung und bereitet den Untergrund vor. Der zweite Schritt stoppt durch den Auftrag von Puder-Ex jeden Wassereinbruch und bildet sofort eine undurchdringliche Sperrschicht. Zum dritten schafft Isolier-Flüssig eine nachhaltige Abdichtung durch Mauer-Verkieselung. Zum Schluß versiegelt die Spezial-Dichtungsschlämme das Ganze.

Die Wirkung dieser Spezial-Abdichtung entsteht dadurch, daß das eingedrungene Wasser im Baukörper kristallin gebunden wird. Die Kapillaren, die »Poren« des Gefüges, sind damit gefüllt und werden absolut wasserdicht geschlossen. So wird diese Spezial-Abdichtung zum festen Bestandteil des Bauwerks und hält jedem Wasserdruck stand, den die Konstruktion des Bauwerks in statischer Hinsicht zuläßt.

Die Untergrundflächen müssen fest und sauber sein und sind vorher anzufeuchten. Anstriche und Kalkputze müssen entfernt werden. Dann wird die Spezial-Dichtungsschlämme als weichplastische Masse mit einer Streichbürste dick auf den Untergrund aufgetragen. Mit Puder-EX ist die geschlämmte Fläche trocken zu pudern. Puder-EX wird mit der flachen Hand, die durch einen Gummihandschuh geschützt ist, aufgetragen und

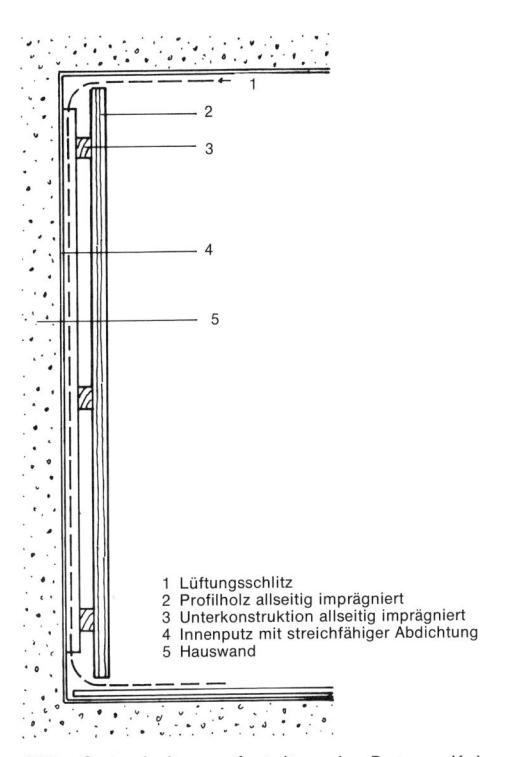

1 Lüftungsschlitz
2 Profilholz allseitig imprägniert
3 Unterkonstruktion allseitig imprägniert
4 Innenputz mit streichfähiger Abdichtung
5 Hauswand

202 Gut erhaltener, festsitzender Putz an Kellerwänden wird mit atmungsfähigen Silikonanstrichen oder Dichtungsschlämmen isoliert. An der Wandseite der Latten-Unterkonstruktion sind Aussparungen versetzt angebracht. Alle Holzseiten müssen vorher gegen Feuchtigkeit imprägniert sein. Die Luft zirkuliert hinter der Vertäfelung, und durch die Schlitze kann Mauerfeuchtigkeit verdunsten. Anstelle streichfähiger Abdichtung kann auch Bitumenpappe treten, wie sie auf dem Kellerboden verwendet wurde. Man befestigt sie mit der Lattenkonstruktion oder mit Streckmetallstreifen. Andere spezielle Isoliermatten haben Noppen, die mit ihren Hohlräumen für zusätzliche Isolierung sorgen.

kräftig verrieben. Darauf kann sofort Isolier-flüssig gestrichen werden. Dieses Härtungs- und Verkieselungsmittel härtet die Puderschicht sofort, zieht in den Untergrund ein und kristallisiert. Gleich danach folgt ein zweimaliger Auftrag der

Hartschaumplatte
40 mm dick
Holzlattung

Gipskartonplatte

Mineralfaser mit
Aluschicht oder
Gipskartonplatten
mit PUR-
Hartschaum
beschichtet

Wandputz
mit streichfähiger
Abdichtung

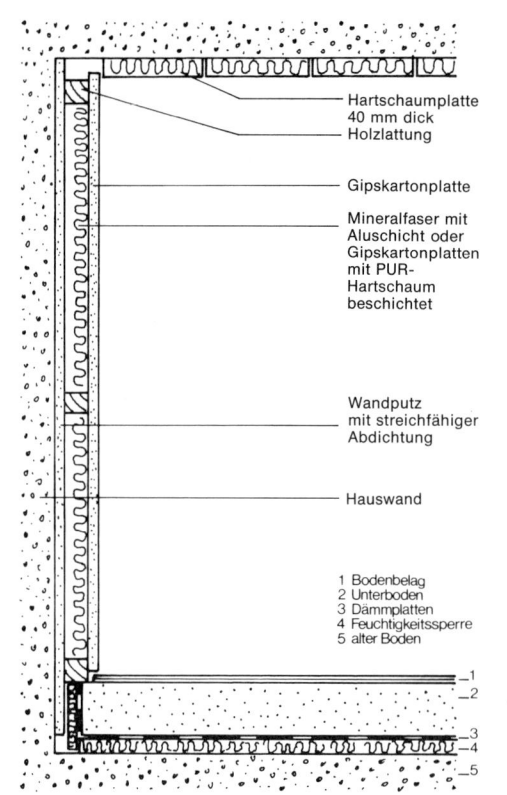

Hauswand

1 Bodenbelag
2 Unterboden
3 Dämmplatten
4 Feuchtigkeitssperre
5 alter Boden

203 Freistehende Montagewand aus Gipskartonplatten.

Spezial-Dichtungsschlämme, die eine Mindesttrockenzeit von etwa 15 Minuten erfordert. In weniger krassen Fällen wird in zwei Arbeitsgängen eine Haftbrücke aus HEY'DI Haftemulsion aufgebracht. Dadurch lassen sich zuverlässig Ausbildungen und Austritte von vielen Salzen dämmen.

Diese Hinweise zeigen, wie gründlich und sorgfältig Bauwerksschäden mit modernen, zeitgemäßen Materialien beseitigt werden können. Ob und welche Sanierungsmaßnahmen durchzuführen sind, ist abhängig von der Beurteilung des baulichen Zustandes. Zeigt sich der rauhe und grobe Wandputz fest und trocken, so kann ohne isolierende Vorbereitung eine Verkleidung angebracht werden. Mit einer Unterkonstruktion lassen sich bei einigem Geschick Rohre, Leitungen und Kabel verdecken und eine zusätzliche Wärmedämmung anbringen. Wie bei den Feuchträumen beschrieben, muß hier auf eine gute Hinterlüftung geachtet werden. Eine Konterlattung, die aus kreuzweise sich überdeckenden Latten besteht, erleichtert den zusätzlichen Einbau von Dämmstoffen. Besonders bei Betonwänden und in Räumen mit ständig hoher Luftfeuchtigkeit wird zwischen Dämmung und Oberflächenbekleidung eine Dampfsperre auf die Latten genagelt. Ein mindestens zehn Millimeter breiter Schlitz am Boden und am Deckenanschluß sorgen zusätzlich für die notwendige Hinterlüftung. Auf diese Unterkonstruktion können Gipskartonplatten angebracht werden, die später überstrichen oder tapeziert werden. Profilbretter sollten – wie auch die hölzerne Unterkonstruktion – allseits einen Holzschutzanstrich erhalten.

Kellerdecke. Durch das bereits beschriebene Anbringen von Schaumstoffplatten, deren Sichtflächen durch Anstrich oder Tapeten ein sauberes Aussehen erhalten haben, wird eine ausreichende Wärmedämmung erreicht. Wenn es jedoch die Raumhöhe zuläßt, kann die Akustik und die Atmosphäre mit einer Holzverkleidung verbessert werden. Einfache Dachlatten genügen als Unterkonstruktion. Schaumstoffplatten oder Mineralfasermatten zwischen den Latten verbessern die Wärmedämmung. Die Profilholzbretter werden so zugeschnitten, daß durch etwas Abstand von der Wand die Funktion der Lüftungsschlitze gewährleistet ist.

Kellerfenster. Sehr oft findet man kleine Kellerfenster, die für den geplanten Nutzungszweck des Kellerraumes zu wenig Licht und Luft bringen. Der Wunsch, dieses Fenster zu vergrößern, läßt sich meist erfüllen. Selten kann das Fenster nach oben vergrößert werden, weil hier gleich die Geschoßdecke beginnt.

Ob das Fenster ein Stück über dem Bodenniveau liegt oder in einem Erdschacht, immer läßt sich ein größeres Fenster einbauen. Durch Ausschachten oder durch Vergrößern des alten Erdschachtes kann man erreichen, daß mehr Licht einfällt oder ein neues höheres Fenster eingebaut wird. Dabei sollte das neue Fenster so konstruiert sein, daß es sich zum Dauerlüften leicht geöffnet feststellen läßt.

Bei der richtigen Auswahl der hier aufgezeigten Renovierungsmöglichkeiten gewinnt man auf Dauer zusätzlichen Raum. Er kann als Partyraum oder Skatstube, als Fitness-, Fernseh- oder Hobbyraum genutzt oder zu einer Sauna mit Dusche ausgebaut werden.

Renovierungsmaßnahmen im Bad

204 Nachträglich eingebaute Dusche mit einem variablen Falttürensystem.

Wie bei der Küche ist auch hier der Wunschzettel besonders lang. Doch stets wird der zur Verfügung stehende Raum Grenzen setzen. Mit Geschick und Findigkeit läßt sich dieser Raum jedoch so gestalten, daß er den heutigen Ansprüchen vollauf genügt. Der Grundeinrichtung wie Badewanne, Heizkörper, Heizstrahler zum Wärmen des Raumes, dem WC und dem Waschbecken ist gewöhnlich schon beim Bau der Platz zugewiesen worden. Oft findet man dann mehr oder weniger lieblos angeordnet den Spiegel, den Handtuchhalter, Papierrolle sowie – wenn überhaupt vorhanden – Schränke und Regale mit genügend Raum für Badeutensilien und Wäsche. Dazu oft nur noch müde funktionierende, alte, unästhetische Armaturen.

Nicht nur eigene Ideen und handwerkliche Geschicklichkeit vermögen hier viel zu verbessern, sondern auch das breit gefächerte Marktangebot. Formschöne Armaturen in verschiedenen Sanitärfarben – beispielsweise besonders ausgebildete Duschköpfe – kann fast jeder Heimwerker selbst montieren. Über die Möglichkeit, wohnliche Wand- und Bodenbeläge im Bad zu verlegen, wurde schon berichtet. Eine platzgewinnende Maßnahme ist die Lageveränderung der eingebauten Badewanne. Dabei bieten Formteile aus Hartschaum dem Heimwerker nicht nur arbeitserleichternde Hilfen, sondern sorgen auch für Wärmedämmung. Das Duschen in der Badewanne ist kein Idealzustand, wird aber weniger problematisch, wenn leicht zu montierende Duschtrennwände aufgebaut werden.

Weitergehende Verbesserungen scheitern oft am Platzbedarf. So wünschen sich viele ein Bidet, doch fehlt es am nötigen Stellplatz. Aus dieser Not heraus haben findige Hersteller eine Bidet-WC-Kombination entwickelt, die aus der WC-Brille, der Bidet-Einheit und dem Deckel besteht. Diese Kombination ist so geschaffen, daß sie sich schnell und mühelos auf jede vorhandene Toilettenschüssel montieren läßt. Die Kalt- und Warmwasserzufuhr erfolgt durch einfachen Anschluß an der Zuleitung des Waschbeckens, der Badewanne oder der Dusche. Dabei sind Bidet-Einheit und WC-Teil zwar in einer Kombination zusammengefaßt, aber durch die besondere Konstruktion absolut hygienisch voneinander getrennt. Die

205 Die Einrichtung ist hier abgestimmt auf die keramischen Wand- und Bodenfliesen.

206 In die Wand eingelassene Nischen ergeben mehr Stauraum.

207 Eingebaute Schrankwände erhöhen die wohnliche Einrichtung im Bad.

Umschaltung auf die jeweilige Benutzungsart erfolgt durch einen einzigen Handgriff.

Zum Komfort im Badezimmer, dem das wachsende Interesse der Heimwerker gilt, gehört auch der Wunsch, daß aus dem Hahn temperiertes Warmwasser fließt, das nicht ständig neu eingestellt werden muß. Manchmal möchte man auch noch einen weiteren Raum in diese Versorgung mit temperiertem Wasser einbeziehen. Es empfiehlt sich, eine solche Installation, die nur schwer in vorhandene Systeme eingebaut werden kann, rechtzeitig zu planen. Bei der Temperierung wird über eine Steuerung die eingestellte Temperatur gehalten.

Die meisten dieser angesprochenen Verbesserungen lassen sich der gegebenen Installation wegen nur schwer verwirklichen. So kann in Altbauten oft nur nach umfangreichen Stemmarbeiten und anschließendem Verputzen einiges erreicht werden. Abhilfe schaffen schnell montierte, vorgefertigte Installationswände. Spezialisierte Firmen bieten Lösungen für den Altbau an – mit dem Vorteil, daß die Häuser bewohnt bleiben können. Auch hat man meist nur mit einem Handwerker zu tun. Es gibt auf diesem Markt entsprechend vorgefertigte Installationswände, die das WC versorgen und belüften, und zusätzlich die Küche, die Dusche und den Waschtisch mit Warmwasser versorgen. Ergänzt wird dieses Marktangebot durch ein Bad aus fertigen Elementen, das auch Sonderwünsche des Bestellers berücksichtigt. Daß bei diesen montagefertigen Elementen die Schallübertragung durch besondere Maßnahmen verhindert wurde, ist selbstverständlich.

Angesichts dieser Fülle von Renovierungsmöglichkeiten ist zu überlegen, ob von Grund auf erneuert wird oder nur teilweise Verbesserungen vorgenommen werden. Grundsätzlich hat der Mieter vor jeder baulichen Veränderung das Einverständnis des Vermieters einzuholen.

Hinzu kommt, daß die Bauordnungen der Bundesländer, die sich in Teilbereichen voneinander unterscheiden, für größere Maßnahmen Genehmigungen vorschreiben. Auch Städte und Gemeinden können ein Mitspracherecht haben, und zwar auch in Fällen, in denen man dies nicht erwartet. Darum sei empfohlen, die eigenen Vorstellungen einem ortsansässigen Fachmann vorzutragen, der die Paragraphen des Baurechts kennt. Diese Vorschriften beziehen sich auf drei Bereiche: auf technische, räumliche und hygienische Maßnahmen.

Stichwortregister

A
Abdichtung, Grundmauerwerk 144
abgelängt 52
Abhängekonstruktion 94
Abmessung 88
Abriebwiderstand 103
Abstreichgitter 69
Agraffe 77
Aluminiumkaschierte Mineralfilze 140
Anfertigungsnummer 51
Ansatz, versetzter 51
ansatzfrei 51
Anstrich, filmbildender, deckender 90
Anstrich, kreidender 79
Anstrich, nicht filmbildender, deckender 90
Anstrichkombination 145
Anstrichschicht 43
Arbeitsgänge, Reihenfolge 50
Aufnahmekleber 112
Ausblühung 62
Ausgleichsmasse, bitumenhaltige 107
Ausgleichsschicht 106

B
Bad, Renovierungsmaßnahmen 148
Balkenlager 105
Bauaufsichtsbehörde 31
Bauwerksabdichtung 145
Bedarf, ermitteln 39
Bedarfsermittlung 99
Beleuchtung 98
Bestandsaufnahme 10
Beton 107
Betontreppe 109
Bildbahn 38
Bleistift 53
Blindboden 105
Bodenbelag 119
Bodenprofil 72
Bostik-Pad 93
Bügelfolie 128

C
Checkliste 32

D
Dachboden, Holzdielen 138
Dachdämmplatte 140
Dachgeschoßausbau 31
Dachgeschoßschräge 56
Dachraum 137
Dachschräge, wärmegedämmte 139
Dachsparren 139
Dämmittel 46
Dämmplatte 46
Dämmschicht 46, 106
Dämmschüttung 106
Dämmtechnik 139
Dampfbremse 140
Decke, Markierung 67
Deckenbalken 97
Deckensichtplatte, Hartschaum 75
Deckentapezieren 37, 65
Deckentapeziergerät 67
Deckenverkleidung 71, 86
Deckenvertäfelung 94
Deckertapete 36
Dichtleiste 133
Dichtmasse 133
Dichtungsband, dauerelastisches 130
Dichtungsleiste, aus Kunststoffprofil 130
Dichtungsmasse, elastische 83
Dichtungsprofil, dauerelastisch 132
Dickschichtlasur 90
Dispersionsfarbenanstrich 43
Dispersions-Fliesenkleber, gebrauchsfertiger 81
Dispersionskleber 47
Doppel-Eckprofil 72
Doppelkleberband 114
Dünnbettverfahren 81
Durchhärtungszeit 135
durchschlagen 52

E
Einfach-Eckprofile 72
einfarbig 27
einkleistern 52
Einrichtung 35
Einsatzscheiben 131
Entlüftungsziegel 140
Estrichboden 116, 138
Europarolle 40

F
Fachbegriff, Tür 123
Faltplatte 49
Falttür 126
Farbanstrich, lasierender 90
Farbauftrag 69
Farbe 19
Farbe, Mischung additive 22
Farbe, Mischung, subtraktive 22
Farbharmonie 22
Farbkonzept 22
Farbkreis 22
Farbplan 28
Farbtonabweichung 51
Farbträger 27

Federklappdübel 95
Fenster, neue im alten Rahmen 131
Fensterfuge, abdichten 132
Fensternische 55
Fertigparkett 116
Fertigparkett, verlegen 118
Fertigparkett-Elemente 116
Fertigtür 124
Feuchtigkeit 62
Feuchtigkeitssperre 107
Feuchträume 99
Fichte 89
Finanzierung 16
Flächen, gestrichene 43
Flecken 46
Fliese 81
Fliese, ansetzen 82
Fliese auf Fliese kleben 81
Fliesen, zuschneiden 83
Fliesenboden 116
Fliesenbrechzange 83
Fondtapete 36
Fotodruck 63
Fotoleinentapete 63
Fotopapiertapete 63
Fototapete 38, 63
Fuge 46
Fugenabstand, gleichmäßiger 83
Fugendichtmasse 134
Fugenfüller 85
Fugenkreuz 83
Furniere 89
Furniertechnik 89
Fußbodenbelag 120
Fußleiste 119

G
Gegenprofil 125
Gestaltung 10
Gestaltungsmittel, farbiges 29
Gewebe, unkaschiert 60
Gewebetapete 60
Gipskartonplatte 46
Glasschneider 83

Griff, richtiger 54
Grundrißzeichnung, maßstabsgerechte 13
Grundton 27
Gütebedingung 88
Gütesiegel 104
Gummibelag 109
Gummikeder 73
Gußasphalt-Estrich, feuchtigkeitssperrender 107

H
Haftbrücke 48
Haftfähigkeit 43
Heizkörperfolie, selbstklebende 136
Heizkörpernische 136
Heizungswärmebedarf 96
Hemlock 89
Holzarten 88, 89
Holzdielenboden 105
Holzboden 117
Holzschutz 100
Holzspanplatten (Nut und Feder) 138
Holztreppe 109
Holzverkleidung 90

I
Innendämmung 47
Inneneinrichtung 28
Installationswand 149
Isolierfolie 46
Isolierglasscheibe 131

K
Kältebrücke 46
Kassettenprofilstab 98
Kellerausbau 31, 142
Kellerdecke 143, 146
Kellerfenster 146
Kellerraum (Dämmung, Feuchtigkeit, Entwässerung) 143
Kettfadentapete 60
Kettverfahren 60
Kiefer 89
Kinderzimmer 26
Klebeanleitung 63

kleben 93
Kleister 52
Kleistervorrichtung, automatische 42
Klinker-Look 78
komplementär 27
Komplementärfarbe 22
Konterlattung 92
Korkfliese 38, 75
Korktapete 38, 62
Kreuzfuge 106, 109
Küche 15
Kunststoffbelag 114, 122
Kunststoffdispersion 80
Kunststoffspachtel 70

L
Lack, farbloser 90
Lacklasur 90
Lagerholz (Unterkonstruktion) 117
Lattenunterkonstruktion 74
Leistensystem 72
Linoleum 109, 116
Linsenkopfschraube 92
Lok-Lift 112, 113
loseverlegen 111

M
Maßzahl 14
Material, Einkaufsliste 99
Materialübersicht 102
Metalltapete 37, 62
Metallteil 46
Millimeterpapier 10
möblieren 13
Montagekleber 75
Musterhöhe 51
Muster-Problem 51

N
Nadelfilzbelag 103
Nadelvlies 103
Nähwirktechnik 60
Nagelkopf 46
Nahtöffnung 56
Nahtstelle 55
Naturgrastapete 62

Nichtfarbe 22
Normalvelours 103

O
Oberflächenbehandlung 90
Oberflächenqualität 38
Oberflächenstruktur 89
Ortbeton 94

P
Paneele 87, 88, 91
Papiertapete 36
Parkett 115, 122
Parkettfußboden 115
Perforatorwalze 45
Pfannenverstrich 31
Pflege 121
Plan 10
Planungsschritt, allgemeiner 31
Planungsunterlage 10
Platten, stoffbespannte 74
Prägetapete 37, 58
Primärfarbe 22
Profilbretter 91
Profile 88
Profilholz 87
Profilmaß 88
Putz, absandender 79
Putz, mürber 45
Putzfläche, neue 43
Putzgrundierungsmittel 45
PVC 116
PVC (Holzmaser-Dekor) 78
PVC-Tapete 37, 59

R
Rahmenwerk, aus Latten 94
Randstück, paßgenaues 77
Rapport 51
Rapporthöhe 51
Rauhfaser 36
Rauhfaser, überstreichen 69

Raumgestaltung 12
Raumgestaltung, Grundregeln 23
Raumplan 16
Raumteiler 30
Raumwirkung 34
Redpine 89
Reinigung 74, 121
Reinzeichnung 15
Reisstroh 63
renovieren (Mittel und Maßnahmen) 32
Rißbrücke 46
Risse 46
Rolladenkasten 135
Rolladenkasten, wärmegedämmter 135
Rollenmakulatur 63
Rollplastik 80
Rollputz 80
rüstungsfrei 94

S
Schallschutz 88, 95, 115
Schalter 56
Schaltzeichen 17
schalungsfrei 94
Schattenkante 101
Schere 52
Schlafzimmer 24
Schleifpapier 45
Schlingenflor 103
Schnellnagler 74
Schnittflor 103
Schnurkreuz 76
Schnurschlag 67
Schnurschlag, kreuzweise 68
Schrankwand 15
Senklot 53
Silikon-Fensterfalzmasse 135
Skizze 14
Softvelours 103
spannen 71
Spannungsausgleich 46
Spannungsprüfer 57
Spezialtapete 57
Spezial-Weichfaserplatte 74

Spreizdübel 95
Steckdose 56
Steinholz 116
Steintreppe 109
Stellen, schadhafte 57
Stiltapete 78
Stoßstelle 55
Streichmakulatur 43
Streichwalze, kurzschurige 69

T
Tafel 88
Tapete (Naturwerkstoff) 37, 62
Tapete, ablösen 44
Tapete, hochwaschbeständig 39
Tapete, mit Muster 68
Tapete, prüfen 50
Tapete, restlos abziehbar 39
Tapete, scheuerbeständig 39
Tapete, spaltbar 39
Tapete, trocken abziehbar 39
Tapete, waschbeständige 38
Tapete, wasserbeständige 38
Tapeten, anbringen 53, 57
Tapeten, Grundmuster 35
Tapeten, zuschneiden 51
Tapetenablöser 44
Tapetenabreißer 52
Tapetenbahn, zusammenlegen 52
Tapetenkleister 52
Tapetenschneider 41
Tapetenverschnitt 51
Tapetenwechsel 34
tapezieren, Decke 65
Tapezierprobleme 57
Tapeziertisch 40
Technik, dekorative 70
Teppich, gewebter 103
Teppichboden 104, 116, 121

Teppichboden, Qualität
  und Richtlinie 103
Teppichboden,
  verlegen 110
Teppichbodenbelag 102
Tertiärfarbe 22
Textiltapete 37, 60
Tiefgrund 45
Tiefgrundanstrich 80
Tragfähigkeit 43
Trennfolie 135
Tri-Allzweckdübel 95
Trittschalldämmung, mineralische 108
Trockenestrich-Verbundelement 120
Trockenschüttung 106
Trockenzeit 48
trocknen 56
Tropfkante 101
Tür 123, 126
Tür, alte modernisieren 127
Türanschlagsprofil 125
Türblatt 123
Türblatt, Textiltapete 128
Türfutter 123
Türrahmen 123
Türstock 123
Türzarge 123
Türzarge, Einbau 124
Tuftingboden 103
Tuftingware 103

U
Untergrund, verbessern 45
Untergrundvorbereitung 57, 80, 105
Unterkonstruktion, Befestigung 91
Untertapete, Styropor 47

V
Variation 27
Veränderung am Bauzustand 32
Verarbeitung 58
verfugen 85
Verlegearbeit 105
verlegen, schwimmend 109
Verlegeplatten, Nut und Feder 106
Verlegung auf altem Keramikbelag 82
Verlegung, vollflächige, schwimmende 107
Versatz 51
Verschnittstreifen 47
verspannen 113
Verspannung 83
Viertelbogen 77
Vinyl-Tapete 37, 59
Voranstrich 44
Vorhangschiene 98
Vorsatzflügel 132

W
Wachsanstrich 90
Wände, feuchte 46
Wände, kalte 46
Wärmedämmung, Giebelwände 140
Wärmedurchgangswiderstand 96
Wärmedurchgangszahl 96
Wärmedurchlaß 96
Wärmeschutz 88, 95, 115
Wandbekleidung, textile 71
Wandbespannung, raumhohe 72
Wandbild-Tapete 38, 63
Wandplatte, Mauersteinmaterial 78
Wandverkleidung 71, 86
Waschprobe 43
Werkzeug 40, 82, 99, 110
Western Red Cedar 89
Winkelrosette 77
wischfest 69
Wohn- und Schlafzimmer, kombiniertes 26
Wohnung 9

Z
Zeitplanung 12
Zierprofil 77
Zugluft 130

Bildnachweis

Titelbild: Links oben Rigips-Baustoffwerke GmbH & Co. KG, 3452 Bodenwerder; unten und rechts oben Deutsche Amphibolin-Werke, 6105 Ober-Ramstadt

Allibert GmbH, 6000 Frankfurt/M., Abb. 207
Arbeitsgemeinschaft Holz e.V., 4000 Düsseldorf, Abb. 131, 132, 135, 136, 148, 149
Atlanta-Tapetenfabrik, 5600 Wuppertal 11, Abb. 19, 32, 33

Bärschneider, 8750 Aschaffenburg, Abb. 46

Gebr. Cloos GmbH, 4102 Homberg, Abb. 155, 156

Karl Danzer KG, 7640 Kehl, Abb. 124, 125, 137, 194
Deutsche Amphibolin-Werke, 6105 Ober-Ramstadt,
    Abb. 1, 20, 24, 61, 81 bis 84, 111
Deutsches Tapeten-Institut GmbH, 6000 Frankfurt/M.,
    Abb. 3, 37 bis 41, 62

Elton-Verkaufsbüro, 2800 Bremen, Abb. 187
Erfurt-Crown, 5600 Wuppertal 23, Abb. 14, 15, 34, 36, 50,
    73 bis 76
Erfurt & Sohn, 5600 Wuppertal 23, Abb. 4, 72
Europäische Teppichgemeinschaft für Deutschland e. V.,
    5600 Wuppertal 1, Abb. 151, 152, 153

Hamberger-Industriewerk GmbH, 8200 Rosenheim 2,
    Abb. 166
Henkel & Cie. GmbH, 4000 Düsseldorf, Abb. 47 bis 49, 51
    bis 59, 66, 67, 77 bis 80, 85, 86, 88, 101, 104 bis 108,
    134, 165, 191 a bis g, 192, 195 a bis c, 199 a bis c
Bernh. Herholz, Herbers KG, 4422 Ahaus-Wessum,
    Abb. 126, 172
Hornitex Werke, 4934 Bad Meinberg 1, Abb. 158, 159,
    196, 198

Kalle/Hoechst AG, 6200 Wiesbaden-Biebrich, Abb. 60
König & Flügger, 4400 Münster, Abb. 32, 35
Korbach Werkzeug & Co., 4020 Mettmann, Abb. 43
Kunststoff GmbH, 4900 Herford, Abb. 186

Otto Albert Lüghausen KG, 5200 Siegburg, Abb. 100

Marburger Tapetenfabrik, 3570 Kirchhain, Abb. 21
Marley Werke GmbH, 3050 Wunstorf, Abb. 177 bis 180,
    182 a+b, 183, 204
MHZ Hachtel & Co., 7000 Stuttgart 80, Abb. 5, 28, 92 bis
    99, 146
Moralt-Werke, 8170 Bad Tölz, Abb. 176
Michael Müller KG, 8633 Rödental, Abb. 190

Peter Hans Nengelken, 5024 Pulheim-Stommeln,
    Abb. 27, 87, 109, 128, 160, 168, 169, 173 bis 175, 201
    bis 203
Nova-Entwicklungs GmbH, 6500 Mainz 1, Abb. 193

Ostermann & Scheiwe GmbH & Co., 4400 Münster,
    Abb. 144, 147

Polychemie GmbH, 8900 Augsburg 1, Abb. 112 bis 121,
    171, 181

Rigips-Baustoffwerke GmbH & Co. KG, 3452 Bodenwerder, Abb. 22, 23
Röben Klinkerwerke, 2932 Zetel 1, Abb. 205
Roberts Deutschland GmbH, 6231 Sulzbach, Abb. 161 bis 164
Ruberoidwerke AG, 2000 Hamburg 74, Abb. 110

Albert Schlotterer GmbH & Co. KG, 7454 Bodelshausen, Abb. 123, 142, 145
Schock & Co. GmbH, 8830 Treuchtlingen, Abb. 170

Tox-Dübel Werk R. W. Heckhausen KG, 7762 Bodmann-Ludwigshafen, Abb. 39
Tränkle GmbH, 7834 Herbolzheim, Abb. 44

Upat GmbH & Co., 7830 Emmendingen, Abb. 140

Friedrich Vissing KG, 8011 Kirchheim, Abb. 133

Franz Weiß und Horst Jochum, 8960 Kempten, Abb. 184, 185
Wirus-Werke W. Ruhenstroth GmbH, 4830 Gütersloh 1, Abb. 130

J. C. & Alb. Zenses, 5630 Remscheid-Haddenbach, Abb. 45, 63

Alle übrigen Abbildungen stammen vom Verfasser.

Der große Heimelektroniker

So wird's gemacht beim Bauen und Bedienen von elektronischen Geräten

Das Buch wendet sich an alle, die sich in ihrer Freizeit etwas intensiver mit dem zukunftssicheren Zweig der »**Elektronik**« beschäftigen wollen. Es wird ein Überblick gegeben, die Elektronik im Heim, am und im Auto, beim Modellbau und beim Spielen einzusetzen.

Der Anfänger erhält in einleitenden Kapiteln die zum Verständnis erforderlichen Grundkenntnisse. Hat er sie sich angeeignet, ist es für ihn nicht schwer, sich an den Bau der im Buch beschriebenen Geräte heranzuwagen.

Von Gerhard O. W. Fischer
360 Seiten,
500 Abbildungen,
Format 25 x 17 cm,
abwaschbare Leinenfolie,
DM 34,00
Bestell-Nr. 216017

Aus dem Inhalt:

Was bedeutet Elektronik? – Über den Selbstbau von elektronischen Geräten – Tips zum erfolgreichen Löten – Wo gibt's Bauteile und Bausätze? – Temperaturmessung – Elektronischer Zeitschalter – Stoppuhr – Elektronischer Rechner – Infrarot-Lichtschranke – Stereo-Kopfhörerverstärkeranlage – Netzgerät für Kofferempfänger – Antennenverstärker – Einfacher UKW-Empfänger – Die elektronische Anlage eines Kraftfahrzeuges – Ferngesteuerter Garagenöffner – Funksteuerung von Modellen – Fernsteuerabhörempfänger – Modellbahnanlage – Regelbares Netzgerät – Transistortester – Elektronisch arbeitender Intervallschalter

M Verlagsgesellschaft Rudolf Müller Köln-Braunsfeld

Doppelbände aus der Sachbuchreihe „Fachwissen für Heimwerker"

Jeder Band hat etwa 150 Seiten, zahlreiche Abbildungen und Zeichnungen, Format 16 x 23 cm, vierfarb. Titelfoto, mit abwaschbarer Leinenfolie kaschiert. DM 26,80. (Preisänderungen vorbehalten)

Ferien- und Wochenendhäuser im Selbstbau
Von Dietmar Lochner
Holzhaustypen werden in Wort und Bild an einem Konstruktionsprinzip dargestellt. Viele Einzelheiten sind perspektivisch gezeichnet und ausführlich beschrieben worden.

Dachgeschoßausbau
Von Dietmar Lochner
Alles Wissenswerte zur Planung und zum späteren Ausbau wird dem Heimwerker anhand 400 hervorragender Zeichnungen und ausführlicher Begleittexte vermittelt.

Wärme- und Schalldämmung im Innenausbau
Von Dietmar Lochner/Wolfgang Ploss
Diese aktuellen, jedermann interessierenden Themen werden in dem Buch mit vielen Tips zum Selbermachen behandelt. Unnötig hohe Heizkosten können vermieden, Lärmquellen mit zum Teil geringem Aufwand unterbunden werden.

Bauen im Garten mit Holz und Beton
Von Peter H. Nengelken
Eine Fundgrube für alle, die Holz- und Betonobjekte im Freien bauen möchten. Beispiele für Treppen-, Wege-, Sichtschutzwandbau und anderes runden das Werk ab.

Rustikale Möbel selbst gebaut
Von Peter H. Nengelken
Am Beispiel eines Schrankes wird gezeigt, wie Holzverbindungen, Möbelteile und fertige Objekte entstehen. Das Buch enthält genaue Anleitungen für kleine und große Möbel.

Heizkosten sparen
Von Karl-Heinz Böse
Das Buch nennt 25 Maßnahmen zum Einsparen von Heizenergie und gibt in 20 Fällen praktische Anleitungen zum Selbermachen.

Hausbau leicht gemacht
Von Werner Dittmer
Baulustigen wird gezeigt, wie sich durch Mithilfe beim Bauen und Ausbauen Kosten sparen lassen.

Betonieren und Mauern
Von Hans H. Göres
Wie das Mischen, Einbauen, Betonstampfen und -gießen geschieht, wird ebenso gezeigt wie das Anlegen von Fundamenten und Betonböden.

Holzarbeiten, dekorativ und nützlich
Von Heinz Graesch
Das Herstellen von Gebrauchsgegenständen, Deko-Objekten und Spielzeug nach den Kriterien der „guten Form" wird in Anleitungen mit Zeichnungen und Stücklisten für über 40 Holzarbeiten vermittelt.

M Verlagsgesellschaft Rudolf Müller GmbH · Köln

Machen Sie mehr aus Ihrer Freizeit ...

Die Tips und Anregungen aus unseren beiden Kundenzeitschriften sind genau das richtige. Fragen Sie Ihren Fachhändler für Heimwerker- oder Baustoffbedarf, er hält die Magazine für Sie kostenlos bereit.

bringt 6mal jährlich mit einem Mindestumfang von 24 Seiten eine Fülle von praktischen Tips, genauen Anleitungen für Pflege-, Renovierungs- und Ausbauarbeiten im Haus, in der Wohnung und im Garten, dazu Kaufempfehlungen für Baustoffe, Bauelemente, Werkzeuge und Heimwerkerbedarf.

erscheint monatlich mit Bau- und Arbeitsanleitungen für handwerkliche Arbeiten in Haus, Wohnung und Garten mit fachgerechter Beschreibung des Arbeitsablaufs, erklärenden Bildern, Explosionszeichnungen und Materialliste, Vorschlägen zum Freizeitbasteln, Einsatzhinweisen für Werkzeuge und Maschinen.

Gesamtauflage 300.000 Exemplare

**Ein Begriff
für den Heimwerker!**

M

Verlagsgesellschaft Rudolf Müller GmbH
Postfach 41 09 49 · 5000 Köln 41 · Tel. 02 21/54 97-1